成果辑要·2010

CHENGGUO JIYAO·2010

U0658430

社会主义核心价值体系
研究述评

教育部高等学校社会科学发展研究中心　编

SHEHUIZHUYI HEXIN JIAZHI TIXI

YANJIU SHUPING

教育科学出版社
·北京·

主　　编：冯　刚　张　剑

编　　委：（以姓氏笔画为序）

　　　　　王　易　王炳权　王晓宁

　　　　　刘建军　任　青　李　珍

　　　　　郑丽平　秦　宣　储新宇

目　　录

第一章　关于"社会主义核心价值体系是社会主义中国的精神旗帜"的研究

　　党的十六届六中全会作出的《中共中央关于构建社会主义和谐社会若干重大问题的决定》，第一次明确提出了"建设社会主义核心价值体系"这个重大命题和战略任务，并对社会主义核心价值体系的基本内容作出了明确界定；党的十七大报告把建设社会主义核心价值体系、增强社会主义意识形态的吸引力和凝聚力，当作推动社会主义文化大发展大繁荣的首要任务。此后，学术界进行了深入研究，提出了许多有价值的思想和观点。研究社会主义核心价值体系，首先就要研究阐述为什么要建设社会主义核心价值体系这个带有总括性的重要问题。对此，学者们从以下四个方面深入阐释了社会主义核心价值体系的重大理论和现实意义，现综述其主要研究成果并作简要分析。

一、社会主义核心价值体系是社会主义意识形态的本质体现

　　社会主义核心价值体系是社会主义意识形态的核心内容和最重要的组成部分，是社会主义制度在价值层面的本质规定，集中体现了最广大人民的根本利益。党的十七大报告中提出"社会主义核心价值体系是社会主义意识形态的本质体现"这一科学论断，深刻阐述了社会主义核心价值体系在社会主义意识形态中的地位和作用，对于加强社会主义核心

价值体系建设、增强社会主义意识形态的吸引力和凝聚力、全面推进中国特色社会主义伟大事业，具有重大而深远的意义。有学者认为，"我们必须从提高综合国力、掌握国际文化竞争和国际意识形态斗争主动权的战略高度，充分认识做好意识形态工作的重大意义，勇于面对意识形态工作面临的严峻国际国内形势，大力宣传社会主义核心价值体系，切实维护经济全球化条件下的意识形态安全"。① 有学者提出，"社会主义核心价值体系是立足于社会主义经济基础之上的价值认同系统，它涉及经济、政治、文化、思想等社会生活的方方面面，集中体现了社会主义意识形态的本质属性，是社会主义思想道德建设的指导方针，是激励全民族奋发向上的精神力量和维系全民族团结和睦的精神纽带"。② 深入研究社会核心价值体系，有利于中国特色社会主义意识形态的建构，有利于我们更清醒和更坚定地把握社会主义意识形态的本质，有利于我们维护社会主义意识形态、坚定不移地走中国特色社会主义的发展之路。

（一）社会主义核心价值体系是社会主义意识形态的本质体现的理论依据

社会主义核心价值体系是社会主义意识形态的本质体现，得出这个观点的依据是什么？学者们从四个方面论证了核心价值体系在意识形态建设中的核心地位。

1. "来源说"。有学者认为，任何社会都有在社会生活中居于统治和引导地位的社会价值体系，"社会主义核心价值体系是社会主义制度的内在精神和生命之魂，它决定着社会主义的发展模式、制度体制和目标任务，在所有社会主义价值目标中处于统摄和支配地位"。③ "社会主义核心价值体系具有广泛的适用性和包容性，是一个多层次的内涵丰富、有机统一的整体"。④ 有学者分析了社会主义核心价值体系产生的

---

① 秦宣. 西方意识形态渗透方式新变化［N］. 中国社会科学报，2011 – 05 – 25.
② 吴潜涛. 准确理解社会主义核心价值体系的科学内涵［N］. 人民日报，2007 – 02 – 10.
③ 李国华. 进一步深化对建设社会主义核心价值体系的认识［J］. 党建，2006（12）.
④ 张军. 坚持以社会主义核心价值体系引领社会思潮［N］. 人民日报，2007 – 01 – 19.

基础与来源，认为社会主义核心价值体系是直接产生于并从属于科学社会主义理论体系的一种观念形态。只有当马克思恩格斯使社会主义由空想发展为科学，也就是说，当他们科学地揭示了资本主义必然灭亡、社会主义必然胜利的客观规律，并以科学预见的形式，大体上勾勒出社会主义社会的发展远景之时，社会主义核心价值体系才开始产生。① 也有学者提出，社会主义核心价值体系是我们党通过总结改革开放和经济社会发展的实践经验，立足于社会主义经济基础之上的价值认同系统提出的，因此，是社会主义意识形态的本质特征。②

2. "地位说"。持这种观点的学者认为，核心价值体系是一定社会历史时期占主导地位或核心地位的价值观的系统性存在，是一定社会意识形态、价值体系的基石和支柱；核心价值体系是为实现集体使命而提炼并倡导的，是指导集体成员共同行为的永恒准则。任何社会都必定有核心价值体系作为其成员的共同导向，否则社会就不能存在和发展。虽然随着时代的历史变迁、社会的阶层分化，价值观念也呈现出多元倾向和多元分化，但核心价值体系总是处于主导地位或核心地位。社会核心价值体系是一种社会制度普遍遵循的基本原则，代表着价值体系的基本特征，统率着其他处于从属地位的价值观念，体现着社会价值体系的基本价值倾向。③ 社会主义核心价值体系无疑体现了社会主义的基本价值观，而核心价值体系是意识形态的核心部分，因此，社会主义核心价值体系是社会主义意识形态的本质体现。

3. "本质特征"说。有学者认为，社会主义核心价值体系深刻揭示了社会主义意识形态的本质特征：（1）马克思主义指导思想是社会主义核心价值体系的首要内容，这表明马克思主义必须在社会主义意识形态领域处于指导地位并加以巩固；（2）中国特色社会主义共同理想作为社会主义核心价值体系的重要内容，表明了社会主义意识形态的要求和作用；（3）以爱国主义为核心的民族精神和以改革创新为核心的

---

① 李崇富. 建设社会主义核心价值体系的哲学思考［N］. 光明日报，2007 - 01 - 23.

② 孙英. 社会主义核心价值体系建设探析［J］. 科学社会主义，2008（8）.

③ 周双丽. 论社会主义核心价值体系的理论实质与精神内涵［J］. 社会主义研究，2007（5）.

时代精神作为社会主义核心价值体系的重要内容，就是要求社会主义意识形态必须着眼于弘扬民族精神和时代精神；（4）社会主义荣辱观作为社会主义核心价值体系的基本内容，表明社会主义意识形态必须以社会主义荣辱观作为社会主义的思想道德基础。①

4.“内涵决定”说。有学者指出，社会主义核心价值体系是社会主义意识形态的本质体现，主要是由它四个方面的内涵决定的：（1）社会主义核心价值体系的灵魂是马克思主义，集中体现了社会主义意识形态的本质。马克思主义在社会意识形态领域中的指导地位，是社会主义意识形态与其他社会意识形态的本质区别。（2）中国特色社会主义共同理想是社会主义核心价值体系的主题，是社会主义意识形态核心内容的体现。我国现在走共同富裕道路与构建和谐社会都体现了社会主义的本质，而这些都是当今中国各族人民、各社会阶层的共同理想和价值取向。（3）民族精神和时代精神的统一，是社会主义核心价值体系的精髓，体现了马克思主义的理论品质。马克思主义与时俱进的理论品格源泉在于坚持民族精神与时代精神的有机统一。这是社会主义意识形态的重要特征，也是社会主义发展的精神动力。（4）社会主义荣辱观是社会主义价值体系的基础，是社会主义道德的具体化。社会主义道德是社会主义意识形态的重要组成部分。社会主义荣辱观是社会主义道德的核心理念，是社会主义价值体系的基础。②

学者们从来源、地位、特征、内涵等不同维度，深入分析了社会主义核心价值体系与社会主义意识形态之间的关系，得出了社会主义核心价值体系是社会主义意识形态的本质体现的结论。

（二）社会主义核心价值体系是社会主义意识形态的本质体现的主要表现

社会主义核心价值体系是社会主义意识形态的本质体现表现在许多方面，学者们从不同侧面进行了阐述。

---

① 曹长盛. 社会主义核心价值体系深刻揭示了社会主义意识形态的本质特征 [J]. 新长征，2007（3）.

② 张月泉. 社会主义意识形态的本质体现 [N]. 广西日报，2008 - 02 - 19.

　　1. "精神实质揭示"论。有学者认为，社会主义核心价值体系是社会主义意识形态内容的本质体现，主要表现在社会主义核心价值体系是对社会主义意识形态内容的高度凝练和概括，以极少的观念和范畴揭示社会主义意识形态的精神实质，体现社会主义意识形态的本质和灵魂。（1）社会主义核心价值体系具有凝练和概括社会主义意识形态本质的功能。社会主义核心价值体系系统地整合了中国特色社会主义的基本理论、思想观念和价值取向，集中体现了马克思主义中国化的精神实质。（2）社会主义核心价值体系具有制约和规范社会主义意识形态内容体系的功能。社会主义核心价值体系能够整合社会主义意识形态的内容体系及其各个组成部分，使之符合自己的本质，坚持社会主义意识形态的性质和方向。（3）社会主义核心价值体系具有提升社会主义意识形态作用的功能。社会主义核心价值体系是对社会主义意识形态内容的高度凝练和概括，便于人们理解、认同、传播和记忆，能够增强社会主义意识形态的吸引力、感召力、凝聚力和征服力。①

　　2. "主流价值代表"论。有学者强调，社会主义核心价值体系之所以是社会主义意识形态的本质体现，是因为它是迄今为止人类最科学、最有生命力的价值体系，主要表现在它既突出了党和国家的指导思想，又凸显了社会主义的理想信念；既继承吸收了中国文化的优良传统，又结合了当今社会主义精神文明的本质特征；四位一体，相互贯通，代表了中国特色社会主义社会的主流价值，提供了建设和谐社会所需要的文化认同和价值追求，具有较强的凝聚力和感召力，确保我国现代化建设沿着正确的方向前进。②

　　3. "核心构成地位"论。有学者从两个方面论述了社会主义核心价值体系是社会主义意识形态的本质体现。首先，社会主义核心价值体系，坚持以马克思主义为指导思想，以建设中国特色社会主义为共同理想等，充分体现了社会主义意识形态的特点，反映了社会主义的性质。

---

　　① 陈秉公. 如何认识社会主义核心价值观与社会主义意识形态的关系［N］. 光明日报，2011－02－25.

　　② 颜旭. 以社会主义核心价值体系引领意识形态建设［J］. 中共银川市委党校学报，2007（12）.

其次，社会主义核心价值体系就其构成来说，涵盖了社会主义意识形态的核心部分；就其内容来说，已不限于总的根本的认识，而是形成了一个基本方面相互联系、相互贯通的科学体系。社会主义核心价值体系在我国意识形态中占据十分重要的地位，是社会主义制度的内在精神和生命之魂，在社会主义所有价值目标中居于统摄和支配的地位。①

二、社会主义核心价值体系是全党全国各族
人民团结奋斗的共同思想基础

党的十六届六中全会把社会主义核心价值体系的内容概括为四个方面：马克思主义指导思想，中国特色社会主义共同理想，民族精神和时代精神以及社会主义荣辱观。这四个方面相辅相成，内在连接为一个思想体系，成为全国各族人民团结奋斗的共同思想基础。专家学者们围绕这四个方面，阐发了各自的独到见解。下面提炼其核心观点进行综述，以此反映国内学术界的研究概况。

（一）马克思主义指导思想成为全国人民共同思想基础的依据

我国是社会主义国家，中国共产党是中国特色社会主义事业的领导核心，马克思主义是我们党的根本指导思想，这就决定了马克思主义是社会主义意识形态的旗帜。马克思主义指导思想决定了社会主义核心价值体系的性质和方向，是社会主义核心价值体系的灵魂，也是全国各族人民团结奋斗的共同思想基础。明确这个问题，对构建社会主义核心价值体系至关重要。学术界对此问题讨论的角度及主要观点大体可分为以下几种。

1. "科学方法"说。有学者认为，马克思主义能够成为全国人民共同思想基础的原因在于，马克思主义是我们立党立国的根本指导思想，是社会主义意识形态的旗帜和灵魂。在社会主义核心价值体系中，

---

① 陈亚杰. 社会主义核心价值体系的理论创新［J］. 领导之友，2008（1）.

马克思主义提供的是科学的世界观，是认识世界和改造世界的立场、观点、方法，是建设社会主义的理论基础和行动指南。在当代中国，坚持马克思主义的指导地位，就是要把马克思列宁主义、毛泽东思想、邓小平理论和"三个代表"重要思想作为党和国家长期坚持的指导思想，坚持以科学发展观统领经济社会发展全局，坚持用马克思主义中国化最新成果指导改革开放和社会主义现代化建设实践，坚持不懈地用马克思主义武装全党、教育人民，解决社会剧变带来的思想混乱，使人们树立坚定的马克思主义信仰，学会用马克思主义的立场、观点和方法认识世界和改造世界。①

2. "价值追求"说。有学者认为，我们之所以坚信马克思主义，并以它作为自己奋斗目标的思想基础和凝聚人心的精神支柱，不仅仅因为它是客观真理，更因为马克思主义理论具有崇高的价值追求。从马克思、恩格斯创立马克思主义，到列宁创建世界上第一个社会主义国家，再到马克思主义中国化的一系列理论和实践成果，既表明了马克思主义的科学性，同时也充分展现了马克思主义的崇高价值理想。从马克思主义的本质属性看，它是科学与信仰、真理与价值、规律与规范的统一，既包含崇高的价值追求，显示出公正的价值判断，又包含进步的价值准则。马克思主义价值思想具有科学性，它以客观实际为价值根据，以实事求是为价值前提，遵从社会发展的内在规律，证明着社会主义的历史价值；马克思主义价值思想具有先进性，它是先进生产力的价值反映、先进文化的价值体现和先进社会制度的价值内核，承载着社会主义的先进价值；马克思主义价值思想具有人民性，它来自人民的愿望，服务人民的利益，维护着社会主义的主体价值。社会主义核心价值体系必须把代表人类价值思想前进方向、体现先进社会形态发展要求的价值思想作为根本。②

3. "不断发展"说。有学者认为，马克思主义是一种不断发展的

---

① 秦宣. 科学发展观与社会主义核心价值体系建设 ［J］. 中共云南省委党校学报，2008，9（1）.

② 王琴. 社会主义核心价值体系建设要牢铸马克思主义的灵魂作用 ［J］. 兰州学刊，2011（1）.

学说，它能够成为全国人民共同理想的原因在于，它可以与中国实际相结合，产生出适合时代的学说。因此，坚持马克思主义指导思想包括三个不同层次的内容：坚持以马克思主义指导中国特色社会主义的实践，推动改革开放和社会主义现代化建设；坚持马克思主义在意识形态领域的指导地位，用一元统领多元，使马克思主义成为主流社会思潮；坚持用马克思主义尤其是中国化的马克思主义武装广大干部和群众。从建设社会主义核心价值体系的角度，更重要的是后两个层次的内容。①

4. "主导信仰"说。有学者认为，任何一个社会都需要有一个主导信仰来统一全体公民的信仰，主导信仰失落或不被广泛认同，社会就会陷入混乱。马克思主义指导思想在社会主义核心价值体系中的定位，凸显了马克思主义信仰的社会性、崇高性、主流性、主导性和科学性本质。因此，只有在全体人民中普遍树立对马克思主义的信仰，才能更好地贯彻执行党的路线方针政策，才能更加自觉地遵守和维护法律、道德等社会规范，也才能不断推进构建社会主义和谐社会的历史进程。②

（二）中国特色社会主义共同理想成为全国人民共同思想基础的原因

中国特色社会主义共同理想是社会主义核心价值的主题，贯穿于社会主义核心价值体系之中。中国特色社会主义共同理想，把党在社会主义初级阶段的目标、国家的发展、民族的振兴与个人的幸福紧密联系在一起，把各个阶层、各个群体的共同愿望有机结合在一起，经过实践的检验，具有广泛的社会共识，具有令人信服的必然性、广泛性和包容性，具有强大的感召力、亲和力和凝聚力。因此，它理所当然地应该成为全国人民的共同思想基础中不可或缺的重要一环。对此，诸多学者从不同维度作出了回答，主要观点有以下几种。

1. "历史必然"说。有学者认为，从历史上看，走社会主义道路是近代中国历史发展的必然趋势和新民主主义革命实践的必然要求，而

---

① 赵曜. 大力推进社会主义核心价值体系建设 [J]. 红旗文稿，2007（12）.
② 王联斌. 牢固树立社会主义核心价值体系 [J]. 南京政治学院学报，2006（6）.

坚持走中国特色社会主义道路是新中国成立以来社会主义建设曲折发展历程的经验总结，也是世界社会主义运动重大挫折的深刻启示。① 这就决定了中国人民具有把中国特色社会主义作为共同理想的追求，就为社会主义共同理想成为全国人民的共同思想基础提供现实依据。有学者指出，中国特色社会主义共同理想是历史和人民的选择。事实证明，新中国成立以来尤其是改革开放以来翻天覆地的变化，符合中国各族人民的根本利益，生动诠释了只有社会主义才能救中国、只有社会主义才能发展中国的客观规律。中国特色社会主义道路是实现中华民族伟大复兴、确保和平崛起战略得以成功的必由路径，它符合 13 亿中国各族人民的理想、愿望和要求，因此成为现阶段各族人民的共同理想和团结奋斗的强大动力。②

2. "理想信念"说。有学者认为，理想是人们的社会政治立场和世界观在奋斗目标上的集中表现，它反映着人们对未来的向往和追求。科学社会主义创始人在《共产党宣言》中，通过对资本主义的深刻分析，提出资本主义必然灭亡、社会主义必然胜利的科学论断，用"两个必然"和"两个决裂"的思想武装了世界各国一代又一代共产党人和革命者。中国特色社会主义共同理想，昭示了我们在 21 世纪前 20 年全面建设小康社会，到 21 世纪中叶基本上实现社会主义现代化，把我国建设成为富强、民主、文明、和谐的社会主义国家，具有强大的感召力和凝聚力。虽然在当前资本主义"西潮"、市场经济"高潮"和社会主义"低潮"的影响下，一些人的理想信念淡化和动摇，讲"实惠"的人多起来，"中立主义"的价值观在泛滥，但社会主义理想依然能够指引着中国的发展。③

3. "符合现实"说。有学者认为，中国特色的社会主义理想是现阶段我国各族人民的共同理想，它是我们党在十一届三中全会以后，总

---

① 刘建军. 中国特色社会主义共同理想社会主义核心价值体系的主题 [J]. 高校理论战线，2007 (4).

② 罗湘衡. 社会主义核心价值体系的源起及内涵 [J]. 中国石油大学学报（社会科学版），2010, 26 (5).

③ 赵曜. 浅谈建设社会主义核心价值体系 [J]. 宁波党校学报，2007 (1).

结了过去在理想建设方面的经验教训，根据我国社会主义初级阶段的客观实际提出来的，符合我国社会主义初级阶段的生产力、经济基础和上层建筑发展的客观要求，体现了我国工人、农民、知识分子和其他劳动者、爱国者的根本利益和愿望，是保证全体人民团结奋斗、克服困难的强大精神动力。[①]

（三）民族精神和时代精神成为全国人民共同思想基础的必然性

民族精神和时代精神是社会主义核心价值体系的精髓，其在核心价值体系中处于重要地位，并发挥重要作用。民族精神是民族文化最本质、最集中的体现，以爱国主义为核心的伟大民族精神，已经深深地融入我们的民族意识、民族品格、民族气质之中，成为各族人民团结一心、共同奋斗的价值取向。以改革创新为核心的时代精神，是马克思主义与时俱进的理论品格、中华民族富于进取的思想品格与改革开放和现代化建设实践相结合的伟大成果，已经深深地融入我国经济、政治、文化、社会建设的各个方面，成为各族人民不断开创中国特色社会主义事业新局面的强大精神力量。学者们认为，民族精神和时代精神是中华民族始终保持强大凝聚力和战斗力的精神支撑，是全国各族人民共同思想基础的重要组成部分，主要观点如下。

1. "贯穿"说。有学者认为，以爱国主义为核心的民族精神是社会主义核心价值体系最基本的方面，爱国主义贯穿整个社会主义核心价值体系。因此，讲社会主义核心价值体系的极端重要性，不仅应该联系意识形态和比较核心利益来理解，而且应该突出爱国主义来理解。[②] 有学者从"爱国主义是民族精神的核心"出发，认为爱国主义是深入理解马克思主义中国化，准确把握社会主义核心价值体系的主题，增强国家和民族的凝聚力，打牢社会主义核心价值体系的地基，维护社会的和谐稳定的思想基础。[③] 因此，爱国主义贯穿于整个中国人民思想体系之

① 吴潜涛. 社会主义核心价值体系的科学内涵 [J]. 道德与文明，2007（1）.

② 段精鹏. 原心理解社会主义核心价值体系的内涵 [J]. 淮海工学院学报（社会科学版），2009（7）.

③ 侯衍社. 爱国主义与社会主义核心价值体系建设 [J]. 理论前沿，2009（3）.

中，成为共同思想之基础。

2．"融入"说。有学者认为，以爱国主义为核心的民族精神和以改革创新为核心的时代精神，能够深深地融入我国经济、政治、文化、社会建设的各个方面，成为各族人民不断开创中国特色社会主义事业的强大精神力量，使全体人民始终保持昂扬向上的精神风貌，不断地继往开来、开拓创新、成就伟业。①

3．"传统"说。有学者认为，中华民族精神是异常丰富的宝库，它的精华是坚强永固的爱国主义、不屈奋进的斗争意志、开拓进取的不竭活力，这些构成了社会主义核心价值体系的精髓。中华民族是具有五千年文明历史的伟大民族，对人类历史发展作出过巨大贡献。中国曾经是世界上最发达的国家之一，直到 19 世纪中叶以后，由于帝国主义侵略和国内封建统治的腐朽，才衰落下去。但中华民族虽历经磨难，却斗志弥坚；在任何强暴势力面前，伟大的民族精神从未泯灭。正是这种精神，使中华民族始终保持强大的凝聚力和坚强的战斗力，最终战胜一切艰难险阻和凶恶的敌人，并焕发无尽的创造力，把伟大的国家推向新的繁荣昌盛。② 有学者指出，中华民族是一个伟大的民族，在五千多年的历史洗礼中，涌现了一批伟大的爱国主义者，哺育了足以使我们民族引以为豪的思想家、文学家，形成了以爱国主义为核心的团结统一、爱好和平、勤劳勇敢、自强不息的民族精神。在新的历史时期，人类文明和社会进步的速度明显加快。我们党紧跟时代前进的步伐，在继承和发扬革命和建设时期优良传统的基础上，引领全社会形成以改革创新为核心的时代精神。这两大精神是中华民族生生不息、薪火相传的精神支撑，是当代中国不断创造崭新业绩和世界奇迹的力量源泉，因此成为社会主义核心价值体系不可或缺和不可分割的重要组成部分。③

---

① 曹长盛. 大力建设社会主义核心价值体系 ［J］. 高校理论战线，2007（7）.

② 李士坤. 论建设社会主义核心价值体系的重要意义 ［J］. 中共福建省委党校学报，2010（4）.

③ 赵曜. 浅谈建设社会主义核心价值体系 ［J］. 宁波党校学报，2007（1）.

（四）社会主义荣辱观成为全国人民共同思想基础的依据

以"八荣八耻"为主要内容的社会主义荣辱观，是对与社会主义市场经济相适应、与社会主义法律规范相协调、与中华民族传统美德相承接的社会主义思想道德体系全面系统、准确通俗的表达，它旗帜鲜明地指出了在社会主义市场经济条件下，应当坚持和提倡什么、反对和抵制什么，为全体社会成员判断行为得失、作出道德选择、确定价值取向，提供了基本的价值准则和行为规范。社会主义荣辱观是社会主义核心价值体系的基本内容，规定了社会主义核心价值体系的基本面貌，它与社会主义核心价值体系其他三部分内容一起，共同构成了全国各族人民团结奋斗的共同思想基础。许多学者对此提出了自己的独到见解。

1. "道德目标认同"说。有学者认为，一个社会的和谐发展，必须有共同的道德价值理念。只有这样，才能凝聚社会的各种力量，为共同的目标奋斗。而社会主义荣辱观为社会发展提供道德目标，并获得了人民的认同："以热爱祖国为荣、以危害祖国为耻"的社会主义荣辱观，核心是热爱祖国；"以服务人民为荣、以背离人民为耻"的社会主义荣辱观，核心是人民至上；"以崇尚科学为荣、以愚昧无知为耻"的社会主义荣辱观，核心是对科学精神的尊崇；"以辛勤劳动为荣、以好逸恶劳为耻"的社会主义荣辱观，核心是对劳动的尊重；"以团结互助为荣、以损人利己为耻"的社会主义荣辱观，核心是对集体主义的肯定；以"诚实守信为荣、以见利忘义为耻"的社会主义荣辱观，核心是诚信原则；"以遵纪守法为荣、以违法乱纪为耻"的社会主义荣辱观，核心是强调法制观念与守法意识；"以艰苦奋斗为荣、以骄奢淫逸为耻"的社会主义荣辱观，核心是重塑个体精神风貌和社会风尚。① 因此，社会主义荣辱观能够成为全国人民共同思想的基础。

2. "非正式制度建设"说。有学者认为，非正式制度建设是指软

---

① 李道湘. 论社会主义荣辱观在社会主义核心价值体系中的基础地位 [J]. 中央社会主义学院学报，2010（3）.

性或潜在的，如社会意识形态、共同价值观、民族文化传统、伦理道德要求等影响社会发展的内容。社会主义荣辱观除了成为个人的自律规范之外，还有利于"社会道德感"或社会道德控制机制的营造。① 社会风气一旦营造出来，便会成为一种强大的力量，规范和引导人们的行为，使人们能够认同并成为共同思想的基础。

3. "道德规范新高度"说。有学者认为，以"八荣八耻"为主要内容的社会主义荣辱观内涵丰富，是对社会主义合格公民应该遵守的基本思想道德规范、法律法规和应该养成的健康文明的生活方式的高度概括。它贯穿爱国主义、集体主义、社会主义思想，集中体现了正确的世界观、人生观、价值观和道德观，反映了中华民族精神和时代精神的根本要求，它标志着我党对社会主义思想道德规范的概括达到了体现时代性、把握规律性、富于创新性的新高度。②

三、社会主义核心价值体系是实现科学发展、
社会和谐的推动力量

党的十六届六中全会通过的《中共中央关于构建社会主义和谐社会若干重大问题的决定》指出："建设和谐文化，是构建社会主义和谐社会的重要任务。社会主义核心价值体系是建设和谐文化的根本。"这一科学论断是以胡锦涛同志为总书记的党中央率领全国人民在建设社会主义和谐社会的伟大实践中，根据社会主义社会的本质属性，结合我国思想道德建设的新情况而提出来的，具有很强的现实性，是对科学发展观的丰富和发展，是与时俱进的党的思想理论的又一重大突破。

社会主义核心价值体系是中国的精神旗帜，具体表现为：社会主义核心价值体系是社会主义意识形态的本质，同时它是全党全国各族人民团结奋斗的共同思想基础。社会主义核心价值体系的功能具体表现为：

---

① 葛晨虹. 荣辱观与社会主义核心价值体系 [J]. 思想政治工作研究，2008（9）.
② 吴潜涛. 社会主义核心价值体系的科学内涵 [J]. 道德与文明，2007（1）.

它是实现科学发展、社会和谐的推动力量，也是国家文化软实力的核心内容。已发行的《社会主义核心价值体系学习读本》高度概括了社会主义核心价值体系的功能。书中论述道，"科学发展、社会和谐，是发展中国特色社会主义的基本要求，是贯穿改革开放和社会主义现代化建设的一条主线。实现科学发展、社会和谐，离不开社会主义核心价值体系的支撑与引领。社会主义核心价值体系倡导一切有利于国家富强、社会和谐、人民幸福的思想和精神，一切有利于民族团结、祖国统一、人心凝聚的思想和精神，一切用诚实劳动创造美好生活的思想和精神，提供了经济社会全面发展的思想保证。建设社会主义核心价值体系，有助于人们增强对科学发展、社会和谐的认同，同心同德地推动经济社会又好又快发展；有助于人们焕发积极性、主动性、创造性，始终保持昂扬向上的精神状态；有助于人们培育和谐文化，树立和谐理念，发扬和谐精神，把各方面的智慧和力量凝聚到推动科学发展、促进社会和谐上来"。① 学术界从不同角度研究探讨社会主义核心价值体系的功能，具体分析阐述了社会主义核心价值体系与科学发展、和谐社会的关系。

（一）社会主义核心价值体系与科学发展关系

对于社会主义核心价值体系与科学发展关系的研究，目前研究成果总体上较少，但已有学者开始重视。

1. "正确方向"说。有学者认为，"社会主义核心价值体系是人类历史上最科学、最先进、最有生命力的价值体系，是从唯物史观的高度对当今时代主题和社会发展变化的根本要求提出的科学理念，代表着社会发展的正确方向"。② 与此同时，该学者还深入挖掘核心价值体系的内容，探讨核心价值体系对科学发展的推动作用，认为"在我国诸多社会意识形态中处于主要地位、发挥主导作用的是社会主义核心价值体系，它集中体现了占统治地位的工人阶级的意识，代表了最广大人民的

---

① 《社会主义核心价值体系学习读本》编写组. 社会主义核心价值体系学习读本 ［M］. 北京：人民日报出版社，2007；8.

② 李先灵. 关于社会主义核心价值体系的哲学思考 ［J］. 学校党建与思想教育，2010（4）.

根本利益和社会发展的正确方向，是人类历史上最科学最先进最有生命力的价值体系，为社会主义社会的发展提供了科学的价值标准。唯物史观认为，意识形态对经济及政治具有能动的反作用，这种反作用就在于，它把不同集团、阶级，尤其是统治阶级的利益、要求内化为人的思想、情感，以支配人们的行动，从而影响社会的经济结构和政治结构"。①

2. "具有鲜明的科学性"说。有学者指出，"社会主义核心价值体系具有阶级性、理论性、科学性、实践性、价值性、相对独立性和绝对主导性、民族性时代性和历史继承性、创新性和开放性等一系列基本特征。社会主义核心价值体系是科学理论、科学内容、科学体系、科学内涵统一的有机整体。马克思主义和马克思主义中国化的最新成果是科学理论，马克思主义指导地位、中国特色社会主义共同理想、民族精神和时代精神、社会主义荣辱观是科学内容。科学内容四个方面相互联系、相互贯通，形成一个结构完备、逻辑缜密的科学体系。科学理论、科学内容、科学体系构成社会主义核心价值体系的科学内涵，体现了马克思主义世界观、价值观、人生观的统一，体现了马克思主义价值观与中华民族传统价值观的统一，体现了党的主张、国家意志和人民意愿的统一，体现了政治与伦理、理想与现实的统一，具有鲜明的科学性"。②

3. "内在要求"说。有学者从核心价值体系与科学发展观的关系问题入手，研究社会主义核心价值体系如何推动科学发展。他们认为，从历史上看，任何一种核心价值观的形成都是和当时的经济社会发展相辅相成的，一定的价值观和一定的发展观是统一的。发展观培育价值观，价值观体现发展观。事实说明，任何发展观都蕴涵着一定的价值观。建设社会主义核心价值体系，是党中央继提出科学发展观后的又一项重大战略性决策，是贯彻落实科学发展观的重要保证。"社会主义核心价值体系与科学发展观是内在联系的。社会主义核心价值体系是科学发展观的目标性设定，贯彻落实科学发展观则是建立社会主义核心价值

① 李先灵. 关于社会主义核心价值体系的哲学思考［J］. 学校党建与思想教育，2010
（4）.

② 黄钧儒. 社会主义核心价值体系特征研究［J］. 乌蒙论坛，2009（2）.

体系的现实途径，它们在实质内容上相互渗透，相互贯通，在功能和作用上相互支撑。科学发展观要求转变原有的发展模式，更加注重人的全面发展，更加注重社会和谐"。[①] 这两个注重的根基来自深层次的人文精神和人文关怀。全面落实科学发展观，内在要求建设好社会主义核心价值观体系。科学发展观的核心是以人为本，体现出发展的目的和衡量尺度，这正是建设社会主义核心价值体系所要求的。社会主义核心价值观对领导干部来说，意味着正确的权力观，实践立党为公、执政为民的宗旨，破除"官本位"，不能以权谋私，搞贪污腐败。应努力从可持续发展的视野坚持以人为本，少做急功近利的蠢事。这意味着必须将人和人类看作未完成的、有待不断完善的社会存在者。在建设社会主义核心价值体系时，需要突出以人为本意识。

（二）社会主义核心价值体系与建设和谐社会的关系

研究社会主义核心价值体系与构建和谐社会的成果大致可分为以下几类。

1. 从构建和谐社会的方向分析。有学者认为"社会主义核心价值体系是社会主义制度的内在精神和生命之魂，它决定着社会主义的发展模式、制度体制和目标任务，在所有社会主义价值目标中处于统摄和支配地位。没有社会主义核心价值体系的引领，构建和谐社会、建设和谐文化就会迷失方向"。[②]

2. 从构建和谐社会的要求分析。有学者认为"社会和谐稳定既需要科学有效的社会管理，也需要浸润心灵的精神感召。在社会矛盾交织、各类问题多发多变的情况下，推进核心价值体系建设，一定要致力于形成共同的精神纽带和良好的人际关系，用和谐的理念、和谐的思维处理思想认识问题，最大限度地增加和谐因素，最大限度地减少不和谐

[①] 殷华明. 建设社会主义核心价值体系研究的进展 [J]. 经济与社会发展，2010（4）.
[②] 上海市邓小平理论和"三个代表"重要思想研究中心. 建设社会主义核心价值体系的内容和意义 [N]. 光明日报，2007 - 01 - 31.

因素，保持社会安定有序"。① "先进的共同思想基础是社会和谐稳定的根基。社会和谐稳定是人民的最高利益之所在。保持社会和谐稳定，国家才能长治久安，人民才能安居乐业。而社会和谐稳定，需要有一个统一人心、凝聚力量的精神支柱，那就是人们团结奋斗的共同思想基础。团结奋斗的共同思想基础是形成社会铜墙铁壁坚不可摧的心理底线，是实现社会和谐稳定的根基"。②

3. 从社会主义核心价值体系的具体内容分析。有学者提出中国特色社会主义理论体系是构建社会主义和谐社会的共同思想基础。"中国特色社会主义理论体系中的马克思列宁主义是构建社会主义和谐社会的指导思想，马克思、恩格斯深刻揭示了资本主义社会不平等、不和谐的根源在于资本主义社会的基本矛盾。他们在批判继承相关思想，特别是空想社会主义的基础上对和谐社会进行了探索。马克思主义关于自由人联合体的理论，实质上就是一种追求和谐社会的理论，明确指出未来理想社会的本质特征是消除阶级对立和脑体差别，使人的自由而全面发展与社会发展和谐一致。社会发展与人的全面发展的和谐一致、人与人的和谐关系，是马克思、恩格斯关于未来和谐社会的核心思想，也是马克思主义追求的根本价值目标"。③ 列宁领导十月革命成功并建立了社会主义制度，使社会主义从理论变成实践，为构建和谐社会提供了制度前提。社会主义和谐社会不是无矛盾无差别的社会，而是多样性协调统一的社会。主流意识形态构成了一个民族精神信仰的基础和载体，是引导人们行动的目标，是支撑社会的稳定器。历史和现实都表明，马克思主义作为我国社会主义革命和建设事业的指导思想，是实现政治和社会稳定的共同思想基础。

4. 从社会主义核心价值体系的内涵角度分析。有学者认为"社会主义核心价值体系包括十个要点：劳动创新，自由平等，民主法治，公

---

① 刘云山. 深入推进社会主义核心价值体系建设　巩固全党全国人民团结奋斗的共同思想基础 [J]. 党建，2008（5）.

② 严兴文. 论当代中国各族人民团结奋斗的共同思想基础 [J]. 科学社会主义，2009（2）.

③ 王兴仓. 中国特色社会主义理论体系是构建社会主义和谐社会的共同思想基础 [J]. 铜陵学院学报，2009（5）.

平正义，合作竞争，以人为本，科学发展，富强并举，文明昌盛，和谐幸福。中国共产党提出中国社会主义核心价值体系为实现科学发展观和社会主义现代化提供全民共有的精神动力，是为构建社会主义和谐社会梳理引领全民团结一致、和衷共济、携手奋进的精神旗帜"。①

5. 从和谐文化问题角度切入分析。有学者认为，我们建设的和谐文化，是以社会主义核心价值体系为根本和核心的。"建设社会主义核心价值体系，对于和谐文化建设具有定性的意义，具有整合的意义，具有引领的意义"。② 社会主义和谐文化既是构建社会主义和谐社会的内在要求，也是构建社会主义和谐社会的重要条件。"和谐文化是社会主义先进文化的重要内容和组成部分，社会主义核心价值体系体现了和谐文化的社会主义性质，具有政治性、先进性、时代性、民族性和适用性等特征。认识和把握这些特征，不仅有助于把握和谐文化的核心及价值观要义，而且有助于和谐文化的建设"。③ 还有学者从这一角度研究指出："和谐文化是和谐社会的基本条件和重要内容，是构建社会主义和谐社会的思想以文化形式的外化，也是加强社会主义和谐社会建设的精神支柱。社会主义核心价值体系对人们起着潜移默化的教育作用，影响着人们的思想和行为，随社会具有明确的价值导向。建设和谐文化，最主要的是把建立社会主义核心价值体系作为整个社会文化的思想内核。社会主义核心价值体系，是全面建设小康社会、努力构建和谐社会进程中的根本思想基础，是中华民族伟大复兴的共同精神力量"。④

6. 从"社会思想共识的基础"的问题出发探究核心价值体系对和谐社会的推动作用。有较多学者认为，"只要坚持以马克思主义为指导思想，坚持以社会主义核心价值体系作为各种社会思想的共识基础，在尊重差异中扩大社会认同，在包容多样中形成思想共识，才能增强社会

---

① 高放. 中国社会主义核心价值体系的提出与内涵 [J]. 中共宁波市委党校学报，2011（1）.

② 李君如. 论"社会主义核心价值体系"与"和谐文化"的关系 [G] //中共中央宣传部理论局，马克思主义理论研究和建设工程办公室. 2007 年马克思主义理论研究和建设工程参考资料选编. 北京：学习出版社，2008：328.

③ 覃正明. 价值观：和谐文化的核心——关于社会主义核心价值体系的结构及其特征的思考 [J]. 当代世界与社会主义，2007（3）.

④ 李晓红. 试论我国社会主义核心价值体系建设 [J]. 华东交通大学学报，2006（6）.

思想意识领域的和谐局面"。① 他们强调，社会并存的价值观念的多元化导致人的行为方式的多样化，而一个社会如果没有共同的价值行为规范，就会造成各种冲突和矛盾，影响和谐社会的构建。社会主义荣辱观总结了古往今来人类文明之精华，鲜明地回答了应当坚持和提倡什么、反对和抵制什么，为全体社会成员判断行为得失作出道德选择、确定价值取向，提供了社会主义社会公民应该具有的基本道德准则、价值标准和行为规范，为最广泛地统一当前多种思想观念奠定了基础，最终成为推动科学发展与构建和谐社会的精神动力。

7. 从哲学视角分析。有学者认为"社会主义核心价值体系的提出，是创建和谐社会的重大战略举措。我国的改革开放已经走过了 30 多年的历程。在这期间，我国的社会经济成分、组织形式、利益分配和就业方式等呈现多样化趋向，人们的价值取向、道德观念、文化生活也日益多样化。这种多样化是社会进步的体现。但是，我们在承认这种多样化的同时，必须强调和坚持指导思想与主导价值的一元化。中国要走自己的民族振兴之路，就必须确立和巩固社会主义的共同理想信念，切实加强主流价值的培育和引导，确立和巩固民族的精神支柱，为构建社会主义和谐社会确立新时期的社会主义核心价值体系。因此，社会主义核心价值体系的提出，对于建设社会主义和谐社会，有着非常重要的理论意义，是创建和谐社会的一项重大战略举措"。②

近年来关于社会主义核心价值体系问题的研究被众多高校硕士研究生关注，并作为毕业论文选题，涌现出一些研究水平较高的成果。如有研究者认为，"建设社会主义核心价值体系是努力构建社会主义和谐社会的根本思想基础。建设社会主义核心价值体系，是构建和谐社会的需要。首先，社会主义核心价值体系是理想性与现实性结合的价值基石。构建和谐社会是我们共同的理想，理想具有超越现实的特征，是感召、激励和鼓舞我们为之奋斗的力量源泉，和谐社会价值理想的实现是在理

---

① 许斗斗. 社会主义核心价值体系是形成社会思想共识的基础 [N]. 福建日报, 2007 - 10 - 09.

② 郑宝霞. 哲学视野下的社会主义核心价值体系 [J]. 新乡学院学报（社会科学版），2009（2）.

想与现实的持续转换中实现的。其次，社会主义核心价值体系在社会性与个体性的联结中促进价值实现。在构建和谐社会的过程中，人的全面发展与社会的和谐发展是联系在一起的。社会的和谐发展，首先要求人的全面发展，并为人的发展创造条件。社会主义核心价值体系，是处理价值取向上个体性和社会性的统一，是和谐社会的精神动力。总之，社会主义核心价值体系有力推动着构建社会主义和谐社会的伟大进程。社会主义核心价值体系，是努力构建和谐社会进程中的根本思想基础，是中华民族伟大复兴的共同精神力量。建设社会主义核心价值体系，是构建社会主义和谐社会的重要内容和条件。一个社会要有序协调发展和保持团结稳定，除了建立组织和制度，保障社会成员之间的政治、经济、社会关系之外，还必须形成自身的主流价值观念体系"。①

从研究成果的总体情况看，当前学者对于社会主义核心价值体系与和谐社会关系的研究，主要是以核心价值体系的四个组成部分为逻辑起点来展开探讨的。学者们一致认为，社会主义核心价值体系作为当代中国的主流意识形态，是中国先进文化的核心价值观，构建社会主义和谐社会则是其价值诉求。社会和谐是中国特色社会主义的本质属性，是国家富强、民族振兴、人民幸福的重要保证。构建社会主义和谐社会，是我们党以马克思列宁主义、毛泽东思想、邓小平理论和"三个代表"重要思想为指导，全面贯彻落实科学发展观，从中国特色社会主义事业的总体布局和全面建设小康社会的全局出发提出的重大战略任务，反映了建设富强、民主、文明、和谐的社会主义现代化国家的内在要求，体现了全党全国各族人民的共同愿望。社会主义核心价值体系从中国社会主义现代化建设的实践中产生，同时，还要回到实践中指导中国特色社会主义现代化建设，并在实践中不断丰富内涵。从一定意义上说，社会主义核心价值体系是构建社会主义和谐社会的内在支撑。

第一，马克思主义的指导地位在构建社会主义和谐社会过程中不可动摇。从实践中来，到实践中去，实践对真理的检验就是这样循环往复的过程。马克思主义从进入中国开始就在反复经历这一过程，其科学性

---

① 田耿文. 社会主义核心价值体系研究［D］. 重庆：西南大学，2008.

已经并仍然不断地被实践所证明。社会主义核心价值体系是马克思主义中国化的重要理论创新成果，是中国社会主义建设的经验总结。构建社会主义和谐社会是中国特色社会主义的内在要求和本质属性，它反映了中国最广大人民的根本利益。中国特色社会主义把全面建设小康社会作为重要战略任务，富强、民主、文明、和谐、社会公平正义等价值追求是社会发展的必然规律，也是马克思主义最基本的价值追求。坚持马克思主义在意识形态领域中的指导地位，不仅因为马克思主义在中国革命和建设的过程中发挥过重要作用，而且在当代的发展理论中，还没有哪个理论更适合中国社会主义现代化发展的实际。面对世界多极、多元、多变的发展格局，只有"具体情况具体分析"这一马克思主义活的灵魂才能指引我们正确的前进方向。在社会日新月异的发展中，马克思主义的真理性正在不断被新的研究成果和社会实践所证明。历史发展的事实证明，坚持马克思主义的指导地位不动摇是中国特色社会主义事业取得胜利的根本保证。

第二，中国特色社会主义共同理想是构建社会主义和谐社会的内在凝聚力。社会主义是走向共产主义的特定历史阶段，共产主义是人类共同追求的价值目标，是社会历史发展的必然走向。马克思以敏锐的眼光发现了通往人类理想归宿的道路，多少年来为人们所向往和孜孜以求。新中国成立 60 多年来，虽然共产主义在世界范围内的发展遇到了各种各样的阻力，但仍然有许多国家在积极地探索，中国特色社会主义就是最具代表性的一例。共产主义不是空中楼阁，这一崇高理想需要建立在一定的物质和精神条件的基础上，作为一个发展中国家，中国的发展实践亟须团结向上的发展动力、和平安定的发展环境及广大人民的积极参与。通往未来共产主义社会的道路上，国富民强是必要条件，和谐发展是必然选择。在一定意义上说，不断构建社会主义和谐社会的过程，就是逐渐走向共产主义的过程。中国特色社会主义共同理想则为构建社会主义和谐社会提供了精神支撑。在世界风云变幻、多极发展的态势下，只有看清主流，廓清思路，才能明确今后的发展方向。"坚持以社会主义核心价值体系引领社会思潮，尊重差异，包容多样，最大限度地形成社会思想共识"。构建社会主义和谐社会既要明确最终目标是实现共产主义社会，又要明确社会主义初级阶段具有不可逾越性。既要把握共产主义主导价值观的地位，同时又不能忽视中国特色社会主义共同理想作用的发挥。在构建中国特色的社会主义和谐社会的过程中，需要以中国特色社会主义共同理想凝心聚力，充分调动和发挥每一个中国公民的主观能动性、积极性和创造性。

第三，以爱国主义为核心的民族精神和以改革开放为核心的时代精神是构建社会主义和谐社会的强大精神动力。源远流长的中华民族文化具有极强的包容性，几千年的民族发展，以爱国主义为核心的民族精神在中华文化的滋润之下展示了极强的稳定性、延展性、包容性和创造性。从国际范围讲，经济全球化时代的到来，自然资源、人力资源以及文化资源的全球优化配置，必然刺激新需求的产生。随之发展的信息技术，为世界人民提供了新的学习交流、借鉴、合作的平台，但以经济全球化为主的全球资源的优化配置并不意味着未来的世界大同，其本质还是资本主义国家资本的全球运动，目标是榨取超额利润。在某些资本主义发达国家谋求全球霸权的强大势力面前，以爱国主义为核心的民族精神将是认清经济全球化本质，抵御西化、分化、外来文化侵蚀，团结中华民族的巨大力量。科学技术的日新月异和经济全球化的挑战，召唤着我们必须以爱国主义为核心的民族精神和以改革创新为核心的时代精神为构建社会主义和谐社会提供精神支撑。

第四，社会主义荣辱观是构建社会主义和谐社会过程中提高全民素质的有力抓手。构建社会主义和谐社会内在地需要良好的社会道德风尚，只有在全社会牢固树立社会主义荣辱观，大力倡导爱国、敬业、诚信、友善等道德规范积极开展社会公德、职业道德、家庭美德建设，加强和改进青少年思想道德教育，才能形成知荣辱、讲正气、促和谐、求发展的良好社会道德风尚，才能夯实全党和全国各族人民团结奋斗的思想道德基础，才能把中国特色社会主义的道德要求内化为人们的自觉行为。

四、社会主义核心价值体系是国家文化
软实力的核心内容

在经济全球化的语境下，世界各国综合实力之间的竞争日趋激烈。由经济水平、科技发展、军事实力、领土或地域扩张等传统因素所构成的硬实力（hard power）竞争愈演愈烈，而由意识形态和价值观感召力、文化感染力、国际形象影响力、社会发展模式吸引力等所构成的软实力（soft power）竞争风起云涌，二者之间相互依存、相互制约、相互激荡、相互促进，使各国间综合国力的竞争呈现出前所未有的格局和形式。一个国家的崛起，从根本上说，在于它的综合国力的全面提升。文化软实力已经成为国家综合实力的一部分。

"软实力"（soft power）概念是约瑟夫·奈（Joseph S Nye）在其1990年出版的《注定领导世界：美国权力性质的变迁》一书中首次提出的。他认为，一个国家的综合国力，既包括由经济、科技、军事实力等表现出来的"硬实力"，也包括以文化和意识形态吸引力等体现出来的"软实力"。我们今天所强调的文化软实力，是在建设中国特色社会主义、构建和谐社会的实践中提出的。它既表现在政治制度层面，更渗透在思想意识和文化观念之中。因此，软实力的崛起不仅需要制度的健全和完善，而且需要核心价值引导力的增强。

胡锦涛同志在2006年11月中国文联第八次全国代表大会和中国作协第七次全国代表大会的讲话中指出，"如何找准我国文化发展的方位，创造民族文化的新辉煌，增强我国文化的国际竞争力，提升国家软实力，是摆在我们面前的一个重大现实课题"。[①] 这是在党的文献中第一次使用"软实力"概念。2007年10月，"文化软实力"正式写入党的十七大报告，标志着我们党已经把提升国家文化软实力作为实现中华民

---

① 胡锦涛. 在中国文联第八次全国代表大会、中国作协第七次全国代表大会上的讲话[N]. 人民日报，2006－11－11.

族伟大复兴的一个全新的战略支点。这是我们党总结历史、立足现实、着眼未来作出的重大战略决策，体现了我们党对当今国际社会竞争局势的敏锐洞察，对构建社会主义和谐文化的深思熟虑，对实现中华民族伟大复兴的高瞻远瞩。"社会主义核心价值体系在国家文化软实力中居于指导和统率地位，是国家文化软实力的内核。建设国家文化软实力的根本在于社会主义核心价值体系"。①

关于文化软实力与社会主义核心价值体系的关系研究。有学者认为，"我们党科学把握时代发展趋势和文化发展方位，把提高国家文化软实力作为重要发展战略，摆在更加突出的位置。社会主义核心价值体系是国家文化软实力的核心内容，建设社会主义核心价值体系的过程，也是提高国家文化软实力的过程"。② "社会主义核心价值体系是国家文化软实力的核心，是和谐文化的根本，是现代化建设的理论指导、文化支撑和动力之源，是实现民族复兴的精神瑰宝"。③ 有学者认为，"社会主义核心价值体系是民族国家软实力构成的基本框架和核心要素"，④ "文化软实力在很大程度上表现为民族凝聚力，而这种凝聚力主要来自于人们对核心价值体系的认同。当今世界正在发生广泛而深刻的变化。随着世界多极化、经济全球化深入发展，世界范围内各种思想文化交流、交融、交锋更加频繁，进一步凸显了文化软实力在综合国力竞争中的战略地位，凸显了核心价值体系在社会发展中的生命线作用"。⑤ 从提升国家文化软实力的途径来分析，有学者指出，构建社会主义核心价值体系是提升国家文化软实力的重要途径，是"提高国家文化软实力、维护国家文化安全的需要。当今世界正在发生广泛而深刻的变化，世界

---

① 夏海军，栗志刚. 建设国家文化软实力的根本：构建社会主义核心价值体系 [J]. 江淮论坛，2009 (2).

② 《社会主义核心价值体系学习读本》编写组. 社会主义核心价值体系学习读本 [M]. 人民日报出版社，2007：10.

③ 冯刚，侯衍社. 建设社会主义核心价值体系必须高扬爱国主义旗帜 [N]. 光明日报，2008 – 09 – 23.

④ 韩震. 公平正义的和谐社会与核心价值观念 [J]. 中国社会科学，2009 (1).

⑤ 冯刚. 用社会主义核心价值体系引领思想政治教育创新发展 [J]. 学校党建与思想教育，2008 (11).

多极化、经济全球化深入发展，科技进步日新月异，各种思想文化相互激荡，综合国力竞争日趋激烈。当今时代，文化与经济和政治相互交融，越来越成为综合国力竞争的重要因素。这使提高国家文化软实力的任务更加紧迫，也使维护国家文化安全的问题日益凸显。提高国家文化软实力、维护国家文化安全，必须建设社会主义核心价值体系"。① 还有学者强调，"文化软实力在很大程度上表现为国民的精神状态、意志品格和内在凝聚力，而这一切主要来自于人们对社会核心价值的认同。历史经验表明，任何一个国家要把全社会的意志和力量凝聚起来，都必须有一套与经济基础、政治制度相适应的核心价值体系"。② 我们要把建设社会主义核心价值体系，作为提高我国文化软实力的首要任务，坚持不懈地用马克思主义中国化的最新成果武装全党、教育人民，用中国特色社会主义共同理想凝聚力量，用以爱国主义为核心的民族精神和以改革创新为核心的时代精神鼓舞斗志，用社会主义荣辱观引领风尚，不断增强人们对中国共产党领导、社会主义制度、改革开放事业、全面建设小康社会目标的信念和信心。还有学者认为，"社会主义核心价值体系"命题的提出是提升我国软权力的需要。"在市场开放、观念更新和社会转型这样一个特殊的历史时期，中国通过构建社会主义核心价值体系提升国家的软权力具有特殊的重要意义：一是彰显马克思主义的生命力，二是增强中国特色社会主义的感召力，三是提高民族精神和时代精神的凝聚力"。③

关于软实力与硬实力的关系研究。有学者认为，"文化软实力指通过文化、政治理念、价值观等无形的权力来影响他国的行为。可见，'软实力'并不软，它是'硬实力'的体现，'软实力'的增强会促进'硬实力'的崛起。因此，以价值观为主要内容的文化对一个国家的'软实力'起着重要的作用。国家之间的交往，既是'硬实力'的竞

---

① 中共中央党校中国特色社会主义理论体系研究中心. 关于社会主义核心价值体系建设的三个问题 [N]. 人民日报，2010 - 05 - 17 (7).

② 王若宇. 中国特色社会主义核心价值体系建设论析 [D]. 重庆：西南大学，2009.

③ 唐晓燕. "社会主义核心价值体系"研究综述 [J]. 徐州师范大学学报（哲学社会科学版），2010 (3).

争，又是'软实力'之间的相互流动和彼此渗透。社会主义核心价值体系是人类精神文明的积淀，必然通过国际交流，融入全人类的发展进程。因此，社会主义核心价值体系的完善与否直接关系到国家'软实力'的大小。这样，社会主义核心价值体系理所当然地成为国家形象的符号载体"。①

关于文化实力与物质实力的研究。有学者从辩证的角度出发，分析了文化实力与物质实力的关系，同时指出，构建社会主义核心价值体系是增强文化实力的重要内容。文化是凝聚和激励全国各族人民的重要力量，是综合国力的重要标志。当今世界，文化在综合国力竞争中的地位日益重要。首先，文化实力影响着综合实力的形成与发展。一方面，经济日益表现出文化化（知识化）的趋势。知识已成为经济的基础，科学技术已成为第一生产力，科技创新能力越来越成为国际综合国力竞争的决定性因素。另一方面，文化日益表现出经济化的发展趋势。其次，文化实力是物质实力发挥作用的重要条件。要发挥物质实力的作用，需要运用这种物质实力的人具有相应的思想道德素质和科学文化素质以及相应的精神状态和精神动力。"强大的精神力量不仅可以促进物质技术力量的发展，而且可以使一定物质技术力量发挥出更好更大的作用。只有加强文化建设，造就具有相应素质能够自如运用物质实力的人及有利于物质实力发挥作用的精神条件，物质实力才能作为综合国力的重要部分现实地参与综合实力的竞争"。②

有学者结合核心价值体系的内容分析其对软实力的影响。他们认为，社会主义核心价值体系以中国特色社会主义作为共同理想，绝非偶然。"中国特色社会主义集中概括了改革开放以来我们党的基本理论、基本路线、基本纲领、基本经验，是统领经济、政治、文化、社会四位一体建设的精神支柱和动力，是全体人民各尽所能、各得其所而又和谐相处的政治保证，是在实践中丰富和发展马克思主义、推进马克思主义

---

① 刘长军 论社会主义核心价值体系 [J]. 重庆工学院学报（社会科学版），2007（9）.
② 丁剑. 社会主义核心价值体系是建设和谐文化的根本 [J]. 武汉学刊，2006（6）.

中国化的具体途径，是提高国家软实力、提升人民精神风貌的根本条件"。① 作为当代中国的实践主题和理论主题，用中国特色社会主义共同理想来凝聚力量，必然是社会主义核心价值体系建设的重要内容。

有学者从宏观的角度分析了社会主义核心价值体系的功能，提出"目前学术界关于社会主义核心价值体系的探讨，主要是从该体系的科学内涵、思想表现、时代特征、理论维度和实践转化等几个方面进行的，社会主义核心价值体系的功能问题还没有得到深刻的认识。功能视角是解读社会主义核心价值体系的基础和关键，社会主义核心价值体系具有政治稳定、经济促动、社会整合、文化优化和道德提升等功能"。②

有的学者从价值认同层面，研究了建设社会主义核心价值体系对提升文化软实力的作用。如有学者认为，构建社会主义核心价值体系有利于增强意识形态较量中的战斗力。从政治价值取向上看，社会主义核心价值体系最根本的是坚持马克思主义的指导地位。马克思主义是为人类全面自由发展的理论，同时也涵盖了不专属于资本主义"自由、平等、博爱"的最真实的文明成果。所以我们坚持社会主义核心价值体系也涵盖了全人类共同的价值追求。社会主义核心价值体系的提出，驳斥了西方倡导的所谓的普世价值，从而有利于构建我们独立的话语权。有学者认为构建社会主义核心价值体系有利于为增强我国软实力提供坚实保障。有学者认为，构建社会主义核心价值体系有利于增强文化融合力。政治认同和文化认同是国家认同的核心内容，文化认同与政治认同相比更具有持久性和稳定性。社会主义核心价值体系囊括了中华文化精髓，不仅为中国人民的文化认同指明了方向，在国际舞台上也有很强的震撼力。约瑟夫·奈认为软实力是一种与文化、意识形态以及社会制度等无形力量资源相关的力量因素。通过上面的认识我们可以看出，社会主义核心价值体系反映了意识形态、社会制度以及中华文化等因素。因此，推进社会主义核心价值体系对我国软实力的构建，有助于提升我国的软实力。

---

① 余科."中国社会科学院文史哲学部论坛"提出——深入研究社会主义核心价值体系的时代内涵［N］. 人民日报，2007 - 11 - 23（15）.
② 高红艳. 社会主义核心价值体系的功能探析［J］. 学校党建与思想教育，2011（1）.

目前，学术界对于这一问题的基本研究现状是，主要研究核心价值体系的内涵和意义，对于核心价值体系的现实意义分析较多；但对于核心价值体系与国家软实力的关系研究，多是从传统文化与马克思主义相结合的视角来分析，研究角度相对狭窄，研究深度有待加深。从总体上讲，研究建设社会主义核心价值体系对提升文化软实力的作用，主要反映在三个方面。

建设社会主义核心价值体系，能够增强中华民族的凝聚力。国家文化软实力在很大程度上表现为民族凝聚力，这种凝聚力主要来自于人们对核心价值体系的认同和追求。要把全国各族人民凝聚起来，形成全面建设小康社会、实现中华民族伟大复兴的强大合力，必须在全社会建设社会主义核心价值体系，形成统一的指导思想、共同的理想信念、强大的精神支柱和基本的道德规范，使人们超越民族、血缘、语言、地域等方面的差异，超越阶层、行业、职业、利益等方面的差异，增强对中华民族大家庭的向心力和归属感，不断巩固民族团结和睦的精神纽带。

建设社会主义核心价值体系，能够提高中华民族的创新力。创新是一个民族进步的灵魂，是一个国家兴旺发达的不竭动力。一个没有创新力的国家，难以拥有强大的文化软实力，也不可能占据综合国力竞争的制高点。在建设创新型国家的今天，必须大力建设社会主义核心价值体系，弘扬改革创新精神，树立创新理念，培育创新文化，让一切创造的源泉充分涌流，让一切创新的热情充分焕发，使中华民族始终走在时代前列，在激烈的国际竞争中始终立于不败之地。

建设社会主义核心价值体系，能够扩大中华文化的影响力。文化影响力的强弱，是衡量一个国家文化软实力的重要标志。中华文化富有独特魅力，是世界文化百花园中的奇葩。今天，中华文化得到了更广泛的传播，但中华文化的国际影响力与我国的发展中大国地位和世界渴望了解中华文化的愿望还不相适应。同时，西方思想文化对我国的渗透和影响还在不断加剧。建设社会主义核心价值体系，充分挖掘和弘扬中华传统文化的有益价值，不断从时代的火热实践中汲取新鲜养分，有利于我们的文化保持民族性、时代性、先进性，展现中国特色、中国风格、中国气派；有利于抵御西方资产阶级腐朽思想文化的渗透，有效维护我国文化安全；有利于推动中华文化更好地走向世界，扩大我国的国际影响力。

五、简要评析

学术理论界从社会主义意识形态的本质体现、全党全国各族人民团结奋斗的共同思想基础、实现科学发展与社会和谐的推动力量、国家文化软实力的核心内容等视角，对社会主义核心价值体系进行了多层次、多视角的深入探讨和系统研究，在建设社会核心价值体系的必要性、社会主义核心价值体系的逻辑结构、社会主义核心价值体系的科学内涵、建设社会主义核心价值体系的重大意义等问题上有着比较一致的认识。

在着力增强建设社会主义核心价值体系总体性认识的过程中，我们还需要在以下方面进一步作出努力。

一是应从价值认同高度进一步深化对我们党提出建设社会主义核心价值体系的根本目的的研究。建设全面发展、全面进步的社会主义社会，必须在不断完善经济、政治和社会等各方面制度的同时，积极探索社会主义在精神和价值层面的本质规定性。构建科学完备的社会主义核心价值体系，是社会主义是否完善、是否成熟的一个重要标志。长期以来，我们党围绕建设社会主义进行了艰苦曲折的探索，不断完善社会主义基本经济制度、政治制度和社会制度，也不断深化着对社会主义意识形态和价值取向的认识。党的十六届六中全会深刻总结新中国成立以来特别是改革开放以来意识形态建设的历史经验，集社会主义价值理念之大成，把我们党倡导的基本理论、思想观念和价值取向，系统、凝练地整合在一起，第一次鲜明地提出了建设社会主义核心价值体系的重大命题，明确了社会主义核心价值体系的基本内容。我们在研究中需要深入阐述，建设社会主义核心价值体系，如何揭示了社会主义制度的内在精神之魂，如何反映了我们党对中国特色社会主义本质属性的新认识，如何更好地促进我国社会主义制度的自我完善和发展，如何进一步坚定人们走中国特色社会主义道路的信念。

二是应从实践高度进一步深化对建设社会主义核心价值体系与掌握意识形态主动权的研究。我们正处在一个大发展、大变革的时代，国际国内形势的深刻变化使我国意识形态领域面临着空前复杂的情况。从国际看，经济全球化趋势深入发展，各种思想文化相互激荡，不同文明交流、交融、交锋更加频繁，进一步凸显了文化软实力在综合国力竞争中的战略地位，凸显了核心价值体系在社会发展和国家安全中的"生命线"作用。从国内看，我国已进入改革发展的关键时期，经济社会发展呈现出许多新的阶段性特征。特别是随着利益格局的不断调整，社会生活日趋多样化，社会意识更加多样、多元、多变，这既为社会发展进步注入了活力，也带来了社会思潮的纷繁变幻。在马克思主义指导地位不断巩固的同时，一些非马克思主义甚至反马克思主义的思潮也时有出现。在社会思想空前活跃、主流积极健康向上的同时，一些错误的、消极的、颓废的思想意识也有所滋长。各种价值观念相互交织、相互碰撞、相互影响，一些人思想困惑、信仰淡漠，一些领域诚信缺失、道德失范。在这样的情况下，我们需要深入研究，如何扩大主流意识形态的影响、弘扬积极健康的道德风尚，如何通过建设社会主义核心价值体系来掌握意识形态领域的主动权、主导权、话语权，团结凝聚不同阶层、不同认知水平的人们共同前进。

三是应进一步深化社会主义核心价值体系与提高党在意识形态领域执政能力关系的研究。当前，人们的思想活动独立性、选择性、多变性和差异性在逐渐增大，意识形态面临着来自各方面的挑战。在这种情况下，我们需要深入研究，坚持马克思主义的指导思想不能动摇，坚持建设中国特色社会主义的共同理想不能替代，坚持以民族精神和时代精神作为激励我们前进的资源不能抛弃，坚持以社会主义荣辱观规范我们的行为不能含糊，大力提高党在意识形态领域的执政能力。

四是应进一步深化社会主义核心价值体系与资本主义核心价值体系区别的研究。古往今来，一个国家、一个社会都需要有一定的价值体系来维系。在这个体系中居核心地位、起主导作用的就是核心价值体系。资产阶级在反对封建专制主义的统治、夺取政权的斗争中形成了自由、平等、民主、人权、正义、博爱等价值理念，并形成了以个人主义为主要内容的资本主义核心价值体系。它集中体现了资产阶级的世界观和人生观，是资本主义经济制度和政治制度的体现。新中国成立 60 多年来，中国共产党领导中国各族人民成功探索出一条中国特色社会主义道路，在经济、政治、文化等方面建立了一套比较成熟的制度和体制。社会主义核心价值体系，是我国社会主义意识形态的核心部分，是社会主义基本制度在价值层面的本质规定。当前，我们需要深入研究不同意识形态之间的对立和较量的本质，研究西方敌对势力对我国意识形态渗透的本质；深入研究在坚持社会主义核心价值体系不动摇的前提下，如何以开放的胸襟吸收和借鉴包括资产阶级在内的人类所创造的一切文明成果。

第二章 关于"马克思主义指导思想是社会主义核心价值体系的灵魂"的研究

自从党的十六届六中全会提出建设社会主义核心价值体系的战略任务后，我国理论界出现了研究社会主义核心价值体系的持久热潮。从中国期刊全文数据库（CNKI）的检索情况看，截至 2011 年上半年，题名包含"社会主义核心价值体系"的论文共有 4000 多篇。许多关于马克思主义指导思想的研究，也包含在这些理论成果当中。特别是其中的若干重点论文，比较全面深刻地论述了马克思主义指导思想是社会主义核心价值体系的灵魂。当然，对马克思主义指导思想的研究并不限于社会主义核心价值体系研究之内，因为早在党中央提出构建社会主义核心价值体系之前，马克思主义的指导思想及其相关研究早已存在，并取得了一定的研究成果。在社会主义核心价值体系提出之后，国内关于马克思主义指导思想的研究分成两部分，一是在社会主义核心价值体系研究之内并作为这种研究的一部分，着力研究马克思主义指导思想与社会主义核心价值体系的关系，特别是马克思主义指导思想在社会主义核心价值体系中的地位和作用；二是在社会主义核心价值体系研究之外，作为一个独立的重大课题而存在。因为马克思主义是我们立党立国的根本指导思想，坚持马克思主义指导地位不仅仅是涉及核心价值体系构建的问题，而且是涉及国家根本制度的重大理论和实践问题。因此，本章虽然主要是从社会主义核心价值体系研究的角度来综述学术界关于马克思主义指导思想的研究成果，但所涉及的并不仅限那些直接论述社会主义核心价值体系的研究成果的范围。

一、马克思主义的内涵、性质与特征

什么是马克思主义呢？这是考察马克思主义指导思想首先要遇到的问题。这既是一个简单的问题，也是一个复杂的问题。说它简单，是因为它主要涉及人们对马克思主义的简明界定问题，大体上告诉人们"马克思主义是什么"。对于许多作者及其论著来说，这样的简明定义就足够了。因为他们并不是专门深入地探讨究竟什么是马克思主义的问题，而是在找到一个具有基本共识性的理论基础上去考察马克思主义其他相关的方面和问题。同时，这又是一个复杂的问题，它并不只是一个理论上的定义或界定就能解决的问题，而是在此基础上，进一步探求马克思主义理论的本质与特征。这就是对马克思主义进行专门研究的领域了。

下面主要从内涵界定、理论性质和基本特征三个基本方面对相关研究成果进行梳理。

（一）马克思主义的理论界定

我国理论界一直关注马克思主义的含义问题。学界对这一问题的研究是从多角度、多层面展开的。比如有学者提出，"马克思主义可以从四个层面来界定：一是从创立主体界定，马克思主义是由马克思、恩格斯创立，后继者不断发展的理论体系；二是从学术内涵界定，马克思主义是关于自然、社会和思维发展的一般规律的学术思想和科学体系；三是从社会功能界定，马克思主义是工人阶级及其政党进行社会主义革命和建设以及过渡到共产主义社会的指导思想和科学体系；四是从价值观念界定，马克思主义是关于人生信仰和核心价值的社会思想和科学体系"。① 这四个方面有较强的概括性，基本上涵盖了当前学界对马克思

---

① 程恩富. 马克思主义是中国共产党的旗帜——访中国社会科学院马克思主义研究院院长程恩富 [J]. 前线，2011（3）.

主义界定的各个层面和角度。

更多的学者着重从某一两个特定角度和层面来界定马克思主义。比如，从马克思主义的学术内涵和社会功能两个方面来界定。《求是》杂志的署名文章《论社会主义核心价值体系》认为，"马克思主义是关于自然界、人类社会和人类思维发展普遍规律的科学，是关于工人阶级、劳动人民和全人类解放的科学，是关于建设社会主义和实现共产主义的科学"。[①] 有学者提出，"马克思主义是马克思、恩格斯的观点和学说体系，是一种社会主义理论和思潮，是工人阶级的意识形态和科学世界观，是工人阶级及其政党认识世界和改造世界的强大思想武器"。[②] 也有学者认为，"马克思主义，作为马克思恩格斯的'观点和学说的体系'，是无产阶级在其反对资产阶级斗争中的理论表现，'是无产阶级解放的条件的理论概括'。同时，它还包括了后来马克思主义者对它的坚持、丰富和发展"。马克思主义是"关于整个世界的'主义'。它是以整个世界和人类历史及其发展的一般规律作为研究对象的科学理论"；"是关于各国工人阶级及其使命的'主义'。它是工人阶级根本利益的理论表现，是无产阶级的阶级意识的思想升华和系统阐明"；"是关于世界由资本主义社会过渡到共产主义社会这个历史大时代的'主义'。它揭示了社会形态更替和演进的客观必然性，找到了推动这种根本变革的内在动因"。[③]

有学者认为，对马克思主义的理论界定不能停留于多义性，而要进入到一义性，抓住马克思主义最本质的东西。认为"'马克思主义'是一个博大精深的科学思想体系，它有自己产生的实践基础和阶级基础、自然科学前提和理论来源，有多方面的极其丰富的思想理论内容，有指导实践前进同时在实践中接受检验、发展自身的历史，有其伟大的社会功能、历史使命，有同其他多种事物的方方面面的联系或关系，它是一个多样性统一的丰富的整体。因此，把它当作一个认识和研究的对象，

---

① 秋石. 论社会主义核心价值体系 [J]. 求是，2006（24）.

② 赵曜. 正确认识和科学对待马克思主义 [J]. 山东社会科学，2009（10）.

③ 李崇富. 自觉划清马克思主义同反马克思主义的界限 [J]. 中国特色社会主义理论体系研究，2010（2）.

可以从多种不同方面去考察，从它的创造主体和创立者、代表人物，它的理论形态和主要内容，它的性质、特征和社会功能等不同的角度去说明它'是什么'"。但"最重要的是，必须找到它区别于其他事物、其他思想理论的本质特征，也就是它的根本性质，为此，就必须找到决定它的根本性质和发展规律的基本矛盾或基本关系"。"马克思主义就是被实践反复证明了的、既反映物质世界和社会发展的客观规律又集中代表了工人阶级和人民群众根本利益的科学理论。这就是马克思主义的根本性质之所在。马克思主义的其他性质、特点都是由这一本质所决定的，是由此生发出来的，或者是这一本质的表现。对于'什么是马克思主义'的各种不同角度、不同表达方式的回答是否正确，是否全面、深刻，或在多大程度上是正确的、全面的、深刻的，就看它是否以自己的方式反映了马克思主义的这一根本性质"。①

也有学者主张，对于马克思主义理论要从其与马克思主义经典作家的革命活动的联系中，及其与社会主义运动实践的关系上来把握和界定，认为马克思主义"不仅是一种文本，而且是一种实践，是一种运动。它的本质不仅表现在似乎可以任人解读的以语言为载体的文本中，而且表现在马克思和恩格斯的全部实践活动中。马克思和恩格斯的著作不是可以任意解读的文本，它是与他们所处的历史条件和时代提出的问题，与他们的全部政治活动、学术活动和无产阶级政治活动不可分离的理论结晶。马克思主义之所以成为马克思主义，与它的时代的、阶级的和文化的背景存在着因果制约性。如果离开资本主义社会的现实矛盾和时代问题，离开马克思和恩格斯理论产生的思想土壤，离开他们毕生为之奋斗的事业，离开他们全部政治和学术活动，就不可能正确理解马克思主义的本质"。②

（二）马克思主义的内容结构

有些学者探讨了马克思主义的三个组成部分。有人认为，把马克思

---

① 田心铭. 略论马克思主义观的研究 [J]. 马克思主义研究，2011（2）.
② 陈先达. 论马克思主义基本原理及其当代价值 [J]. 马克思主义研究，2009（3）.

主义分成三个组成部分是不妥当的。以往关于马克思主义三个组成部分的划分来自列宁的《马克思主义的三个来源和三个组成部分》一文，而列宁的这种划分可能受到恩格斯《反杜林论》三编结构的影响。"恩格斯《反杜林论》的论述是'跟着杜林先生走'的，杜林走到哪里恩格斯才跟到哪里，杜林没有走到的地方恩格斯就没有去。在这个过程中，恩格斯'联系这个体系'即杜林的体系阐述了马克思主义的观点……恩格斯《反杜林论》的文章结构是受杜林体系制约的，用这样的结构来作为马克思主义学说体系组成部分划分的依据是靠不住的"。[①]这种观点在学界有一定代表性。有些学者认为，马克思主义除了三个组成部分外，还包括政治学、法学、历史学、新闻学等。正是基于这样的认识，马克思主义理论研究和建设工程重点教材《马克思主义基本原理概论》和《科学社会主义概论》分别将"三个组成部分"改为"三个主要组成部分"和"三个基本组成部分"。

有学者认为，"马克思主义学说的体系具有内外两个层次。内层以马克思主义创始人自己的论著为基础和骨干，辅以后人遵照马克思的观点和方法，对于马克思和恩格斯已有观点和思想的补充、修改和完善。外层是后人随着时代的发展，随着科学的发展，把马克思的观点和方法，运用到马克思和恩格斯没有论述或仅有较少论述的领域，由此形成的体现了马克思主义观点的学说群，例如马克思主义美学观点、马克思主义价值学观点、马克思主义民族学观点、马克思主义生态学观点等"。[②]并进一步认为，马克思主义学说是一个等级有序的系统，按照学说内容的抽象程度可分为三个层次。"高层次是哲学观点，即唯物辩证法，它包括自然观、历史观和思维观，唯物史观属于其中的一个组成部分"。"中间层次是科学共产主义观点，它是马克思运用其哲学观点对资本主义社会的经济关系、政治关系、思想关系及其发展趋势进行分析得出的总结论、总观点"。"低层次是行动学说，它由根据对社会发展趋势的共产主义认识、无产阶级的利益和共产主义者所处的具体社会条

①② 李延明. 论马克思主义学说的体系性 [J]. 中国社会科学院研究生院学报，2009 (5).

件而确定的行动的原则、方法、战略和策略等内容组成"。① 也有学者
提出,"从理论体系构建上来看马克思主义理论整体性,我们可以把马
克思主义理论分为三个层次,即核心层次的理论、核心层次理论与人类
社会发展普遍实践结合层次的理论、这两个层次理论与人类社会发展不
同阶段实践结合层次的理论"。② 此外,还有学者认为,马克思主义的
体系主要包括世界观和方法论层次、基本原理层次、个别论断层次,或
者是包括基本原理层次、重要观点和论断层次、个别观点层次等。

也有学者提出,"可以从七个维度去把握马克思主义理论结构,或称
为'七维结构',即马克思主义哲学、经济学、政治学、文化学、社会
学、生态学和人学"。"这个'七维结构',不仅可以把传统理解的三个组
成部分(哲学、政治经济学、科学社会主义)包容在其中,而且可以把
未进入传统视野的而又内在地体现在马克思主义理论宝库的内容纳入,
从而成为一个完整的有机的体系"。作者将这"七维结构"图示如下:

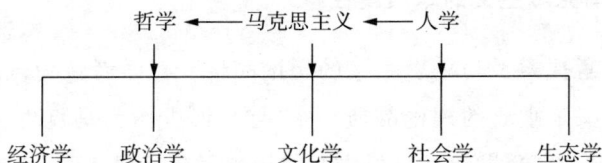

```
        哲学 ◄──── 马克思主义 ◄──── 人学
         │            │            │
    ┌────┴────┬───────┴───────┬────┴────┐
 经济学    政治学          文化学      社会学    生态学
```

作者解释说:"马克思主义哲学作为世界观、价值观和方法论,对
各分支理论都有统摄意义。另一方面,哲学既是一种观念体系和方法
论,又可归属文化学。政治经济学从学科属性来说归属经济学。科学社
会主义理论、国家学说、军事理论等可归属政治学。而马克思主义关于
科学、文艺、历史、新闻、教育、宗教等的理论可归属文化学之中。社
会发展理论、民族、人口理论等归属社会学。马克思主义关于人与自然
关系的论述,包含着丰富的生态学思想。人学是在一般意义上关于人的
研究,马克思主义人学突出表现为人的自由全面发展的思想,人是马克
思主义的出发点,其他理论都不能不涉及人。"作者认为,"这个'七

---

① 李延明. 论马克思主义学说的体系性 [J]. 中国社会科学院研究生院学报,2009
(5).

② 张雷声. 从整体性角度把握马克思主义 [J]. 甘肃社会科学,2010 (6).

维结构'是根据马克思主义经典著作文本及其内在的逻辑结构得出的认识"。①

归结而言,我国学者对马克思主义层次结构的划分是存在争议的。其根源在于如何对待哲学、政治经济学和科学社会主义这三个部分在马克思主义中的地位。由此引发了"三组成部分"、"三个主要组成部分"以及整体性的争论。前文所述的七结构说和多结构说都在试图避免把马克思主义简化为"三个组成部分",并且建构了马克思主义理论体系的层次性。这一点是可取的,但是也存在边界不清、划分不明的倾向。此外,不同学者对马克思主义层次结构的认识不同,主要是由于各自的视角不同。比如,二层次说主要是从马克思主义发展史的角度划分,三结构说主要是从内容角度进行划分,七结构说更多是以学科视角为依据,多结构说则是综合了多种视角进行划分。

(三) 马克思主义的本质属性

一些学者探索了马克思主义的理论品格。有学者认为,"与时俱进是马克思主义最重要的理论品质"。"与时俱进作为马克思主义最重要的理论品质,由 20 世纪马克思主义的历史发展所证实","也是深刻地蕴涵在马克思主义基本原理之中的根本道理",并"突出地体现在马克思主义理论的开放性和创造性上"。② 有学者提出,"马克思主义是发展的科学。从某种意义上说,马克思主义 150 多年的发展史,就是一部不断发展、完善和创新的马克思主义发展史"。"马克思主义正是靠着这种与时俱进的品格和精髓,才会在发展的实践中,不断地被赋予鲜明的时代精神和实践要求,成为放之四海而皆准的真理"。③ "马克思主义的创始人及其后继者,都是与时俱进的典范,他们不断与时俱进地推进自己的理论,包括修正自己理论中某些不合时宜的观点和内容"。④

---

① 冯景源,林坚. 社会主义核心价值体系的基础、内容及意义 [J]. 江淮论坛,2010 (2).

② 顾海良. 马克思主义发展史 [M]. 北京:中国人民大学出版社,2009:26-28.

③ 吴潜涛. 社会主义核心价值体系的科学内涵 [J]. 道德与文明,2007 (1)

④ 赵家祥. 什么是马克思主义,怎样对待马克思主义 [J]. 教学与研究,2010 (7).

有学者认为，"理论与实践的统一是马克思主义的基本品格，马克思主义的科学性、批判性、开放性及其与时俱进的可能性皆源于此"。①也有学者强调了马克思主义科学性与革命性统一的根本性。"马克思主义是正确揭示物质世界发展规律、人类社会发展规律、资本主义和社会主义发展规律的科学理论，是工人阶级的世界观。科学真理性和工人阶级的阶级性的统一，是它固有的内在规定性，是它的本质所在"。② 科学性和阶级性的统一并不是一切社会历史领域的思想理论的共性，而是马克思主义所特有的，是马克思主义的特殊本质。因为"社会历史条件和剥削阶级偏见导致的唯心史观的统治，使以往关于社会历史的理论虽然在具体问题上也可以达到真理，就其整体而言却不能成为科学的思想体系，因而在它们那里，阶级性、意识形态性和科学性、真理性是相互排斥的，不能统一起来，以至于'意识形态'几乎成了虚假宣传的别名，而同科学性、学术性相对立……一个阶级的阶级利益在多大程度上与历史发展的趋势一致，它才能在相应的程度上反映社会客观规律而获得科学真理"。③

有些学者考察了马克思主义的整体性与本质属性的关系问题。有学者认为，"整体性是马克思主义的根本属性，马克思主义的本质、要义和精神实质，通过整体的马克思主义表现出来，或者说，只有从整体的马克思主义的意义和角度出发，才能真正理解马克思主义的本质和要义"。④ 有学者认为，注重马克思主义的整体性与抽象概括马克思主义的本质属性并不矛盾，我们完全可以在不违背马克思主义的整体性的前提下，提炼出马克思主义的几个基本特征。也有学者认为，尽管马克思主义的性质是多方面的，但在诸多性质中有一种性质决定着其他的性质，是马克思主义的本质属性或本质规定性。这种性质是马克思主义最重要、最根本的性质，是马克思主义与其他思想理论相区别的根本标

① 谢武军，王伟中. 关于坚持和巩固马克思主义指导地位的几个问题 ［J］. 探索与争鸣，2006（7）.

②③ 田心铭. 关于马克思主义观的十二个关系问题论纲（上）［J］. 中国特色社会主义理论体系研究，2010（1）.

④ 陈先达等. 马克思主义基础理论若干重大问题研究 ［M］. 北京：经济科学出版社，2009：19.

志，是我们理解马克思主义的基本出发点。关于如何概括马克思主义的本质特点，有学者提出了三个原则："着眼于马克思主义的特点，至少要注意这样几点：一是要全面地认识和把握马克思主义的特点。马克思主义的特点是多方面的，比如实践性、革命性、科学性、阶级性、整体性、层次性、系统性、开放性、批判性、变动性等。""二是要用对立统一的观点认识和把握马克思主义的特点。马克思主义的特点之间不是孤立存在的，而是相互联系着的。这些特点之间最根本的联系或关系是对立统一的。""三是要着力抓住马克思主义的根本的或基本的特点。马克思主义的特点尽管是多方面的，但是各个特点的地位和作用是不完全一样的，有基本特点和非基本特点之分。""实践性是马克思主义的最基本的、最本质的特征，这一特征规定和制约着马克思主义的其他许多特点。因此，我们首先要着眼于马克思主义的实践性，力求做到用实践的观点对待马克思主义本身，在实践中认识、把握、运用、检验、坚持和发展马克思主义。"[1]

有学者认为，"马克思主义具有一系列体现自身本质的基本特征：马克思主义是实践基础上科学性与革命性的高度统一，表现为科学的世界观和方法论、具有鲜明的政治立场和崇高的社会理想；马克思主义是与时俱进的科学理论，表现为其所具有的实践性、开放性和发展性；马克思主义是严整的科学体系，表现为其历史传承、主题、主线和体系结构综合揭示出的理论体系的整体性。马克思主义的基本特征表明，马克思主义是科学性与革命性高度融合、理论和实践不断与时俱进、内容及体系严整的世界观和方法论，是具有实践性、时代性、开放性及发展性的理论体系。这一系列基本特征也呈现出整体性特点"。[2]

有学者认为，马克思主义的基本特征是多方面的。其"本质是批判的和革命的，是与时俱进的发展理论，是一个开放的学说体系"，马克思主义"具有实践性、阶级性、革命性、科学性、批判性、开放性、发展性和整体性等特点，它与资产阶级和一切剥削阶级的学说思潮有着本

---

① 周向军. 用科学的态度对待马克思主义 [J]. 理论学刊，2006（5）
② 樊勇，王鑫. 从马克思主义的基本特征看"什么是马克思主义" [J]. 学术探索，2010（5）.

质的不同"。①

总之，自从党中央提出社会主义核心价值体系以来，许多学者针对马克思主义的性质和特征展开了研究，形成了一定数量的理论成果。就现有的资料来看，绝大多数学者是在一般意义上使用性质或特征的概念。也有些学者在论及马克思主义的性质和特征时，往往所指的概念比较多。如就性质而言，学者们提出了马克思主义的性质、内在规定性、本质属性、本质规定性、理论品质、根本属性等；就特征而言，学者们提出了马克思主义的特点、特征、基本特征、根本特征、主要特征、本质特征等，然而没有对这些概念的差异进行细致的区分。还有些论著中甚至出现对马克思主义的内涵和本质含混不清的现象。

二、马克思主义是我们立党立国的根本指导思想

马克思主义是我们立党立国的根本指导思想，是全党全国各族人民团结奋斗的共同思想基础。那么，马克思主义作为指导思想的依据是什么？如何理解马克思主义作为指导思想的重大意义和科学内涵？我国学界围绕这些基本问题，进行了多方面的研究，取得了丰富的成果。

（一）坚持马克思主义指导地位的必然性

有学者在对坚持马克思主义指导地位的科学内涵的简要分析中认为，"我们所说的'马克思主义'是一个总称，是指由马克思和恩格斯创立，160年来又不断发展的马克思主义科学思想的整体，既包括马克思列宁主义的基本原理，又包括中国化的马克思主义，即毛泽东思想、邓小平理论、'三个代表'重要思想和科学发展观等重大战略思想。我们所说的指导地位，是指在我们整个国家的指导地位，即作为中国共产党和中华人民共和国的指导思想的地位，其中包括在意识形态领域的指导地位，但不限于意识形态领域，而是作为指导党和国家全部实践的理

---

① 赵曜. 正确认识和科学对待马克思主义 [J]. 山东社会科学，2009（10）.

论基础的地位"。①

学界主要从法律、理论、历史、现实等几个层面阐述了坚持马克思主义指导地位的依据。有学者认为，"马克思主义在中国处于指导地位，是从 1949 年中华人民共和国成立时起就已经确立的中国社会生活中的基本事实。这是历史的选择、人民的选择。《中华人民共和国宪法》已经在序言中明确规定了马克思列宁主义、毛泽东思想、邓小平理论和'三个代表'重要思想的指导地位。因此，马克思主义在中国的地位问题，并不是一个尚待讨论、决定的问题，不是一个可以这样、也可以那样的问题，而是一个对已经存在的客观事实和国家根本大法已经作出的明确规定如何理解、认同的问题。如果要从法理上说明为什么必须坚持马克思主义的指导地位，那么，宪法序言就是无可辩驳的最权威的依据"。当然，"对于思想政治教育来说，仅仅援引法律的规定是不够的"。"坚持马克思主义指导地位的理论依据在于，它是工人阶级的科学世界观，体现了真理和价值的统一，实事求是和维护人民根本利益的统一；历史依据在于，中国近代以来的历史证明，只有它才能指引我们建设富强、民主、文明、和谐的社会主义现代化国家；现实依据在于，只有以它为理论基础，才能统一人民的思想，团结全国各族人民实现中华民族的伟大复兴"。②

有学者提出，马克思主义是中国共产党的指导思想，也是全社会的指导思想。之所以如此，"首先，主流意识形态反映占统治地位的阶级的思想体系是一个普遍的社会规律……从马克思主义关于社会发展规律的观点观察问题，就应该承认，在中国，随着新民主主义革命和社会主义革命的胜利，中国已建立起由工人阶级领导的、以工农联盟为基础的人民民主专政的社会主义国家。以马克思主义为自己的指导思想的中国共产党作为执政党，已成为领导中国特色社会主义事业的核心力量。由中国社会的根本性质、共产党的执政和领导地位所决定，马克思主义作为无产阶级和广大人民群众根本利益的理论概括，作为我们党的根本指

①② 田心铭. 为什么必须坚持马克思主义的指导地位 [J]. 马克思主义研究，2009 (3).

导思想，必然被确立为整个社会的指导思想，成立社会主义意识形态的旗帜，成为我们认识社会和指导实践的理论基础"。"其次，马克思主义被确立为我们党和整个社会的指导思想，还由于马克思主义理论是科学，具有巨大的威力……人们的精神世界一旦得到马克思主义理论的武装，思想就会发生升华。人们树立了马克思主义的世界观、人生观、价值观，思维和工作中的原则性、系统性、预见性、创造性就会大大增强。对于中国共产党人，特别是领导干部来说，树立马克思主义的世界观、人生观、价值观，是解决好权力观、地位观、利益观的前提。领导干部正确的世界观、人生观、价值观、权力观、地位观、利益观又会具体体现到执政党的路线和政策中。党的路线和政策的正确贯彻执行，会深刻影响我国社会的经济、政治、文化、社会生活的各个领域，影响到政策环境、体制环境、社会环境等各个方面，极大地推进中国特色社会主义事业"。"最后，确立马克思主义的指导地位是一种历史的结论。中国革命、建设和改革的历史证明，正是中国共产党坚持马克思主义并把它同中国的实际结合起来，才取得了中国革命、建设和改革的胜利"。①

有学者认为："只有马克思主义、而没有别的什么主义能够成为无产阶级及其政党的指导思想。""是否坚持马克思主义的指导地位，是无产阶级政党区别于其他阶级政党、社会主义意识形态区别于其他国家意识形态的显著标志。""只有坚持马克思主义的指导地位，才能真正充分有效地吸收人类文明的一切优秀成果；不根本改变现状的'解释世界'的理论和实践可以搞多元化，而以'改变'世界为目的的社会主义实践则必须在认识历史规律的基础上统一思想，因而不能搞指导思想上的多元化"。②

（二）坚持马克思主义指导地位的必要性

广大学者在论及坚持马克思主义指导地位必然性的同时，也强调了

---

① 梅荣政. 马克思主义指导思想是社会主义核心价值体系的灵魂 [J]. 高校理论战线，2007（3）.

② 侯惠勤. 马克思主义是我们立党立国的根本指导思想 [J]. 前线，2009（4）.

坚持马克思主义指导地位的重要性。有学者认为，"社会思想观念越是多样化，就越是需要坚持和巩固马克思主义在意识形态领域的指导地位。如果动摇了马克思主义的指导地位，就会动摇中国特色社会主义的理论根基，动摇全党全国各族人民团结统一的思想基础，导致思想混乱乃至社会动荡。只有坚持马克思主义指导思想，才能有效引领和整合社会思潮，在尊重差异中扩大社会认同，在包容多样中形成思想共识，团结不同社会阶层、不同认知水平的人们共同进步。紧紧把握住这一点，就把握了社会主义核心价值体系的灵魂"。①

有学者认为，"放弃马克思主义的指导地位，后果极其严重。在阶级社会里，每一个阶级都有自己的理论体系，有多少阶级就有多少主义。这些主义不是并行不悖、互不相干的，而是处于尖锐的矛盾和激烈的斗争中"。"工人阶级阶级意识的最高形态是马克思主义，社会主义革命和建设离不开马克思主义的指导。如果放弃马克思主义的指导地位，在指导思想上搞多元化，客观上就是支持和放纵资产阶级思想的蔓延，势必导致人心大乱，天下大乱，给党和国家带来灾难。这是绝对不允许的。殷鉴不远，第一个社会主义国家苏联之所以会解体，具有光荣斗争历史的苏联共产党之所以会失去政权并顷刻瓦解，原因是多方面的，其中很重要的一条，就是理论上和政治上出了问题。他们的思想早就变了，在社会底层涌动着一股暗流。从赫鲁晓夫丢掉斯大林这把"刀子"，到戈尔巴乔夫公开背叛马克思列宁主义，前后经过30多年，指导思想上的多元化导致党内思想混乱，思想政治上彻底解除武装。苏联共产党从思想涣散走到组织瓦解，教训是很深刻的"。"我们党的历史和当前斗争的实践都表明，在思想政治战线，始终存在着谁来占领阵地的问题。这一阵地，无产阶级思想不去占领，非无产阶级思想必然会去占领；马克思主义不去占领，非马克思主义、反马克思主义必然会去占领。在这里，不存在'真空'，不可能保持'中立'。这是历史的经验教训。在党的思想政治工作中，必须有清醒的'阵地意识'，自觉地学习、宣传马克思主义，积极地同一切反马克思主义、反社会主义的错误

<hr />

① 秋石．论社会主义核心价值体系［J］．求是，2006（24）．

观点开展思想斗争，主动地捍卫马克思主义的指导地位"。①

（三）马克思主义对我国革命、建设和改革具有指导作用

马克思主义是党和国家的指导思想。它对我们革命、建设和改革，对建设中国特色社会主义的各个方面都具有重要的指导作用。

有学者认为，"有了马克思主义，才有中国共产党，才有中国革命、建设和改革的胜利。马克思主义是我们的思想理论基础，这个根本不能丢。坚持马克思主义，能够保持党和国家指导思想的连续性和稳定性，为党和国家的持续健康发展奠定重要的思想理论基础"。"马克思主义揭示了人类社会的一般规律和发展趋势，反映了工人阶级和广大人民群众的利益要求，提出了关于未来社会的美好理想，为我们指明了奋斗方向。反映一般规律的普遍真理是不可违背的，进步的价值取向是不可偏离的，对美好理想的追求是推动我们不懈奋斗的精神动力。马克思主义既有工具理性的意义，更有价值理性的意义。它可以为党和人民明确前进的方向和道路，为我们更好地进行改革开放和社会主义现代化建设、做好各项工作、加强自身修养提供科学的指导"。"中国共产党作为一个有 7000 多万党员的大党、中国作为一个有 13 亿多人口的大国，必须有一个共同理念和精神支柱，否则，必然是一盘散沙，党将不党，国将不国。这个共同理念和精神支柱，只能是马克思主义（包括其创新成果）"。②

有学者提出，"马克思主义在历史上第一次站在大多数社会成员的立场上，科学地阐明了无产阶级的民主理想，论证了社会主义民主，是人类历史上新的更高类型的民主。""马克思主义民主观，为我们正确地分析和认识民主问题提供了科学的观点和方法"，"是中国特色社会主义民主政治建设的理论基础"。马克思主义民主观"确立了社会主义国家发展人民民主的政治方向"，"为我国民主政治建设提供了重要指

---

① 周新城. 关于坚持马克思主义为指导的几个认识问题 [J]. 云南师范大学学报（哲学社会科学版），2007（6）.

② 董德刚. 坚持马克思主义的当代意义 [J]. 中共中央党校学报，2008（4）.

导原则和评价标准"，"对于我国政治体制改革具有规范作用"。①

有学者认为，"马克思主义深深地影响了中国历史的讲程，改变了中华民族的命运。在当今中国，较之于其他主义、思想和信仰，以马克思主义为指导的社会主义意识形态发挥着支持政权、整合社会、凝聚人心、规范生活的重要作用；是保持中国社会和中国文化发展的稳定性和连续性、建设富裕民主文明的社会主义现代化强国的宝贵政治资源和思想资源"。②

有学者认为，"当代中国正在建设的文化是中国特色社会主义先进文化。是否贯彻了马克思主义的指导，是文化建设能否健康快速发展的关键问题"。"马克思主义是个庞大的理论体系，它包含的基本原理无疑是很多的，所有基本原理都有一定程度的普遍性，对我国文化建设中的各种具体问题的解决当然都具有指导意义"。他进一步提出对文化建设最重要的四个部分，"第一，是马克思主义世界观，即辩证唯物主义世界观"。"世界观在马克思主义理论体系中处于最高的地位，即最一般因而指导作用最普遍、最广泛的地位，我们在谈到马克思主义的指导作用时，首先就是辩证唯物主义世界观或思想路线的指导"。"第二，是马克思主义历史观，即辩证唯物主义历史观，简称唯物史观"。"只有以唯物史观的基本观点为指导，才能正确地认识文化的起源、实质、文化与其他社会现象之间的关系、文化在整个人类社会中的地位、文化对其他社会现象的作用、文化的传承、各种文化之间的关系，并处理好这些因素在实际社会生活中所发生的问题"。"第三，是马克思主义文化观"。"只有力求以科学的文化观来自觉地指导，我们才能获得正确的结论或好的结果"。"第四，是中国特色社会主义理论体系的指导"。"中国特色社会主义理论体系的指导是马列主义基本原理的具体指导，这种指导更能保证中国社会主义现代化建设，包括文化建设，沿着正确

---

① 房宁. 中国的民主政治建设要以马克思主义为指导 [J]. 马克思主义研究，2007(7)
② 谢武军，王伟中. 关于坚持和巩固马克思主义指导地位的几个问题 [J] 探索与争鸣，2007（7）.

的轨道前进，避免'左'或右的偏向"。①

　　学者们也都强调，坚持马克思主义指导地位并不是把马克思主义当
作僵化的永恒真理，而是把坚持与发展结合起来。有学者认为，"以马
克思主义为指导，必须把坚持马克思主义与发展马克思主义统一起来。
马克思主义的基本原理是自然界、人类社会和思维发展的一般规律的反
映，是一个科学的理论体系，它'放之四海而皆准'，不是有对有错，
也不会过时。我们必须始终坚持马克思主义基本原理，这就是邓小平所
说的'老祖宗不能丢'，丢了，就不是马克思主义了。但马克思主义又
是与时俱进的学说，它不是固定不变的教条，而要随着时代的发展不断
发展着、完备着，不断以新的知识、新的结论丰富自己。一部马克思主
义发展史，就是在不断同教条主义、修正主义的斗争中，既坚持马克思
主义又发展马克思主义的历史。不坚持就谈不上发展，因为抛弃了马克
思主义基本原理来谈发展，就不是发展马克思主义，而是变成别的什么
主义了；同样，不发展也就不可能真正做到坚持，因为马克思主义如果
不能回答新的问题，阵地也就守不住了"。"要理解坚持马克思主义与
发展马克思主义的统一，关键是要把马克思主义基本原理与运用这些基
本原理分析具体问题得出的具体结论区分开来。马克思主义基本原理是
必须坚持的，丝毫不能动摇，这是因为马克思主义是科学的世界观和方
法论，它的基本原理具有普遍意义。坚持马克思主义，指的就是坚持由
它的基本原理构成的理论体系。但是，马克思主义经典作家针对一定时
代、一定环境的具体情况，运用这些基本原理分析具体问题得出的判
断、观点、公式，是可以而且应当变化和发展的，因为条件变化了，研
究的对象不一样了，具体结论不能不随之发生变化。这就是发展马克思
主义的基本含义"。②

　　也有学者认为，"所谓马克思主义的指导，就是马克思主义的立场、
观点和方法的指导"。"首要的关键是要分清马克思主义的根本观点与
具体论断"。"另一个关键是要分清马克思主义对待资本主义社会与对

　　①　黄枬森. 马克思主义与当代中国文化建设［J］. 中国特色社会主义研究，2010（6）.
　　②　周新城. 关于坚持马克思主义为指导的几个认识问题［J］. 云南师范大学学报（哲学
社会科学版），2007（6）.

待社会主义社会的不同态度"。"最后一个关键是要坚持马克思主义中国化最新成果关于中国社会的一些基本判断和基本理论。只有遵循这些基本判断和基本理论，我们的社会建设才能坚持正确的方向，才能健康发展。这些基本判断都包含在根据创造性的实践而不断丰富着的有中国特色的社会主义理论之中"。①

总之，坚持马克思主义的指导地位，实质上就是要求我们正确理解坚持和发展马克思主义的关系。一方面要做到李长春同志所提出的"四个分清"，即"分清哪些是必须长期坚持的马克思主义基本原理，哪些是需要结合新的实际加以丰富发展的理论判断，哪些是必须清除的对马克思主义的教条式理解，哪些是必须澄清的附加在马克思主义名下的错误观点"。另一方面需要根据实践的发展要求，不断研究新情况、解决新问题、创造新理论，不断推动马克思主义中国化、时代化、大众化。

三、马克思主义指导思想是社会主义核心价值体系的灵魂

在社会主义核心价值体系中，马克思主义以指导思想的身份出场。那么，马克思主义如何发挥其指导作用？马克思主义指导思想在社会主义核心价值体系中处于怎样的地位？学界就此展开了深入研究，取得了较为丰富的理论成果。

（一）马克思主义指导思想在社会主义核心价值体系中占有核心和灵魂的地位

学界普遍认为，马克思主义指导思想是社会主义核心价值体系的核心和灵魂。有学者认为，"一方面，马克思主义提供的是认识世界、改造世界的科学世界观和方法论，是建设社会主义的理论基础和行动指南。在这个意义上，就要把马克思主义真正化为我们的世界观和方法

---

① 郑杭生. 关于指导思想和共同理想的几点思考——从社会学视角分析社会主义核心价值体系 [J]. 学术研究，2006（12）.

论，以马克思主义来指导我们的行动。另一方面，把马克思主义置于社会主义核心价值体系的首要地位，作为核心价值体系的灵魂，必须从价值观的意义上进行理解。从根本上看，马克思主义就是'以人为本'的价值观。这个以人为本，体现在马克思对无产阶级命运的关注，对人类前途的关注以及无产阶级解放和解放全人类的价值观上。马克思主义关于无产阶级解放和解放全人类的价值观，有着十分丰富的内涵，它包括人类平等、社会公平正义以及每个人的自由发展的价值观"。①

有学者提出，"社会主义意识形态的主体内容是社会主义核心价值体系，而社会主义核心价值体系的核心和灵魂是马克思主义指导思想。坚持马克思主义在意识形态领域的指导地位，是社会主义意识形态与其他社会意识形态的本质区别，也是社会主义核心价值体系与其他社会核心价值体系的本质区别"。"新中国成立后，随着社会主义意识形态的确立，马克思主义成为社会主义意识形态的旗帜和灵魂。确保社会主义意识形态的性质不变，就必须始终坚持马克思主义在意识形态领域的指导地位"。②

有学者论述了在社会主义核心价值体系中马克思主义指导思想的重要意义，认为"始终坚持马克思主义的指导地位，是建设社会主义核心价值体系的根本前提。没有马克思主义的指导，社会主义核心价值体系就失去了灵魂和方向"。"在社会主义核心价值体系中，马克思主义指导思想居于最高层面，是指对作为人们认识世界、改造世界强大思想武器的马克思主义的价值认同；马克思主义指导思想，是我们立党立国的根本指针。如果没有马克思主义的指导，可以有这样或那样的价值体系存在，但绝对没有社会主义核心价值体系。坚持马克思主义的指导地位，就抓住了社会主义核心价值体系的灵魂"。"始终坚持马克思主义的指导地位，在于马克思主义是科学的世界观和方法论。没有科学的世界观和方法论，就不可能有正确的价值观和科学的价值体系。坚持马克

---

① 龚群. 以科学发展观指导社会主义核心价值体系建设［J］. 南京师大学报（社会科学版），2010（4）.

② 韩振峰. 社会主义核心价值体系几个深层次问题探析［J］. 科学社会主义，2010（5）.

思主义的指导地位，就使我们能够在错综复杂的社会现象中看清事情的本质，明确发展的方向，正确认识和把握人类社会发展规律"。"始终坚持马克思主义的指导地位，还在于马克思主义是开放的体系，是发展着的科学。中国特色的社会主义理论体系，就是在当代中国发展着的马克思主义。没有中国特色的社会主义理论体系，就不可能建设符合中国社会发展和人民需要的社会主义核心价值体系"。①

有学者认为，"在社会主义核心价值体系这一有机体中，马克思主义指导思想居于最高层面，是指对作为认识世界、改造世界的理论基础的马克思主义的价值认同，从根本上说，是指对人类社会发展规律的价值认同"。②

有学者认为，"马克思主义成为我们党的根本指导思想，成为社会主义意识形态的旗帜，成为社会主义核心价值体系的灵魂，并不是基于纯粹的逻辑推理，而是基于历史的、现实的选择。中国人民选择马克思主义，同选择社会主义的道路、选择共产党的领导是同一个过程。中国革命、建设和改革开放的伟大事业，是马克思主义成为我们党的指导思想，成为社会主义价值体系的灵魂的最深厚的现实基础"。"历史已经充分地证明，马克思主义是指导我们进行革命、建设和改革开放的唯一正确选择，是我们党思想上、精神上的旗帜，是全党全国各族人民团结奋斗的共同思想基础，我们必须毫不动摇地坚持马克思主义在意识形态领域的指导地位，在指导思想上绝不能搞多元化"。"没有马克思主义作为我们行动的思想理论基础，我们就难以确认我们的共同的、根本的利益之所在，就难以认清自己发展的具体道路和前景，就难以形成中国特色社会主义这个主题，就没有鼓舞自己团结一心、奋勇前行的精神支柱"。"马克思主义作为社会主义核心价值体系的灵魂有自己内在的逻辑，马克思主义是科学的世界观，其基本立场、观点和方法贯穿于社会主义核心价值体系的各个方面"。"社会主义核心价值体系的建设同样要有科学的正确的世界观体系作为基础和前提。马克思主义作为当代最

---

① 韩震. 始终坚持马克思主义指导地位 大力建设社会主义核心价值体系 [J]. 思想政治课教学，2007（12）.

② 吴潜涛. 社会主义核心价值体系的科学内涵 [J]. 道德与文明，2007（1）.

科学的世界观，作为当代最严整的真理体系，阐述了世界最普遍的本质
和发展规律"。"社会主义核心价值体系作为一种科学的价值体系，在
于它坚持马克思主义的科学世界观，坚持马克思主义的基本立场、观点
和方法，从而使它的各个方面互相贯通，融为一体"。"马克思主义指
导思想决定了社会主义核心价值体系的性质和方向，保证了它的科学性
和完整性，从而使其成为一个相互联系、相互贯通、相互促进的有机整
体。换言之，以马克思主义为灵魂的社会主义核心价值体系，构成了我
们时代的精神坐标。建设中国特色社会主义就是在中国具体地实践马克
思主义"。"在我们的社会，主流的文化形态只有一个，以马克思主义
为指导的主流的文化形态特别是其核心价值观念，要起到规范、制约、
引导其他文化因素发展的作用，这是保持我们的社会稳定和协调运转的
一个重要前提和条件"。①

**（二）马克思主义指导思想决定着社会主义核心价值体系的性质和
方向**

有学者明确提出，"马克思主义决定着社会主义核心价值体系的性
质和方向。马克思主义为社会主义核心价值体系建设提供了正确的立
场、观点和方法，对社会主义核心价值体系发挥着思想基础和理论支撑
的作用。在当代中国，只有坚持马克思主义指导思想，才能正确解决影
响当代中国价值观念传承与变革的重大理论问题和现实问题，促进社会
主义核心价值体系的发展。只有坚持马克思主义指导思想，才能有效抵
御各种错误思潮的影响和侵蚀，面对纷繁复杂的社会变化不致迷失方
向"。"马克思主义是贯穿社会主义核心价值体系的一条红线。中国特
色社会主义共同理想是全国各族人民在中国共产党的领导下，把马克思
主义转化为对美好未来向往和追求的集中表现。马克思主义赋予了民
族精神和时代精神科学的内涵，为弘扬和培育民族精神和时代精神提
供了有力指导。社会主义荣辱观是马克思主义在思想道德领域的生动

---

① 常超. 论社会主义核心价值体系的灵魂 [J]. 高校理论战线, 2007 (4).

体现"。①

有学者分析了马克思主义指导思想作为社会主义核心价值体系的灵魂所具有的含义和作用机制，认为"马克思主义指导思想作为灵魂活现于社会主义核心价值体系的一切方面和建设的全部过程，对社会主义核心价值体系的主题、社会主义核心价值体系的精髓、社会主义核心价值体系的基础，具有主导、统领、整合和规范的作用；对于确定社会主义核心价值体系的根本性质和发展方向，对于发挥社会主义核心价值体系在社会稳定和发展中的基本精神依托作用，具有决定性意义"。②

有学者分析了马克思主义指导思想与社会主义核心价值体系的其他三个基本部分的关系，认为"马克思主义指导思想是中国特色社会主义共同理想形成的理论基础，如果动摇马克思主义的指导地位，就会动摇中国特色社会主义的理论根基，动摇全党全国各族人民团结一致走中国特色社会主义道路的决心和信心。马克思主义指导思想还为民族精神和时代精神提供了正确的价值导向，为社会主义荣辱观提供了科学的价值判断标准。有了这种价值导向和判断标准，民族精神和时代精神就会更加彰显魅力，社会主义荣辱观就会更加深入人心，成为亿万人民的行为坐标和精神动力"。③

有学者认为，"马克思主义是我们立党立国的根本指导思想，是全党和全国各族人民的共同精神支柱，是社会主义核心价值体系的灵魂"。"只有以马克思主义科学理论为基础，以科学的世界观、人生观和价值观为指南，才能树立起共产主义信念和中国特色社会主义的共同理想。没有马克思主义，就没有社会主义，就没有中国特色社会主义。马克思主义为中国特色社会主义共同理想提供了科学的理论支撑"。"马克思主义为爱国主义的发展指明了方向，奠定了科学的理论基础。马克思主义中国化的过程，也就是马克思主义与中国文化、与中华民族精神相互

① 马克思主义是中国共产党的旗帜——访中国社会科学院马克思主义研究院院长程恩富[J]. 前线，2011（3）.

② 梅荣政. 用马克思主义引领社会思潮[M]. 武汉：武汉大学出版社，2008：93—94.

③ 韩振峰. 社会主义核心价值体系几个深层次问题探析[J]. 科学社会主义，2010（5）.

交流、融合的过程，是中华民族精神不断得到弘扬和提升的过程。以改革创新为核心的时代精神是马克思主义与时俱进的理论品格、中华民族富于进取的思想品格与改革开放和现代化建设实践相结合的伟大成果"。"马克思主义世界观为人们认识人生的意义和价值，确立正确的人生目标和态度提供了科学的观点和方法，为我们树立正确的荣辱观奠定了思想基础；马克思主义人生观强调人民的利益高于一切，为我们树立正确的荣辱观指明了方向；马克思主义的集体主义价值观，是我们正确处理个人同他人、同社会、同国家关系的准则，为我们树立正确的荣辱观提供了价值判断标准"。①

有学者认为，"马克思主义为社会主义核心价值体系奠定了科学的理论基础"，"为社会主义核心价值体系指明了正确的立场和方法"，"决定着社会主义核心价值体系的根本性质和发展方向"。② 有学者认为，"我们建设社会主义核心价值体系的实质，就是要用马克思主义的世界观、人生观、价值观，把人民群众的思想认识统一起来。必须清醒地看到，随着改革开放的深入和市场经济的发展以及经济全球化的到来，我们的社会主义价值体系面临严峻挑战。一是面临世界各种文化思潮的挑战……二是面临国内以'五种多样化'为特征的社会存在的挑战"。"我们要有效地应对以上意识形态方面的两大挑战，就必须拿起马克思主义这一锐利武器，坚持马克思主义在意识形态中的指导地位，用马克思主义的主流价值观来统一人们的思想"。③

（三）坚持马克思主义指导地位，用中国特色社会主义理论体系武装头脑、指导实践

学界普遍认为，马克思主义的指导地位不会"自发"地获得。因此，如何坚持马克思主义的指导地位，就成为理论界密切关注的重要问

---

① 薛金华. 社会主义核心价值体系的灵魂 [J]. 高校理论战线，2007（13）.

② 罗文东，谢松明. 马克思主义是社会主义核心价值体系的灵魂 [J]. 思想理论教育导刊，2008（1）.

③ 黄钊. 社会主义核心价值体系基本内容及其要素关系 [J]. 思想教育研究，2007（7）.

题。有学者提出，"有人认为，以马克思主义为指导这一原则已经载入党章、宪法，马克思主义在我国的指导地位自然而然就已经确立和巩固了，无须为此做占领阵地的工作了。这种认识是不对的。要知道，虽然马克思主义反映了工人阶级和广大人民群众的根本利益，但作为一个科学的理论体系，工人运动不会自发地产生马克思主义。马克思主义需要从外部'灌输'，广大党员、干部接受和信仰马克思主义，需要我们做大量的宣传、教育工作。而在我们社会主义社会里，虽然马克思主义已经居于指导地位，但人类社会的几千年私有制统治的影响不可能一下子消除，私有制基础上产生的种种非无产阶级思想，在人民群众中间仍广泛存在，而且是根深蒂固的。加之在当今世界上，资本主义在经济上、政治上、科技上、军事上处于优势，在世界范围内资产阶级的世界观、价值观占统治地位，西方国家正在通过各种渠道把它们传输到国内来。在这种情况下，思想政治工作阵地客观上存在着争夺与反争夺的激烈斗争。这就要求我们必须主动地、积极地开展马克思主义的教育，有意识地用马克思主义去占领思想阵地。这项工作应该坚持不懈地经常地开展，不能有丝毫松懈"。①

有学者认为，"为了始终坚持马克思主义指导地位，大力建设社会主义核心价值体系，我们必须'大力推进理论创新，不断赋予当代中国马克思主义鲜明的实践特色、民族特色、时代特色'"。"为了始终坚持马克思主义指导地位，大力建设社会主义核心价值体系，我们必须开展中国特色社会主义理论体系宣传普及活动，推动当代中国马克思主义大众化"。"为了始终坚持马克思主义指导地位，大力建设社会主义核心价值体系，我们必须切实把社会主义核心价值体系融入国民教育和精神文明建设全过程，转化为人们的自觉追求"。"为了始终坚持马克思主义指导地位，大力建设社会主义核心价值体系，我们必须推进马克思主义理论研究和建设工程，深入回答社会实践中出现的重大理论和实际

---

① 周新城. 关于坚持马克思主义为指导的几个认识问题 [J]. 云南师范大学学报（哲学社会科学版），2007（6）.

问题"。①

《求是》杂志 2009 年第 6 期一篇题为《为什么必须坚持马克思主义在意识形态领域的指导地位而不能搞指导思想的多元化》的文章提出，坚持马克思主义必须做到两个方面："坚持马克思主义的指导地位不动摇，必须搞清楚什么是马克思主义、怎样对待马克思主义的问题。与时俱进是马克思主义的理论品质，不断创新是马克思主义的发展动力。我们坚持的马克思主义，是发展着的马克思主义。只有用发展着的马克思主义武装全党、教育人民，才能真正发挥马克思主义认识世界和改造世界的巨大作用。这就要求我们不断推进马克思主义中国化的进程"。"坚持马克思主义的指导地位与推进马克思主义中国化是统一的。马克思主义的指导地位只有在与实践的结合中、在指导实践发展的同时而又不断发展自身的过程中，才能真正实现。对我们这样一个马克思主义政党来说，马克思主义一定不能丢，永远不能丢，丢了就失去党魂、丧失根本，但这绝不是要我们死抱着马克思主义的只言片语或个别结论不放。坚持马克思主义的指导地位，一定要以我国改革开放和现代化建设的实际问题、以我们正在做的事情为中心，着眼于马克思主义的运用，着眼于对实际问题的理论思考，着眼于新的实践和新的发展。教条主义地对待马克思主义，离开本国实际和时代发展来谈坚持马克思主义，到头来必然要葬送掉马克思主义"。

文章认为，"坚持马克思主义的指导地位不动摇，必须始终坚持重在建设，妥善处理意识形态领域的问题。要旗帜鲜明地坚持马克思主义指导地位不动摇，不能缺位、不能含糊，有力抵制各种错误思想的影响。同时要坚持既尊重差异、包容多样，努力在多元中立主导、在多样中谋共识，在最大限度扩大共识上取得最佳社会效果。正确区分学术问题、思想认识问题和政治问题，具体问题具体分析，是什么问题就解决什么问题，在什么范围内发生就在什么范围内解决，无论处理什么问题，都要有利于维护改革发展稳定的大局。要加强党对意识形态工作的

① 韩震. 始终坚持马克思主义指导地位 大力建设社会主义核心价值体系 [J]. 思想政治课教学，2007（12）.

领导，自觉从政治上观察和处理问题，密切关注社会思想动态和文化发展趋势，着力提高驾驭意识形态复杂局面、引导社会思潮的能力，提高建设大众媒体、引导社会舆论的能力”。①

坚持马克思主义指导地位，必须用中国特色社会主义理论体系武装全党、教育人民、指导实践。有学者论述了中国特色社会主义理论与马克思主义的关系，认为，“中国特色社会主义理论体系属于中国化的马克思主义理论体系，是马克思主义理论大厦的重要组成部分。中国特色社会主义理论体系的创立，是我们党从理论和实践两个方面推进马克思主义中国化所取得的宝贵成果，是我们把握社会主义历史方位的理论坐标”。②

2009 年在《求是》杂志发表的题为《坚持不懈地用中国特色社会主义理论体系武装全党》的署名文章，从建设马克思主义学习型政党的高度，系统论述了中国特色社会主义理论对全党的指导作用，以及用这一理论武装全党的重要意义，认为坚持不懈地用中国特色社会主义理论体系武装全党，是建设马克思主义学习型政党的需要，是提高全党马克思主义理论水平和推进马克思主义中国化、时代化、大众化的需要。文章还提出了用中国特色社会主义理论体系武装全党的基本途径和工作要求。③ 该文观点明确，提法准确，对于深化学术研究和推进工作实践，都有很强的指导性。

有学者论述了用中国特色社会主义理论体系武装当代青年和大学生的重要意义和方法途径，认为“用中国特色社会主义理论体系武装教育青年，是贯彻落实党的十七大精神，加强和改进青年思想政治教育和党领导的社会思想建设的一项重要而紧迫的战略任务”。要完成这一战略任务，需要确立正确的方法论，通过方法创新和途径拓展不断增进武装教育活动的针对性和有效性：要尊重青年的主体地位，调动青年学习中

---

① 秋石. 为什么必须坚持马克思主义在意识形态领域的指导地位而不能搞指导思想的多元化 [J]. 求是，2009 (6).

② 黄义华. 马克思主义中国化历史进程与中国特色社会主义理论体系 [J]. 党史文苑，2010 (8).

③ 雒树刚. 坚持不懈地用中国特色社会主义理论体系武装全党 [J]. 求是，2009 (24).

国特色社会主义理论体系的积极性；着力建构与社会发展趋势和当代青年发展特点相适应的理论传播与教育方式；积极开发用中国特色社会主义理论体系武装教育青年的有效载体；注重引导青年在参与社会实践中掌握中国特色社会主义理论体系。① 这些相关研究，结合了我国教育界的实际，对于我们在大学生思想政治教育中进行社会主义核心价值体系的教育，特别是进行马克思主义指导思想的教育，具有重要的借鉴价值。

四、简要评析

总的来说，学术理论界关于马克思主义指导思想的研究取得了丰厚的成果。特别是在党中央提出构建社会主义核心价值体系的战略任务以来，学术理论界在以往对什么是马克思主义、为什么必须坚持马克思主义指导地位的研究的基础上，从社会主义核心价值体系的角度和视野对马克思主义指导思想进行了大量的研究。不仅在关于什么是马克思主义的理论界定，关于马克思主义的内容和结构，关于马克思主义的本质属性，关于马克思主义的功能和作用等问题上提出了许多有见地的概括和阐述，形成了一定的基本共识，并体现出百花齐放的繁荣景象，而且在关于马克思主义与社会主义核心价值体系的关系，马克思主义在社会主义核心价值体系中的地位和作用，以及马克思主义指导思想与社会主义核心价值体系其他三个基本组成部分之间的关系等的研究上，提出了一定的新见解，比较充分地论述了马克思主义指导思想是社会主义核心价值体系的灵魂，论述了马克思主义指导思想对社会主义核心价值体系发展方向的决定性作用。

当然，从党中央提出构建社会主义核心价值体系到现在，不过五年时间。短短五年的研究对于像这样重大的理论和实际课题来说无疑是不

---

① 万美容. 用中国特色社会主义理论体系武装教育青年的方法论思考［J］. 思想政治教育研究，2010（2）.

够充分的，其不足主要体现在：一是紧扣社会主义核心价值体系的视角，紧扣马克思主义指导思想是社会主义核心价值体系灵魂这一角度的研究成果还比较少。一般性视野和角度的成果比较多，间接性的成果也较多，这些虽然也是必要的，但是从最紧迫的需要来说，还是应该从社会主义的核心价值体系的角度来研究，以便为构建社会主义核心价值体系更直接地作出贡献和提供帮助。二是在一些概念术语的界定和使用上不够统一和严谨。比如在关于马克思主义本质和属性的研究中，随意使用若干相近的概念，如性质、内在规定性、本质属性、本质规定性、理论品质、根本属性等，以及马克思主义的特点、特征、基本特征、根本特征、主要特征、本质特征等。对于这些概念之间的细微差异，还缺少应有的辨析。三是有些问题的研究还不够深入，许多成果还停留在一些政论宣传的话语上，有的甚至是口号式的。构建社会主义核心价值体系的问题，马克思主义指导思想的问题，当然具有政论和宣传的性质，但是学术研究不能满足于政论的话语和宣传性的口号，而要把实践性课题转换成学术性课题，用学术的规范和话语把研究引向深入。这就不但需要扎实的马克思主义理论功底，而且需要较长时期的思考和积淀，以及学术交流和碰撞。因此，五年的时间当然太短了，有待于今后更深入的研究。

更重要的是，从一般性地研究马克思主义及其地位作用，转向在构建社会主义核心价值体系的基础上研究马克思主义指导思想及其意义，不但是范围的调整，更重要的是研究视角上的转换。遗憾的是，很多人并没有明确意识到这一点。

首先，从对一般性的"马克思主义及其指导地位"的研究转向特殊性的"马克思主义指导思想"的研究。"马克思主义指导思想"是个新概念，是在构建社会主义核心价值体系的过程中提出来的，是在党的中央文献中出现的正式概念。应该从语义上关注和考察这个新的概念的内涵和外延，辨析这个概念与其他相关概念和表述的联系和区别。

比如，"马克思主义指导思想"与"马克思主义"就有概念上的区别。后者意指的是马克思主义这个思想体系本身，甚至可以扩展到对马克思主义作为一种社会思潮，作为一种社会历史性精神现象的指谓。从这个意义上说，不同国家的一些马克思主义的流派，比如西方马克思主义、后马克思主义等，都可以属于其中。但是，"马克思主义指导思想"中所说的"马克思主义"，则是指作为中国共产党和中国社会主义事业指导思想的马克思主义。对此，并不是可以把一些国外的马克思主义流派纳入其中的，而是有我们党对其内容上的严格认定。西方马克思主义等，尽管从某种意义上可以说它是"马克思主义"的流派，但它肯定不属于"马克思主义指导思想"的范畴。我们是社会主义中国的学者，是党的理论工作者，我们在研究"马克思主义"的时候，有一种自然而然的、人们未必觉察到的学术立场，即是在"指导思想"的意义上来研究和界定马克思主义的。因此，尽管我们有时似乎是一般性地考察"马克思主义"，但实际上也包含了我们特有的隐性立场。

"马克思主义指导思想"这一概念，可以说来源于我们此前的一些重要命题和论断。比如，"马克思主义是我们党和国家的指导思想"，"坚持以马克思主义为指导"，"坚持马克思主义在意识形态领域的指导地位"等。这些论断是我们经常说的，是一些通行的重要命题。特别是"坚持马克思主义在意识形态领域的指导地位"这一命题，可以说是我国社会主义意识形态建设的"一号命题"，人们都耳熟能详，学者们也做过许多研究和论证。但是，这些命题和论断尚未提炼为一个特定概念。我们党的文件中在讲社会主义核心价值体系四个组成部分时，明确提出第一个部分是"马克思主义指导思想"。这就在实际上第一次明确地使用了"马克思主义指导思想"这个概念。这样，在社会主义核心价值体系的研究中，对"马克思主义指导思想"的研究，就与一般的关于马克思主义的研究有所不同了。

其次，从马克思主义科学体系研究转向对马克思主义价值观的研究。马克思主义是一个科学的理论体系，科学性是它极其重要的本质属性。但马克思主义也具有价值属性，它也包含着自己的价值观念，并属于一定社会的价值体系。在提出社会主义核心价值体系之前，人们对马克思主义的研究侧重于对其科学体系的研究。其间当然也会研究马克思主义的阶级属性、意识形态属性和社会功能，但多数情况下并非明确地从价值论的角度去研究，尽管我国学术界关于价值论的研究也逐步开展起来了。社会主义核心价值体系的提出，在全国范围内一下子把价值论研究变成了学术的中心领域。而人们对马克思主义的研究，对马克思主义的指导地位和作用的研究，也逐步转移到价值论方面来了。此时，我们才开始全面地研究和提炼马克思主义理论体系中所包含的价值内容，提炼马克思主义的价值观和核心价值观念。这些是学界关于马克思主义指导思想研究的应有之义。当然，对马克思主义指导思想的研究并不仅限于价值论这一方面，而是可以也应该从多个方面和角度来进行研究。而事实上也正是这样。因此，价值论的研究视角并未取代其他的研究，而是进一步丰富和充实了对马克思主义指导思想的多侧面的研究。

最后，以马克思主义与其他三个部分的关系研究。马克思主义与社会主义核心价值体系是什么关系？马克思主义在社会主义核心价值体系中处于什么地位，并具有什么作用呢？马克思主义指导思想与社会主义共同理想是何关系？与以爱国主义为核心的民族精神和以改革创新为核心的时代精神是何关系？与社会主义荣辱观是什么关系？所有这些问题，都是在我们党提出社会主义核心价值体系以后才提出来的，是构建社会主义核心价值体系所必须要研究和回答的重要问题。对于每一个这样的问题，甚至对于其中的每一个方面，都应该深入研究。在研究的过程中，事情看起来可能变得复杂了，在宣传上也不易找到共识性的新说法，但这只是暂时的。随着研究的深入，特别是随着一些理论上和学术上都比较深刻和前沿的问题的解决，问题就会变得越来越明朗，而政治宣传和理论宣传也就越能得到学术研究的更直接的支撑。这样，学术研究和理论宣传才能进入良性循环的轨道。

第三章　关于"中国特色社会主义共同理想是社会主义核心价值体系的主题"的研究

　　理想体现了人们对美好生活的向往和追求，理想决定行动。有共同理想，才有凝聚力，才有共同奋斗的思想基础。1982 年，邓小平在党的十二大报告开幕词中首次提出"建设有中国特色的社会主义"的命题。1986 年 9 月，党的十二届六中全会第一次明确把建设有中国特色的社会主义确定为现阶段我国各族人民的共同理想，通过的《中共中央关于社会主义精神文明建设指导方针的决议》明确提出："建设有中国特色的社会主义，把我国建设成为高度文明、高度民主的社会主义现代化国家，这就是现阶段我国各族人民的共同理想"①，强调要"用共同理想动员和团结全国各族人民。"1996 年，党的十四届六中全会把"在全民族牢固树立建设有中国特色社会主义的共同理想"确定为今后十五年精神文明建设的最主要目标之一。2004 年，党的十六届四中全会通过的《中共中央关于加强党的执政能力建设的决定》明确指出："党要带领人民推进中国特色社会主义伟大事业，必须大力发展社会主义文化，不断巩固全党和全国各族人民团结奋斗的共同思想基础。"② 2006年 11 月，党的十六届六中全会第一次把中国特色社会主义共同理想作为社会主义核心价值体系的基本内容提出来，通过的《中共中央关于构

---

① 十二大以来重要文献选编（下）［G］．北京：人民出版社，1988：1178．
② 十六大以来重要文献选编（中）［G］．北京：中央文献出版社，2006：283．

建社会主义和谐社会若干重大问题的决定》指出："建设和谐文化，是构建社会主义和谐社会的重要任务。社会主义核心价值体系是建设和谐文化的根本……马克思主义指导思想，中国特色社会主义共同理想，以爱国主义为核心的民族精神和以改革创新为核心的时代精神，社会主义荣辱观，构成社会主义核心价值体系的基本内容。"①2007 年，党的十七大报告进一步明确指出："建设社会主义核心价值体系，增强社会主义意识形态的吸引力和凝聚力。社会主义核心价值体系是社会主义意识形态的本质体现。要巩固马克思主义指导地位，坚持不懈地用马克思主义中国化最新成果武装全党、教育人民，用中国特色社会主义共同理想凝聚力量，用以爱国主义为核心的民族精神和以改革创新为核心的时代精神鼓舞斗志，用社会主义荣辱观引领风尚，巩固全党和全国各族人民团结奋斗的共同思想基础"。②

社会主义核心价值体系四个方面的基本内容相互联系、相互贯通、相互促进，是有机统一的整体。其中，马克思主义指导思想是这一体系的灵魂，中国特色社会主义共同理想是这一体系的主题，民族精神和时代精神是这一体系的精髓，社会主义荣辱观是这一体系的基础。

自"中国特色社会主义共同理想"被纳入社会主义核心价值体系以来，国内学术界对此进行了多角度的研究。中宣部理论局主持编写的《社会主义核心价值体系学习读本》也曾对这个问题进行了探讨。

从目前的研究成果看，关于此问题的探讨，主要集中在以下五个方面。

一、中国特色社会主义共同理想的内涵

党的十六届六中全会闭幕不久，2006 年 12 月 23 日，《人民日报》第一版发表评论员文章《突出主题，坚定中国特色社会主义共同理

---

① 十六大以来重要文献选编（下）［G］. 北京：中央文献出版社，2008：660－661.
② 胡锦涛. 高举中国特色社会主义伟大旗帜，为夺取全面建设小康社会新胜利而奋斗（单行本）［M］. 北京：人民出版社，2007：34.

想——三论全面准确理解社会主义核心价值体系》，对中国特色社会主义共同理想的内涵作了如下阐述："这个共同理想，就是在中国共产党领导下，走中国特色社会主义道路，实现中华民族的伟大复兴。"这一表述可以被称为关于中国特色社会主义共同理想内涵的最简洁的表述。文章还指出："中国特色社会主义共同理想，有着广泛的社会共识。这个共同理想，既实在具体，又鼓舞人心，昭示了我们要在中国特色社会主义道路上，在 21 世纪头 20 年，集中力量全面建设小康社会，再继续奋斗几十年，到 21 世纪中叶基本实现现代化，把我国建成富强、民主、文明、和谐的社会主义国家。"这是关于中国特色社会主义共同理想内涵的进一步展开。由于此文发表于权威报纸，因而这一表述在中国特色社会主义共同理想的宣传研究方面产生了较大影响。此后，学术界及宣传部门在概括中国特色社会主义共同理想的内涵时大多采用了这一提法。① 与此同时，学术界在研究中国特色社会主义共同理想时，也对其内涵作了更为详尽的阐述。

《社会主义核心价值体系学习读本》提出："这一共同理想，以中国特色社会主义理论体系为指导思想，以中国共产党为领导力量，以中国特色社会主义道路为正确选择，以建设富强民主文明和谐的社会主义现代化国家、实现中华民族伟大复兴为目标，集中体现了我国工人、农民、知识分子和其他社会主义劳动者、社会主义事业建设者、拥护社会主义和祖国统一的爱国者的根本利益和共同愿望……中国特色社会主义共同理想是共产主义最高理想在我国社会主义初级阶段的现实体现，是实现共产主义最高理想的必经阶段……富强、民主、文明、和谐，是对中国特色社会主义共同理想的高度概括，是我国社会主义经济建设、政治建设、文化建设和社会建设的奋斗目标。"②

有的学者从整体性角度概括共同理想，认为中国特色社会主义共同

---

① 高文伟. 新时期正确引导大学生树立中国特色社会主义共同理想［J］. 河北青年管理干部学院学报，2009（4）. 王峻，彭京华. 树立中国特色社会主义共同理想的依据和意义［J］. 首都经贸大学学报，2008（6）.

② 中共中央宣传部. 社会主义核心价值体系学习读本［M］. 北京：学习出版社，2009：30－31.

理想作为主题，有自身明确的内涵。首先，中国特色社会主义共同理想是一个综合性的社会理想。理想是有层次和类型的，有个人理想，也有社会理想。个人理想描绘的是个人生活事业的理想状态，而社会理想描绘的是社会发展的理想状态。中国特色社会主义理想是一种社会理想，是一种关于中国社会发展状态的理想。它对个人理想具有整合作用，是若干个人理想的寄托和发育之所。其次，中国特色社会主义共同理想包括丰富的内容。它综合性地包含着社会生活各个方面的发展状态，描绘了社会的经济、政治、文化、日常生活等多方面的理想状态。它把理想与信念包含在一起，形成共同的理想信念。它不单单是一个理想目标，而且包括追求和实现这个理想目标的道路和方式。道路就是中国特色社会主义道路，方式就是坚持中国共产党的领导。再次，中国特色社会主义共同理想是一个具体的阶段性理想。我们对共产主义远大理想的追求是一个漫长的过程，在这个过程中，有若干个阶段性理想。与远大理想相比，阶段性的理想更为具体，因而它可以成为一定历史时期人们所普遍追求的比较切近的理想目标。中国特色社会主义共同理想昭示我们：要在中国特色社会主义道路上，在 21 世纪头 20 年，全面建设小康社会，再继续奋斗几十年，到 21 世纪中叶基本实现现代化，把我国建设成为富强、民主、文明、和谐的社会主义国家。达到这一理想目标之后，中国特色社会主义道路还将继续向前延伸，中国特色社会主义事业还将进一步向前推进，我国社会将进入新的发展阶段。到那时，中国特色社会主义共同理想还会增添新的内容。最后，中国特色社会主义共同理想是全体中国人民都可以认同和追求的共同理想。在社会生活中往往会出现不同理想，但并不是所有的理想都能成为共同理想。有的理想只代表了少数人或个别人的利益和愿望，它只能成为个别人或少数人的追求目标。中国特色社会主义理想之所以能成为共同理想，就是因为它代表和反映了中国社会最广大人民群众的根本利益，为广大人民群众所认同和接受。①

---

① 刘建军. 中国特色社会主义共同理想是社会主义核心价值体系的主题 [J]. 高校理论战线，2007（4）.

有的学者从目标层面概括共同理想。如有学者认为，"中国特色社会主义共同理想，就是实现社会主义现代化，把我国建设成为富强、民主、文明、和谐的社会主义现代化国家。这也是全体中国人民长久以来向往并为之奋斗的共同理想"。① 还有学者提出，"这一共同理想集中体现在四个方面：经济富强、政治民主、精神文明、社会和谐，实现社会全面进步和人的全面发展"②。

有的学者把中国特色社会主义共同理想放在社会主义初级阶段来理解，认为"在社会主义初级阶段，我国人民的共同理想，即中国特色社会主义共同理想就是建设中国特色社会主义，把我国建设成为富强、民主、文明、和谐的社会主义现代化国家，实现中华民族的伟大复兴。具体地说，中国特色社会主义共同理想，是指在党的领导下，坚持中国特色社会主义理论体系，坚持党的基本路线、基本纲领和基本经验，不断发展和完善社会主义基本经济制度和基本政治制度，坚持依法治国和以德治国方略相结合，促进物质文明、政治文明、精神文明、生态文明全面协调可持续发展，把我国建设成为富强、民主、文明、和谐的社会主义现代化国家，最终赢得与资本主义发达国家的比较优势，使社会主义制度的优越性充分地显示出来，为人类和平、发展与进步事业作出伟大贡献。简而言之，就是实现祖国强盛、民族复兴、人民幸福、社会和谐、世界安宁"。③

有的学者从目标、道路、途径等方面界定共同理想，认为"中国特色社会主义共同理想内涵丰富。其一，它综合性地包含着社会各个方面，描绘了社会的经济、政治、文化、日常生活等多方面的理想状态。其二，它把理想与信念包含在一起，形成共同的理想信念。一定理想的形成总有其信念的基础，并体现一定的信念。认同和追求一种理想，同时本身就是一种坚定的信念。脱离了信念的理想不过是一种单纯的设想

---

① 殷啸虎. 统一战线是实现中国特色社会主义共同理想的重要制度保障 [J]. 上海市社会主义学院学报，2010（4）.

② 杨宇静. 论树立中国特色社会主义共同理想 [J]. 社会科学论坛（学术研究卷），2008（1）.

③ 刘德福. 牢固树立中国特色社会主义共同理想 [J]. 消费导刊，2008（3）.

和想象。其三，它不单单是一个理想目标，而且包括追求和实现这个理想目标的道路和方式。道路就是中国特色社会主义道路，方式就是坚持中国共产党的领导"。①

有的学者把中国特色社会主义共同理想的内涵理解为中国特色社会主义道路、理论体系和旗帜的统一："作为实践模式，中国特色社会主义是一条道路；作为思想概括，中国特色社会主义是一种理论；作为引领航标，中国特色社会主义是一面旗帜。"② 还有的学者提出，"共同理想有深刻内涵。第一，它概括了未来社会的四个基本特征。首先，它以经济建设为中心、追求高度繁荣的物质文明和强大的物质基础；其次，它要建设高度民主的政治文明，为物质文明提供坚定的政治保障；再次，它以建设高度繁荣的精神文明、追求人类健康的精神状态为目标，重视人的精神追求；最后，它要在这三个基础上追求更高程度的社会和谐、实现人的全面发展和科学发展。第二，实现这一理想的途径是要走中国特色社会主义道路……第三，这个共同理想完全符合理想的三个基本特征，是完全科学的……第四，这个共同理想在现阶段充分发挥着导向功能、凝聚功能和激励功能，充分调动了国民的积极性，为继续实现这一理想目标而奋斗"③。

我们注意到，在论述中国特色社会主义共同理想的内涵时，有一些文章还对中国特色社会主义共同理想的基本特征和精神实质进行了论述。

有的学者指出，"这个共同理想，把党在社会主义初级阶段的目标、国家的发展、民族的振兴与个人的幸福紧密联系在一起，把各个阶层、各个群体的共同愿望有机结合在一起，具有令人信服的必然性、广泛性和包容性，具有强大的感召力、亲和力和凝聚力"。④

---

① 李以章. 牢固树立中国特色社会主义共同理想 [J]. 政策, 2008 (4).

② 李和平, 吴祖清. 大力加强中国特色社会主义共同理想教育 [J]. 中国职工教育, 2008 (6).

③ 王建华. 突出时代主题, 坚定共同理想——中国特色社会主义问题浅析 [J]. 江西金融职工大学学报, 2008 (6).

④ 《人民日报》评论员. 突出主题, 坚定中国特色社会主义共同理想——三论全面准确理解社会主义核心价值体系 [N]. 人民日报, 2006 - 12 - 23.

　　有的学者认为，"广泛性和包容性是中国特色社会主义共同理想的重要特点"。持此观点的学者列举了如下理由：首先，从历史形成上看，中国特色社会主义共同理想具有民族心理上的共同性。这个理想来自于中国人民共同的历史经历和民族心理。无论是历史的自豪感还是屈辱感，都是中国人民在共同经历中形成的共同体验和共同心理。在此心理基础上产生出来的实现中华民族伟大复兴的强烈渴望，也是共同的。不论哪个社会阶层，只要他是爱国的中国人，都自然而然地具有这样的心理和愿望。其次，从愿望表达和利益代表上看，中国特色社会主义共同理想具有很大的广泛性和普遍性。这个共同理想把党、国家、民族、个人紧紧地联系在一起。最后，从精神气质的展现上看，中国特色社会主义共同理想具有很大的包容性和亲和力。这一共同理想的包容性体现了中国特色社会主义文化的包容性，体现着社会主义和谐社会的包容性。①

　　有的学者从以下三个角度对中国特色社会主义共同理想的特征作了较为具体的论述：一是从社会发展的阶段看，中国特色社会主义共同理想是一个具体的阶段性理想。实现共产主义远大理想是我们的最终追求，但这需要一个很长的历史过程，在这个过程中，有若干个阶段性理想。我国处于并将长期处于社会主义初级阶段这一基本国情，决定了中国特色社会主义共同理想具有鲜明的时代性。二是从愿望表达和利益代表上看，中国特色社会主义共同理想凝聚着党、国家、民族和个人的利益和愿望。三是从历史角度看，中国特色社会主义共同理想具有民族心理上的认同性。共同的历史经历和民族心理，使得中国特色社会主义共同理想具有强大的凝聚力。②

---

①　刘建军. 中国特色社会主义共同理想是社会主义核心价值体系的主题〔J〕. 高校理论战线，2007（4）.

②　李以章. 牢固树立中国特色社会主义共同理想〔J〕. 政策，2008（4）.

二、中国特色社会主义共同理想是社会主义
核心价值体系的主题

为何把中国特色社会主义共同理想当作社会主义核心价值体系的主题？这是学术界研究的一个热点，学者们从不同角度进行了论证。

有的学者从历史和逻辑两个角度论证了中国特色社会主义共同理想是社会主义核心价值体系的主题。他们认为，一方面，这个共同理想具有令人信服的历史必然性。它是近代以来中国历史发展必然趋势的反映，是中国人民共同的利益和愿望的体现。鸦片战争以来一百多年的历史充分证明，中国共产党的领导，中国特色社会主义道路，是历史的选择、人民的选择，坚持走这条道路，就能实现中华民族的伟大复兴。首先，走社会主义道路是近代中国历史的发展趋势和新民主主义革命实践的必然要求。其次，走中国特色社会主义道路是新中国成立以来社会主义建设曲折发展历程的经验总结。最后，坚持中国特色社会主义道路也是世界社会主义运动重大挫折的深刻启示。另一方面，这个共同理想具有令人信服的理论必然性。首先，中国特色社会主义共同理想是社会主义核心价值体系中理想信念内涵的集中体现。其次，在社会主义核心价值体系的基本内容中，中国特色社会主义共同理想处于中间层次和中心位置，成为联结不同层次内容的关键环节。最后，在全社会树立和弘扬中国特色社会主义共同理想，是中国特色社会主义文化建设、社会主义和谐文化建设的根本任务。①

有的学者从历史与现实两个角度提供了论据。他们认为，第一，中国特色社会主义共同理想是中国历史发展的产物。在长期的奋斗中，中国人民认识到，只有社会主义才能救中国。建设中国特色社会主义，是我们党实现最广大人民群众根本利益和共产主义最高理想的必由之路。

---

① 刘建军. 中国特色社会主义共同理想是社会主义核心价值体系的主题 [J]. 高校理论战线，2007（4）.

正是这个坚实的基础，决定了中国特色社会主义共同理想是社会主义核心价值体系的主题。第二，中国特色社会主义共同理想是当代中国发展的客观需要。中国特色社会主义道路是我们党在领导人民建设社会主义进程中，经过艰辛探索才找到的正确道路。只有走中国特色社会主义道路，我们才能完成社会主义初级阶段的历史任务，振兴中华，建设一个富强、民主、文明、和谐的中国。走中国特色社会主义道路，是由我国的国情所决定的。建设中国特色社会主义之所以成为最广大人民群众的共同理想，在于其根植于我们的国情之中。正因为如此，中国特色社会主义共同理想才成为建设社会主义核心价值体系的主题。第三，中国特色社会主义共同理想具有时代性，是人类社会发展历史趋势的反映。我国将长期处于社会主义初级阶段，决定了我们要建设的社会主义具有更多的中国特色。建设中国特色社会主义，需要我们从人类社会发展规律的高度认识当今世界的变化及其趋势，认识世界政治、经济、文化等领域出现的一系列新变化、新问题，认识社会主义制度的强大生命力，认识中国特色社会主义及其在这个基础上产生的共同理想。因此，对中国特色社会主义的追求和向往具有时代性，不仅是中国建设社会主义的内在需求，而且是人类社会发展历史趋势的反映。[①]

有的学者提出，中国特色社会主义共同理想是社会主义核心价值体系的理论中心与主题，要从马克思主义理论的归宿、马克思主义中国化的历史经验、当代中国马克思主义发展的逻辑线索、社会主义核心价值体系基本功能、中国特色社会主义共同理想的社会影响等五个方面进行理解。其一，从马克思主义理论的归宿来看，社会主义理想是其追求的价值目标。其二，从马克思主义基本原理同中国具体实际相结合的历史过程来看，建设中国特色社会主义是当代中国的实践主题。其三，从当代中国马克思主义发展的理论进程来看，是围绕着不断深化中国特色社会主义共同理想这个命题展开的。其四，从民族精神、时代精神和社会主义荣辱观价值功能来看，都是服从和服务于中国特色社会主义共同理

---

① 李明灿，刘世军. 把握社会主义核心价值体系的主题——牢固树立中国特色社会主义共同理想［N］. 光明日报，2007－06－26.

想这个中心任务的。其五，从中国特色社会主义共同理想的社会影响来看，确立这个主题可以有效整合社会矛盾，增强全社会的凝聚力、向心力和归属感。①

还有学者从"民族历史"、"价值理论"和"现实需要"三个角度论证了中国特色社会主义共同理想是社会主义核心价值体系的主题：从民族历史角度讲，中国特色社会主义共同理想是中华民族历史发展的精神动力；从价值理论角度讲，中国特色社会主义共同理想是社会主义核心价值体系的主题；从现实需要角度讲，中国特色社会主义共同理想是发展中国特色社会主义的现实需要。②

三、树立中国特色社会主义共同理想的意义

从建设社会主义核心价值体系角度来阐释树立中国特色社会主义共同理想的意义，最早来自于 2006 年 12 月 23 日《人民日报》的评论员文章。该文突出了中国特色社会主义共同理想与和谐社会的紧密联系，提出"理想决定行动。有共同理想，才能有共同步调。随着我国经济社会发生的深刻变化，不可避免地会出现社会意识的多样化。这就更加需要一个能够代表广大人民根本利益、为社会各个阶层广泛认可和接受的共同理想，才能有效凝聚各方面的智慧和力量，打牢全党全国各族人民团结奋斗的思想基础"。"理想是灯塔，是风帆，引领着社会进步的航船。突出中国特色社会主义共同理想这个主题，建设社会主义核心价值体系，我们就必定能形成全民族奋发向上的精神力量和团结和睦的精神纽带，巩固社会和谐的思想道德基础，在推进中国特色社会主义事业的历史进程中实现社会和谐，在社会和谐中推进中国特色社会主义事业"。③ 这种

---

① 江苏省马克思主义中国化研究中心. 中国特色社会主义共同理想是核心价值体系的中心与主题 [G]. 马克思主义理论研究和建设工程参考资料，355.

② 董朝霞，张绍平. 论中国特色社会主义共同理想的立论依据 [J]. 毛泽东思想研究，2008 (5).

③ 《人民日报》评论员. 突出主题，坚定中国特色社会主义共同理想——三论全面准确理解社会主义核心价值体系 [N]. 人民日报，2006 – 12 – 23.

观点得到了许多学者的认同，如有的学者认为，"突出中国特色社会主义
共同理想这个主题来建设社会主义核心价值体系，对于形成全民族奋发
向上的精神力量和团结和睦的精神纽带，巩固社会和谐的思想道德基础，
具有十分重要的意义"。①

　　有的学者从理论与现实两个角度论述了树立共同理想的意义。此观
点认为：第一，中国特色社会主义共同理想是历史和实践发展的必然。
中国特色社会主义是中国自近代以来历史发展的合乎逻辑的产物，是人
类社会发展历史趋势的反映，是当代中国发展的客观需要，是对中国社
会发展规律的正确认识，也是中国人民共同利益和愿望的根本体现。总
之，中国特色社会主义共同理想既体现了历史观和价值观的统一、规律
性与目的性的统一，又体现了共性和个性的统一、人类发展的普遍规律
和民族发展道路的统一。第二，中国特色社会主义共同理想是振兴中华
的强大精神动力。②

　　还有一些学者从推进中国特色社会主义事业、实现中华民族伟大复
兴角度论述了树立共同理想的重要意义。如有的学者认为，在全社会树
立和弘扬中国特色社会主义共同理想，下定决心和坚定信心沿着中国特
色社会主义道路不断前进，对于加快推进中国特色社会主义伟大事业的
历史进程，早日实现中华民族的伟大复兴，具有极其重大的现实意义。
中国特色社会主义共同理想指明了各族人民团结奋斗的共同目标，奠定
了万众一心的思想基础，提供了激励斗志的精神武器。③ 有学者认为，
树立中国特色社会主义共同理想的重要意义体现在三个方面：中国特色
社会主义共同理想是推动经济发展的强大动力，是社会和谐的政治基
础，是社会主义精神文明建设的核心内容。④ 有学者认为，中国特色社
会主义共同理想是凝聚全体人民的强大精神力量。只有坚持中国特色社

---

　　①　徐贵相. 为何说中国特色社会主义共同理想是社会主义核心价值体系主题 [J]. 党建，
2007（3）.

　　②　高进. 论树立中国特色社会主义共同理想 [J]. 思想教育研究，2009（11）.

　　③　刘慧频. 论中国特色社会主义共同理想的现实意义 [J]. 广东农工商职业技术学院学
报，2008（3）.

　　④　王峻，彭京华. 树立中国特色社会主义共同理想的依据和意义 [J]. 首都经贸大学学
报，2008（6）.

会主义的共同理想，我们的事业才能兴旺发达，从胜利走向胜利。中国特色社会主义的理想信念，无论过去、现在和将来，都是中国共产党人的精神支柱和力量源泉。没有中国特色社会主义共同理想，我们的各项工作将失去方向、失去灵魂、失去前进方向和动力。进入新世纪新阶段，我们面临着前所未有的机遇和挑战。在这样新的历史条件下，需要有一个能够代表广大人民根本利益、为社会各个阶层广泛认可和接受、能有效凝聚各个方面智慧和力量的共同理想，这个共同理想就是也只能是中国特色社会主义。只有树立中国特色社会主义共同理想，才能够对最广大的人民起到统一思想、凝聚人心、鼓舞斗志的独特作用，才能凝聚一切可以凝聚的力量、调动一切可以调动的力量、团结一切可以团结的力量，长期不懈地为实现国家富强、民族振兴而同心同德、艰苦奋斗。①

还有学者专门论述了共同理想的整合功能和激励作用。如有学者认为，中国特色社会主义共同理想是中国现阶段实实在在的奋斗目标，具有巨大的整合功能和激励作用。这个共同理想，既是对中国社会发展规律的正确认识，也是中国人民利益和愿望的根本体现，更是全国各族人民团结奋斗的精神旗帜。有了它，中华民族就能够在新世纪新阶段脚踏实地、百折不挠地为实现中国特色社会主义而努力奋斗。推进中国特色社会主义事业不断前进，必须在全社会树立中国特色社会主义共同理想，巩固全党全国各族人民团结奋斗的共同思想基础。② 再比如，《社会主义核心价值体系学习读本》提出："共同理想作为全体社会成员的共同价值追求和目标，是一个政党治国理政的旗帜，是一个民族奋力前行的向导。只有树立坚定的共同理想，才能凝聚社会各个方面的智慧和力量，动员整个国家、民族蕴藏的一切潜能，形成统一的步调和强大的战斗力。"

需要特别说明的是，学术界还有一些学者专门论述了引导或教育大

---

① 杨宇静. 论树立中国特色社会主义共同理想 [J]. 社会科学论坛（学术研究卷），2008（1）.

② 李明灿，刘世军. 把握社会主义核心价值体系的主题——牢固树立中国特色社会主义共同理想 [N]. 光明日报，2007－06－26.

学生树立中国特色社会主义共同理想的重要意义。

一些学者论述了引导大学生树立中国特色社会主义共同理想的重要性和紧迫性。如有的学者认为，由于国际国内形势的深刻变化，由于各种社会思潮的互相激荡，一些大学生不同程度地存在政治信仰迷茫、理想信念模糊、价值取向扭曲等问题。在此情势下，引导他们树立中国特色社会主义共同理想，就成了加强和改进大学生思想政治教育的一项重要而紧迫的现实任务。具体而言，引导大学生树立中国特色社会主义共同理想，是大学生成长成才的需要，是建设富强、民主、文明、和谐的社会主义现代化国家的需要，是彰显思想政治理论课时代价值的需要。① 有的学者强调，当代大学生生长在改革开放的新时期，目睹了改革开放取得的伟大成就，中国特色社会主义共同理想得到了广泛认同和大力践行。然而，由于诸多因素的影响，一些大学生仍不同程度地存在政治信仰迷茫、理想信念模糊等问题。因此，当前对大学生进行共同理想教育具有极其重要的现实意义。具体而言，首先，进行共同理想教育是建设社会主义核心价值体系的重要内容。其次，进行共同理想教育是培养中国特色社会主义合格建设者和可靠接班人的客观要求。最后，进行共同理想教育是引导大学生抵制错误思潮、坚定理想信念的现实需要。②

有的学者认为，大学生是建设中国特色社会主义的重要生力军，代表着中国未来的发展方向与希望所在，承担着民族伟大复兴的历史使命，他们是否有理想、有什么样的理想是事关中国特色社会主义伟大事业发展大局的重要因素。面对新情况、新问题，切实加强大学生中国特色社会主义共同理想教育、国情教育至关重要……高校应通过世情、国情教育，使大学生既看到中国特色社会主义事业面临的机遇与挑战，又要看到中国特色社会主义事业所具有的旺盛生命力，及时纠正学生中的一些模糊甚至错误的认识，积极教育和引导，使青年大学生自觉将自己

---

① 左鹏. 科学引导大学生树立中国特色社会主义共同理想［J］. 思想政治教育研究，2009（4）.

② 朱志明. 正确引导大学生树立中国特色社会主义共同理想［J］. 思想理论教育导刊，2007（10）.

的理想融入中国特色社会主义建设中去，使他们从情感上和世界观的高度自觉认识到自己肩负的历史使命，认同共同理想，并将其内化为自己的价值目标，并为之努力奋斗。①

有的学者着重从理论上论述了加强对大学生中国特色社会主义共同理想教育的重要意义：第一，有利于提高大学生对中国特色社会主义核心价值体系的认识，有利于增进大学生坚定走中国特色社会主义道路的信念，有利于增强大学生坚定实现中华民族伟大复兴的信心，从而奠定建设和发展中国特色社会主义事业的基础；第二，是培养社会主义事业接班人的根本保证；第三，是抵御西方敌对势力和平演变的需要。归根结底，有利于进一步坚定大学生坚持在中国共产党的领导下，走中国特色社会主义道路的信心和决心。②

四、中国特色社会主义共同理想教育

如何加强共同理想教育，这是学术界研究探讨的重要问题之一。

（一）中国特色社会主义共同理想建设面临的问题和挑战

有学者认为，在当前，树立中国特色社会主义共同理想面临的挑战主要包括：第一，价值取向多样化。这是伴随着我国经济社会发生的深刻变化而不可避免地出现的。多种价值观相互碰撞、冲突，导致了人们在价值追求、价值判断上产生困惑、焦虑，无所适从，甚至出现价值真空、价值紊乱。第二，忽视精神追求。在物质驱动的强劲势头下，在经济主导的社会环境中，一些人只顾物质追求，忽视精神追求。第三，缺乏情感激励。有些掌握了科学知识的人，在理想上模糊、动摇，甚至迷失方向，并不是在理论上无知，而是在情感上有问题。他们学习的知

---

① 高文伟. 新时期正确引导大学生树立中国特色社会主义共同理想 [J]. 河北青年管理干部学院学报，2009（4）.

② 孙西凌. 浅论加强大学生中国特色社会主义共同理想教育的重要意义 [J]. 科技信息，2009（31）.

识，由于没有情感激励，知识只是概念化的、教条化的、应付外在性的手段，而没有转化为信仰。第四，思维方式的弱点。中国特色社会主义共同理想的树立，需要复杂、丰富的内心世界和深刻的思考能力，而当前现实中不断变化的因素影响着思维的深化。①

有的学者认为，在新世纪新阶段，深刻变化的国际环境，全面建设小康社会的艰巨任务，党所处的历史方位和肩负的历史使命，使中国特色社会主义共同理想教育面临着巨大的压力和挑战。第一，中国特色社会主义共同理想遭到歪曲和攻击，导致了一些人在理论上的困惑、思想上的混乱。这种歪曲和攻击来自国际、国内两方面。第二，中国特色社会主义共同理想遭到冲击。这种冲击主要来自三个方面：一是苏联解体、东欧剧变及西方发达国家的进一步发展对人们心理上的强烈冲击，二是市场经济负面效应的巨大冲击，三是我国经济社会转型的冲击。他还提出，中国特色社会主义共同理想教育自身也面临不少问题包括注重理想的崇高性，忽视理想的现实性，使共同理想教育成为"高空作业"；中国特色社会主义共同理想教育尚缺乏切实有效的实现方式等。②

还有的学者认为，随着改革开放的深入和市场经济的发展，我们的共同理想建设面临着许多新问题和新情况，主要表现在：首先，由于社会变化的客观现实对人们思想的冲击，加上受各种错误思潮的影响，一些人对理想和前途产生了动摇和困惑。其次，腐败现象和不正之风的蔓延，败坏了社会主义的名声，使一些人悲观失望、不相信理想。最后，拜金主义、享乐主义等消极思想让一些人沉湎于灯红酒绿，只讲物质、不讲理想，拒绝崇高、淡化理想。③

在研究共同理想建设面临的挑战方面，有不少学者着重研究了高校加强共同理想教育面临的挑战。从大多数学者的研究来看，高校共同理想教育主要面临如下几个方面的挑战。

---

① 高进. 论树立中国特色社会主义共同理想 [J]. 思想教育研究，2009（11）.

② 皮坤乾. 中国特色社会主义共同理想教育：问题及对策 [J]. 福建论坛（社科教育版），2008（6）.

③ 王建华. 突出时代主题，坚定共同理想——中国特色社会主义问题浅析 [J]. 江西金融职工大学学报，2008（6）.

第一种观点认为，当前高校共同理想教育面临的挑战主要是错误思潮。如有的学者认为，当前，我国高校意识形态领域总的形势是好的，但伴随着经济上、文化上的开放交流，各种非马克思主义、反马克思主义的社会思潮也纷至沓来，已经在一定程度上影响到马克思主义的指导地位，对大学生中国特色社会主义共同理想的树立产生了不良影响。这些思潮主要包括新自由主义思潮、民主社会主义思潮、历史虚无主义思潮、宪政民主思潮、公共知识分子思潮，文章还对这几种思潮逐一进行了分析和评价。①

第二种观点认为，当前对大学生树立共同理想带来的挑战主要是市场经济的负面影响、社会腐败、西方价值观等。其一，市场经济的负面影响。市场经济自身的弱点和缺陷，如自发性、趋利性会直接或间接地影响到大学生的人生价值取向及对社会的判断。当市场经济的等价交换原则被扩大运用到社会其他领域，以至于人格、尊严、良心都变成了可以交换的商品，从而诱发了权钱交易等社会丑恶、不公平现象，这些对大学生正确人生价值观的形成造成极其恶劣的影响。其二，社会腐败等不公平现象的影响。党员干部贪污腐化问题一直是大学生关注的焦点。腐败现象及社会各领域中存在的各种不公平的社会现象，影响大学生对党的信任，影响大学生正确世界观、人生观、价值观的形成，进而对走中国特色社会主义道路产生怀疑，动摇了社会主义理想信念。其三，西方价值观的影响。随着全球经济一体化时代的到来，西方资本主义国家在资本输出的同时，也在加紧输出自身的思想文化价值观念、政治信仰等，并通过各种途径对广大青少年进行渗透。在全球化思潮的涌动下，受西方自由化思想、价值观念和生活方式的影响，大学生的基本政治观念受到冲击，因此，在部分学生中存在着走中国特色社会主义道路，实现民族伟大复兴是国家领导人考虑的事，跟自己没有太大关系的思想，对中国社会主义共同理想认识淡薄甚至排斥。其四，就业形势严峻造成

---

① 左鹏.用中国特色社会主义共同理想引领大学生成长 [J].高校理论战线，2007 (7).

的影响。①

第三种观点认为，高校引导当代大学生树立中国特色社会主义共同
理想所面临的挑战主要是经济全球化、新兴传媒等。具体包括：其一，
经济全球化带来的挑战。在全球化的过程中，西方的社会思潮和价值观
影响并冲击着青年大学生对社会主义前途命运的信心，尤其是西方的极
端个人主义、消费主义、享乐主义和拜金主义等，严重危害着当代大学
生对中国特色社会主义共同理想的认同。其二，网络传播带来的挑战。
网络作为一种无国界、开放性的传媒工具，里面的内容良莠不齐。由于
青年大学生的政治辨别力不高，容易被网上不健康的思想所迷惑，不利
于共产主义理想信念和科学价值观的形成。其三，流行文化带来的挑
战。流行文化以市场需求为宗旨，追求世俗性和娱乐性，同时又过度注
重包装和炒作，所以容易导致消费主义、享乐主义、功利主义和拜金主
义的盛行。这些都导致大学生对中国特色社会主义理想信念追求的热情
降低，部分大学生的崇高理想失落。其四，经济和社会发展带来的挑
战。我国在体制转轨和社会转型时期，由于原有制度和价值观已经解
体，新的制度和价值观还未完全建立，使一些大学生在纷繁的社会思潮
和多元价值观中迷失了自我，导致了理想信念的模糊或缺失。市场经济
的弱点滋生了拜金主义、享乐主义、功利主义、实用主义和极端个人主
义的倾向，使得一些大学生重现实功利，轻理想信念。由于社会中出现
一些不公正不合理现象，以及官员腐败状况，也使一些大学生对社会主
义的未来充满了挫败感，对社会主义理想信念有所松懈。②

（二）如何进行中国特色社会主义共同理想教育

面对进行共同理想教育面临的挑战，到底如何进行共同理想教育，
这是学界探讨的重要问题。对此，学者们提出了如下对策和建议。

第一种观点认为，在全社会树立中国特色社会主义共同理想，需要

---

① 高文伟. 新时期正确引导大学生树立中国特色社会主义共同理想［J］. 河北青年管理
干部学院学报，2009（4）.

② 张晨郁. 发挥主渠道作用，引导大学生树立中国特色社会主义共同理想［J］. 世纪
桥，2009（9）.

全党全社会的共同努力。第一，坚持不懈地用马克思主义武装全党、教育人民。在价值观念多样化的情况下，引导党员干部和群众用马克思主义的立场、观点、方法认识国情、认识世界，对于树立中国特色社会主义共同理想尤为重要。要高举马克思主义伟大旗帜，坚持不懈地用马克思主义中国化最新成果教育全党、教育人民，把树立中国特色社会主义共同理想融入精神文明建设和国民教育全过程，贯穿到各项工作中。第二，扎扎实实把共同理想体现到经济、政治、文化、社会各个领域，从政策环境、体制环境、社会环境等方面为树立共同理想提供有力的支撑。第三，坚定党员领导干部的理想信念是在全社会树立中国特色社会主义共同理想的关键。党员领导干部的理想信念如何，极大地影响着人民群众的理想信念。把坚持立党为公、执政为民，落实到各项方针政策的制定和实施中去，落实到党员领导干部的实际活动中去，最能使人民群众感受到社会主义的优越性，最能增强中国特色社会主义的凝聚力，最能体现中国特色社会主义的巨大活力。①

第二种观点认为，要采取多种形式坚定全党全国各族人民的中国特色社会主义共同理想信念。当前要重点抓好五个方面的工作：第一，深化对共同理想的研究，在理论武装头脑过程中加强共同理想教育。第二，以促进共同富裕为目标，在价值认同和政策认可中巩固共同理想。第三，以维护社会公平为抓手，让群众在共享发展成果中坚定共同理想。第四，以先进典型为引导，在道德教育中树立共同理想。第五，以抓好重点对象为龙头，在点与面的结合中强化共同理想。②

第三种观点认为，中国特色社会主义共同理想重在建设，当前应当着力解决好如下五个方面的问题：第一，以深化理想研究为契机，在理论武装头脑过程中扩大共同理想。进一步深化中国特色社会主义共同理想的理论研究，才能更好地发挥"批判的武器"的作用。第二，以促进共同富裕为目标，在价值认同和政策认可中巩固共同理想。共同富裕

---

① 李明灿，刘世军. 把握社会主义核心价值体系的主题——牢固树立中国特色社会主义共同理想［N］. 光明日报，2007-06-26.

② 周显信 坚定共同理想，坚定不移地走中国特色社会主义道路［J］. 党建，2007 (10).

是中国特色社会主义共同理想的核心内容，也是社会主义区别于资本主义的主要标志。坚持共同富裕的基本原则，就要着力处理好经济社会发展中存在的不平衡问题，统筹城乡发展和区域发展。第三，以维护社会公平为抓手，在群众共享发展成果中坚定共同理想。第四，以学习先进典型为载体，在道德教育中引领共同理想。用先进典型事迹教育群众，比单纯讲道理更富有说服力、影响力和感染力。第五，以抓好重点对象为龙头，在点与面的结合中提升共同理想。当前存在的共同理想弱化的情况，关键不是中国特色社会主义共同理想不吸引人，而是领导干部队伍共同理想弱化对于整个社会民众的连带负面影响太大，特别是对青少年理想观念的形成产生较大的消极影响。因此，当前的共同理想教育要处理好教育对象的广泛性、普遍性，与党员干部、青少年特殊群体的针对性、特殊性之间的辩证关系。①

第四种观点认为，树立共同理想，要从创新教育载体、创新教育方法、健全制度机制三个方面着手，创建中国特色社会主义共同理想教育的系统工程。教育载体方面，要充分发挥高校两课、平面媒体、文艺活动、网络、国防教育等的作用。教育方法方面，遵循其内在规律，讲求切实可行的方法，是提高共同理想教育实效性的关键。共同理想教育要把国家发展、民族振兴与人民幸福相结合，把尊重人和发展人相结合，把理论教育与现实问题相结合，把理论教育和实践教育相结合。健全制度机制方面，要健全领导机制，优化保障机制，完善考评与控制机制。②

第五种观点认为，加强共同理想教育，应该创新教育途径。第一，要加强理论教育。首先，要始终不渝地进行马克思主义世界观和方法论教育；其次，加大毛泽东思想和中国特色社会主义理论体系以及党的基本路线和基本纲领的宣传教育力度，把树立中国特色社会主义共同理想融入精神文明建设和国民教育全过程，让广大人民群众明确认识社会发

---

① 江苏省马克思主义中国化研究中心. 中国特色社会主义共同理想是核心价值体系的中心与主题 [G] //中共中央宣传部理论局，马克思主义理论研究和建设工程办公室. 2007 年马克思主义理论研究和建设工程参考资料选编. 北京：学习出版社，2008：355.

② 周玉文，姜正国. 创建中国特色社会主义共同理想教育的系统工程 [J]. 中国职工教育，2011（2）.

展的客观规律和历史发展的必然趋势，解决好"信仰、信念、信任、信心"问题。第二，深入开展中国革命、建设和改革开放的历史教育。历史教育既可以使人们了解共产党人奋斗的足迹，又可以使人们看到中国未来发展的前途。第三，发挥党员干部和教育者的人格示范力量。首先，以老一辈革命家和革命先烈为榜样，影响和教育广大党员干部、人民群众，尤其是青年大学生；其次，加强党的建设，使党员干部率先垂范，树立并实践共同理想，发挥带头作用和示范作用；最后，要建立一支政治理论水平和政治觉悟高的高素质思想政治教育工作队伍，以思想教育工作者对共同理想坚信不疑的真情实感来感染和陶冶受教育者，形成一种无声的感召力和示范力，促进中国特色社会主义共同理想深入人心。①

第六种观点认为，推进中国特色社会主义共同理想教育，应从理论研究、解决实际问题等方面着手。具体对策应包括：第一，进一步深化理论研究，做到以理论说服人。为此，要深化对马克思主义基本理论、中国特色社会主义基本理论、中国特色社会主义共同理想、现实问题的研究。第二，共同理想教育与具体实际紧密结合，做到以内容感染人。中国特色社会主义共同理想教育要紧紧围绕中国特色社会主义建设实践来开展，要同实现和维护人们的实际利益结合起来。第三，创新教育方式做到以形式吸引人。多形式、多渠道进行，使中国特色社会主义共同理想教育"现代化"、"立体化"；通过抓好重点对象来推动共同理想教育；抓好典型教育，注重发挥榜样的模范带头作用；在推进学习型社会建设中，推进共同理想教育；培养强大的教育队伍；积极探索长效机制，使中国特色社会主义共同理想教育经常化、制度化。②

第七种观点提出，树立中国特色社会主义共同理想的途径包括：要加强马克思主义教育，把中国特色社会主义共同理想建立在科学理论基础之上；始终代表最广大人民群众的根本利益，是树立中国特色社会主义共同理想的核心问题；树立中国特色社会主义共同理想的关键，在于

① 高洁.论树立中国特色社会主义共同理想［J］.思想教育研究，2009（11）.
② 皮坤乾.中国特色社会主义共同理想教育：问题及对策［J］.福建论坛（社科教育版），2008（6）.

用发展的实践证明社会主义优越于资本主义；党员干部要在树立中国特色社会主义共同理想的实践中作出表率；建设中国特色社会主义是前无古人的伟大事业，没有现成的发展模式和发展道路可循，需要在实践中不断探索。①

（三）如何引导大学生树立中国特色社会主义共同理想

第一种观点认为，面对多种社会思潮影响下大学生社会理想的多样化，引导大学生树立中国特色社会主义共同理想，应当把握以下几个关键问题。第一，中国在新民主主义革命胜利后走上社会主义道路，是历史发展的必然。第二，作为经济文化落后的东方大国，中国要实现现代化和民族的伟大复兴，只能坚持走社会主义道路。第三，中国在建设和改革的长期实践中，已经走出了一条中国特色社会主义的正确道路。第四，走中国特色社会主义道路，必须坚持中国共产党的领导。②

第二种观点认为，加强大学生共同理想教育，要贴近实际，贴近生活，贴近大学生，增强教育的针对性和实效性。在加强共同理想教育方面要从以下几个方面入手：一是坚持不懈地用马克思主义中国化最新成果武装大学生头脑。在价值观念多样化的现实背景下，引导大学生特别是党员学生用马克思主义的立场、观点、方法认识国情、认识世界，这对于树立中国特色社会主义共同理想尤为重要。二是把树立共同理想融入高校教育的全过程，贯穿到各项工作中，体现到当代大学生价值追求的各个方面。三是教育当代大学生把共同理想与个人理想、远大理想有机结合起来。③

第三种观点认为，高校加强中国特色社会主义共同理想教育要从自身实际出发，充分利用现有宣传教育资源，把中国特色社会主义共同理想教育巧妙地融入总体工作格局之中。把高校思想政治理论课作为共同

---

① 刘仓. 社会主义核心价值体系的主题：中国特色社会主义共同理想［J］. 中华魂，2009（3）.

② 左鹏. 用中国特色社会主义共同理想引领大学生成长［J］. 高校理论战线，2007（7）.

③ 朱志明. 正确引导大学生树立中国特色社会主义共同理想［J］. 思想理论教育导刊，2007（10）.

理想教育的主渠道，注重中国特色社会主义共同理想教育与思想政治理论课相结合；把日常思想政治教育作为共同理想教育的主阵地，注重中国特色社会主义共同理想教育与日常思想政治教育相结合；注重显性教育与隐性教育、知识传授与情感体验、倡导学术自由与加强课堂纪律相结合，打造中国特色社会主义共同理想教育合力。①

第四种观点认为，引导大学生正确树立中国特色社会主义共同理想，要从以下几方面入手：第一，引导大学生深刻理解中国特色社会主义共同理想的科学内涵。第二，高校要充分发挥主体教育功能。要充分发挥教育主阵地作用，充分发挥思想教育主渠道作用。第三，社会要为大学生的健康成长营造良好的外部环境。要活跃校园文化，全面提高大学生的思想政治素质和科学文化素质；切实做好贫困生的资助工作；要加大力度解决大学生就业问题。②

第五种观点认为，正确地引导大学生牢固树立共同理想，重点应该做好以下三个方面的工作。第一，要用中国革命、建设和改革开放的历史来理直气壮地阐明，只有中国共产党的领导和社会主义才能救中国，只有中国特色社会主义才能发展中国。第二，如何来正确认识中国特色社会主义，是引导大学生树立中国特色社会主义共同理想的关键。当前理想信念教育的关键是要搞清楚中国特色社会主义是一种什么样的社会主义。第三，对青年学生进行共同理想教育一定要立足社会现实，帮助青年学生正确地看待理想与现实之间的矛盾。③

第六种观点认为，提高中国特色社会主义共同理想教育的质量和增强大学生自觉树立中国特色社会主义共同理想的积极性、主动性和自觉性，就要以科学发展观为指导，依据"加减乘除法"原则，对大学生做好中国特色社会主义共同理想教育。第一，以科学发展观为指导，做足"加法"，即增加丰富的教学案例，加强实践课教学力度，增强教育

---

① 陈树文，方建. 高校加强中国特色社会主义共同理想教育应注重"三个结合"［J］. 思想理论教育导刊，2010（9）.

② 高文伟. 新时期正确引导大学生树立中国特色社会主义共同理想［J］. 河北青年管理干部学院学报，2009（4）.

③ 戴黎. 正确引导大学生树立中国特色社会主义共同理想［J］. 成都纺织高等专科学校思政部，2010（4）.

的生动性和说服力。第二，以科学发展观为指导，做实"减法"，即减少教育过程中的"假"、"大"、"空"内容，体现教育的层级性，引导大学生树立并坚定中国特色社会主义共同理想。第三，以科学发展观为指导，做活"乘法"，即营造和谐的思想舆论氛围，为中国特色社会主义共同理想教育创造良好的外部环境。第四，以科学发展观为指导，做透"除法"。也就是通过共同理想教育，消除大学生们对热点问题、焦点问题的困惑和疑虑，从而做到对所学的理论真懂、真信、真用，坚定对中国共产党的信心，坚定地走中国特色社会主义道路，坚决为实现中华民族的伟大复兴而奋斗。①

第七种观点认为，引导大学生树立中国特色社会主义共同理想，关键是要发挥高校思想政治理论课的主渠道作用。为此，我们必须进一步深入探索和研究高校思想政治理论课教学的内在规律，充实思想政治理论课教学的内容，改革思想政治理论课教学方式，提高思想政治理论课教学的针对性和实效性。具体而言，就是要坚定正确的政治方向，坚持思想政治教育课的教学目标；更新教学理念，提高教师综合素质；更新教学内容，提升思想政治教育课的内在魅力；改进教学方式，增强思想政治教育课的实效性；加强实践教学环节。②

第八种观点认为，应从价值观认同规律的角度加强对大学生进行共同理想教育：第一，中国特色社会主义共同理想认同建设要努力寻找新的路径，应避免以往"实化形式，虚化内容"的状态。第二，从大学生对中国特色社会主义共同理想认同的心理过程来看，中国特色社会主义共同理想认同是在一定外界环境的影响下，大学生主体内在的知、情、信、意、行诸心理要素辩证运动均衡发展的过程。第三，大学生中国特色社会主义共同理想的形成还离不开外部社会环境的影响，外部社会环境的影响集中表现在教育活动中。③

---

① 王宣瑛. 当代大学生中国特色社会主义共同理想教育研究［J］. 职业教育研究，2009（5）.

② 张晨郁. 发挥主渠道作用，引导大学生树立中国特色社会主义共同理想［J］. 世纪桥，2009（9）.

③ 蔡秀敏. 当代大学生对中国特色社会主义共同理想认同的现状调查及思考［J］. 湖北省社会主义学院学报，2008（1）.

此外，还有一些学者对高职高专学生、大学新生等群众如何开展共同理想教育揭出了自己的思考。如有的学者专门就如何加强高职生共同理想教育，弘扬社会主义核心价值体系，增强思想政治理论课教育的针对性和实效性，提出了自己的建议：一是要强化高职生理论教育，用中国特色社会主义理论体系武装高职生头脑；二是要把高职生共同理想教育与家庭、社会教育紧密结合起来；三是要充分利用现代信息技术，用"红色"主旋律占领网络主阵地；四是要加强社会实践锻炼，强化参与体验，构筑理想信念的基石。① 还有学者对大学新生的共同理想教育提出了自己的对策和建议：一要加大思想政治教育的力度。要用马克思主义中国化的最新成果武装大学新生，善于把马克思主义的观点与西方的某些不正确观点进行对比分析，让学生对当代的思想理论问题把握得更准确，对西方的错误观点认识得更透彻，进而引导他们树立正确的世界观、人生观和价值观。二要拓展大学新生参加社会实践的渠道。三要加强高等院校和谐校园文化建设。四要促进大学新生身心和谐。②

五、中国特色社会主义共同理想与统一战线、和谐文化、中国传统文化渊源的关系

关于统一战线、民主党派与树立中国特色社会主义共同理想的关系，有学者提出，统一战线是实现中国特色社会主义共同理想的重要制度保障。中国特色社会主义共同理想的实现需要通过一定的制度和组织形式来凝聚人心、会聚力量，而统一战线这种制度与组织形式不仅体现和反映了中国特色社会主义共同理想的基本要求，而且与中国特色社会主义共同理想有着共同的内涵与价值追求，并且为这种共同理想的实现提供了重要的制度保障。社会主义共同理想集中体现了全国各族人民的

① 韦文荣. 新形势下要加强高职生中国特色社会主义共同理想教育 [J]. 济南职业学院学报，2009 (1)

② 沈阳，胡兵. 有多少大学新生知晓中国特色社会主义共同理想 [J]. 前线，2010 (10).

根本利益，具有广泛性与包容性，而统一战线正可以为这种广泛性与包容性的实现提供相应的制度和机制保障。中国特色社会主义共同理想的实现，需要通过一定的制度来凝聚人心，形成合力。这就要求我们能够充分利用统一战线的制度优势，巩固和壮大最广泛的爱国统一战线，加强各党派、各团体、各民族、各阶层、各界人士的团结合作，使各族人民和睦相处、和衷共济、和谐发展，共同致力于建设中国特色社会主义伟大事业。① 有学者提出了民主党派树立和践行中国特色社会主义共同理想的三个着力点：着力增强走中国特色社会主义道路的政治信念，始终保持正确的前进方向；着力提高民主党派履行职能和发挥作用的能力，进一步发挥自身优势；着力推动民主党派自身的科学发展，切实加强参政党自身建设。②

关于坚持中国特色社会主义共同理想与建设和谐文化的关系，有学者认为，"和谐文化反映着人们对和谐社会的总体认识、基本理念和理想追求，中国特色社会主义共同理想本身就是和谐文化的重要内容。坚持以中国特色社会主义共同理想吸引人、感染人、凝聚人、鼓舞人，引导人们树立正确的世界观、人生观、价值观，正确认识国家、民族的前途命运，不断增强对中国共产党领导、社会主义制度、改革开放事业、全面建设小康社会目标的信念和信心，是和谐文化建设的内在要求"。③还有学者认为，社会主义社会是经济、政治、文化与社会建设协调发展的社会，中国特色社会主义共同理想是和谐社会的思想基础。首先，中国特色社会主义共同理想是经济发展的深层动力。共同理想作为精神层面的价值观念，一旦形成后也会对社会主义经济建设产生强大推动力。共同理想是民族精神的重要组成部分，是推动民族经济振兴的强大精神支柱。其次，中国特色社会主义共同理想是社会和谐的政治基础。共同理想是一个党、一个国家、一个民族赖以存在和发展的根本前提。没有

---

① 殷啸虎. 统一战线是实现中国特色社会主义共同理想的重要制度保障 [J]. 上海市社会主义学院学报，2010（4）.

② 何霜梅. 民主党派树立和践行中国特色社会主义共同理想的三个着力点 [J]. 上海市社会主义学院学报，2011（1）.

③《人民日报》评论员. 突出主题，坚定中国特色社会主义共同理想——三论全面准确理解社会主义核心价值体系 [N]. 人民日报，2006－12－23.

共同的思想基础，就没有统一认识、统一行动的精神支柱；没有共同的精神支柱，政党就要瓦解，国家就要分裂，民族就要解体。再次，中国特色社会主义共同理想是社会主义精神文明建设的核心内容。最后，中国特色社会主义共同理想是国际社会解读"中国模式"的关键词。"中国模式"实质上就是中国作为一个发展中国家在全球化背景下实现社会现代化的一种战略选择，它的内核和精髓就是中国特色社会主义共同理想。① 还有学者专门论述了和谐文化与中国特色社会主义共同理想的关系。他们认为，建设和谐文化和坚持共同理想统一于中国特色社会主义的伟大实践。共同理想是建设中国特色社会主义的思想保证，和谐文化是建设中国特色社会主义的重要方面，中国特色社会主义建设提供了坚定共同理想、发展和谐文化的可靠保证。建设和谐文化必须坚持中国特色社会主义的共同理想。中国特色社会主义的共同理想是和谐文化建设的出发点，是和谐文化建设的主要目标和重要内容。坚持中国特色社会主义共同理想，建设和谐文化，是当前的重要任务，也是一个长期的历史过程，其具体路径包括：强化对人民群众的利益保障，营造良好的思想舆论氛围；开展教育引导和典型示范，着力培育文明的社会道德风尚；健全发展和谐文化的体制机制，提供有力的制度保障。②

关于中国特色社会主义共同理想的传统文化渊源，有学者认为，中国特色社会主义共同理想，是中国共产党在继承中国优秀传统文化的基础上升华创新提出来的。实现中国特色社会主义共同理想，其目的就是以人为本，满足最广大人民群众的根本利益。这是中华民族优秀文化传统中的民本思想、和谐思想的继承和发展。③

---

① 江苏省马克思主义中国化研究中心. 中国特色社会主义共同理想是核心价值体系的中心与主题［G］//中共中央宣传部理论局，马克思主义理论研究和建设工程办公室. 2007 年马克思主义理论研究和建设工程参考资料选编. 北京：学习出版社，2008：355.

② 高金平，谭鹏. 建设和谐文化与坚持中国特色社会主义共同理想［J］. 宁夏党校学报，2008（1）.

③ 工红艳. 中国特色社会主义共同理想的传统文化渊源［J］. 山西高等学校社会科学学报，2009（11）.

六、简要评析

从目前关于中国特色社会主义共同理想的研究成果看，上述几个方面是近期研究的主要内容。关于中国特色社会主义共同理想的科学内涵，虽然不同学者从不同角度有不同的表述，但基本达成了如下共识：中国特色社会主义共同理想就是在中国共产党领导下，走中国特色社会主义道路，实现中华民族的伟大复兴。对于树立中国特色社会主义共同理想的意义，大多数学者从奠定全党全国各族人民团结奋斗的思想基础，增强国家和民族的凝聚力等方面进行论述，抓住了问题的关键。对于如何树立共同理想，尤其是当代青年大学生如何树立共同理想，学界的研究较多，提出的对策和建议具有很强的针对性。对于如何正确处理共同理想与统一战线和中国传统文化的关系，也取得了一些积极的研究成果。这些研究成果的取得，对于帮助人们树立中国特色社会主义共同理想，进而推动社会主义核心价值体系建设，具有非常重要的意义。

但从目前关于共同理想的研究成果看，当前的研究还存在以下问题。

第一，有些研究领域处于空白状态。共同理想的研究涉及个人理想、社会理想和远大理想等问题，目前国内学界对共同理想和个人理想等方面有比较多的研究，而对于共同理想与远大理想关系的研究，尚显不足。我们现阶段的共同理想是建设中国特色社会主义，实现中华民族的伟大复兴。这无疑是对的，但我们的远大理想是实现共产主义。社会主义是共产主义的第一阶段，没有共产主义，也就没有社会主义。没有社会主义也就没有中国特色社会主义。脱离了共产主义，社会主义和中国特色社会主义就无从谈起。目前，国内学界在研究共同理想时，大多关注了共同理想的内涵、意义、挑战与对策，对共产主义的远大理想显然关注不够。另外，国内学界对如何引导大学生树立中国特色社会主义共同理想的文章占了比较大的比重。而针对其他群体或阶层如党员领导干部群体、农民工群体、知识分子阶层等进行的相关研究则几乎没有。

第二，有些研究不够深入。目前国内学界关于共同理想的研究成果较多，但存在着不平衡，具体表现在：一是宣传性文章多，理论性和学术性文章较少；二是重复研究的现象比较严重，大多数学者集中在共同理想的含义、必要性和意义等方面，而对于共同理想与社会主义核心价值体系之中的其他三者的关系的研究，对共同理想与和谐文化、与中国传统文化等方面的研究明显不够；三是创新不够，许多论文的观点近似。

第三，实证研究不够。1986 年党的十二届六中全会提出把建设中国特色社会主义作为共同理想，至今已经 25 年。把这一共同理想纳入社会主义核心价值体系并作为其主题，也已经 5 年。那么，目前全体中国人民树立中国特色社会主义共同理想，到底成效如何？不同阶层、不同民族对这一共同理想的认同如何？存在的问题到底有哪些？产生这些问题的原因是什么？还缺少实证方面的研究和分析。目前国内学界关于这方面的研究，不论是问题分析还是对策和建议，都过于宏观，有些对策和建议缺少可操作性。

针对上述问题，我们建议，进一步深化对中国特色社会主义共同理想的研究，还必须注意以下几点。

第一，加强对共同理想的理论研究，为树立共同理想提供学理上的支撑。共同理想的树立必须有科学理论的支撑。为此，我们需要结合马克思主义经典著作深化对马克思主义关于共同理想的基础性研究，结合中国共产党的文献深化对中国共产党关于共同理想的理论研究；结合我们党的最低纲领和最高纲领，加强对共同理想与共产主义远大理想的研究；结合当今世界的新变化，深化对西方发达国家关于在全社会树立共同理想的经验教训的研究。

第二，针对不同群体，加强应用对策研究。针对目前国内学界高度关注大学生群众共同理想教育而忽视其他群体共同理想教育的状况，有必要在对全体中国人民进行科学的群体或阶层划分的基础上，对一些重要的群体或阶层（如少数民族、农民工等）树立中国特色社会主义共同理想的现状和面临的问题进行调查分析，然后提出相应的对策和建议。

　　第三，把共同理想放在社会主义核心价值体系总体框架之中加强研究。在社会主义核心价值体系框架内，中国特色社会主义共同理想是四项基本内容之一。它与其他三项内容——马克思主义指导思想、民族精神与时代精神、社会主义荣辱观是一个整体。虽然我们可以对共同理想作单独研究，但不能脱离社会主义核心价值体系的其他三方面内容，当前应继续深入研究它们之间的辩证统一关系，以便在加强社会主义核心价值体系的建设中更有效地推进共同理想的建设。

第四章 关于"民族精神和时代精神是社会主义核心价值体系的精髓"的研究

党的十六届六中全会明确指出，以爱国主义为核心的民族精神和以改革创新为核心的时代精神，是社会主义核心价值体系的精髓。这就明确了民族精神和时代精神在社会主义核心价值体系中的重要地位。近年来，学术理论界围绕民族精神和时代精神的内涵及其相互关系、民族精神和时代精神是社会主义核心价值体系的精髓、弘扬民族精神和时代精神的具体途径等几方面展开研究和探讨。

一、民族精神和时代精神的科学内涵及其相互关系

民族精神和时代精神是一个民族生生不息、薪火相传的动力和支撑，是凝聚和鼓舞人们奋发进取的旗帜。民族精神和时代精神既是社会精神风貌的集中写照，也是激发社会活力的强大力量。近年来，学术界围绕民族精神和时代精神的科学内涵进行了以下几方面的探讨。

（一）民族精神的科学内涵

民族精神问题涉及多方面的复杂内容，科学把握民族精神的内涵是弘扬民族精神的理论基点。正如有学者指出，作为概念的"民族精神"，既是民族精神研究的基本问题，也是弘扬和培育民族精神的理论

起点。① 学术理论界对于民族精神的内涵从不同视角作出不同的阐释。一些学者从词源学角度探讨了作为概念的"民族精神"一词的意义，一些学者从哲学、历史、宗教等多个领域、多个视角进行了探讨和阐释。有学者指出，虽然对"民族精神"的概念存在多视角解读，但是要科学把握民族精神的内涵，只有在历史性与时代性、共同性与个体性、抽象性与实体性、继承性与变动性的张力关系中才能实现。②

民族精神是民族文化最本质、最集中的体现，是一个民族赖以生存和发展的精神支撑。学术界普遍认为，民族精神是一个民族漫长历史与积淀的升华，是民族优秀历史文化的灵魂。民族精神作为一个民族在长期的共同生活中和共同实践基础上形成和发展起来的为民族大多数成员所认同和接受的思想品格、价值趋向和道德规范，是一个民族的心理特征、文化传统、思想情感等的综合反映。任何一个民族，如果失去了自己的民族精神，就像一个人失去了脊梁，就不可能屹立于世界民族之林。有学者指出，民族精神是社会主义核心价值体系的重要内容，它反映了一个民族的精神文明成果，是民族复兴的基础和条件。民族精神是维系民族生存和发展的根基，是保持民族团结的纽带。③ 有学者进一步指出，民族精神主要包括民族追求的共同理想、确立的共同价值、形成的共同思维方式和共同品格，是民族意识的最高形式。④

中华民族精神博大精深，内涵丰富。学术界普遍认为，中华民族在五千多年的历史和文化发展过程中，形成了以爱国主义为核心的团结统一、爱好和平、勤劳勇敢、自强不息的伟大民族精神。其中，爱国主义是中华民族精神的核心，团结统一、爱好和平、勤劳勇敢、自强不息是中华民族精神的具体体现。有学者认为，以爱国主义为核心的中华民族精神就是由中华民族诸多优秀品质围绕爱国主义而形成的整体性范畴，是为大多数成员所认同和接受的思想品格、价值取向和道德规范的总

———————

①② 韩震. 社会主义核心价值体系研究［M］. 北京：人民出版社，2007：172.

③ 聂月岩，黄存金. 试论以爱国主义为核心的民族精神［J］. 绥化学院学报，2008 (6).

④ 吴潜涛. 论弘扬和培育民族精神［J］. 求是，2003 (19).

和。① 有学者认为，爱国主义是贯穿于中华民族精神形成与发展过程中一条鲜明而清晰的主线，中华民族精神的所有内涵都紧紧围绕爱国主义这一主线展开、丰富和发展。其中，团结统一是爱国主义精神体现在处理国家内部各兄弟民族之间、各民族成员之间关系上的要求；爱好和平是爱国主义精神体现在处理本民族与世界其他民族之间关系的要求；勤劳勇敢、自强不息是实践爱国主义精神的必要前提。它们相辅相成，共同服务于爱国兴邦这个主题。② 此外，学者们普遍认为，中国共产党是中华民族精神的继承者、弘扬者和培育者，在领导全国各族人民进行革命、建设和改革的实践中，为民族独立、国家富强、人民幸福作出了艰苦卓绝的努力，形成了自己的优良传统。中国共产党在不同历史时期培育了井冈山精神、长征精神、延安精神、抗战精神、西柏坡精神、雷锋精神、"两弹一星"精神，大庆精神、抗洪精神、北京奥运精神等。这些伟大民族精神已深深熔铸在我们的民族意识、民族品格、民族气质之中，成为各族人民团结一心、共同奋斗的价值取向和力量源泉。

爱国主义是中华民族精神的核心，是中国人民对自己祖国最深厚、最纯洁、最高尚、最神圣的情感。学者们普遍认为，爱国主义在中华民族精神中始终居于核心地位，渗透在中华民族精神的一切领域和各个方面。有学者指出，以爱国主义为核心的民族精神，支撑着中华民族五千年来的生存和发展，维系着我国多民族的团结和统一，是数千年文化积淀的宝贵精神财富。有学者认为，作为核心的爱国主义精神，是促进民族团结的重要力量，是推动人类和平的重要思想基础，是鼓舞人民艰苦创业的力量源泉，是激励人们奋发向上的精神动力。③爱国主义是一个历史范畴，在社会发展的不同时期、不同阶段，有着不同的内容。有学者论述到，在古代，爱国主义集中表现为"忧国忧民"的爱国情怀、"自强不息"的奋斗精神和"天下为公"的社会理想；在近代，爱国主义主要表现为反对帝国主义、封建主义和官僚资本主义的剥削和压迫，把黑暗的旧中国改造成为光明的新中国；在当代，爱国主义主要表现为

---

①③ 蒋笃勤，吴贵春．大力弘扬以爱国主义为核心的民族精神 [J]．思想教育研究，2008 (10).

② 韩震．社会主义核心价值体系研究 [M]．北京：人民出版社，2007：186.

热爱社会主义祖国，热爱中国共产党，自觉献身于建设中国特色社会主义伟大事业，献身于促进祖国和平统一大业。① 学者们普遍认为，爱国主义与社会主义在本质上是一致的，爱国就是要爱社会主义中国，就是要坚决维护祖国统一。在新的历史时期，爱国主义的时代主题就是建设中国特色社会主义。有学者指出，在当代中国，社会主义与爱国主义在价值取向上是一致的。爱国主义所追求的民族独立和人民民主，依靠社会主义才能变为现实；爱国主义所向往的民族统一和祖国富强，也要靠社会主义才能实现。推动社会主义事业的不断发展，爱国主义是强大的精神动力；实现祖国和民族振兴，爱国主义是强大的精神支柱。社会主义为爱国主义提供了正确的方向。发展社会主义事业需要大力弘扬爱国主义精神，爱国主义也只有在坚持中国特色社会主义道路的前提下才具有强大的生命力。②

（二）时代精神的科学内涵

时代精神是指反映或表达某一历史时期社会发展主要特点和主要趋势的社会意识，它是一个社会在最新的创造性实践中激发出来的、能够引领时代进步潮流、为社会成员普遍认同与接受的思想观念、价值取向、道德规范和行为方式，是一个社会最新精神风貌与社会风尚的综合体现。马克思指出，任何真正的哲学都是自己时代精神的精华，时代精神是一个时代精神文明的标志。有学者从时代与时代精神关系角度出发，严格阐述了时代精神的内涵。该学者从马克思主义经典作家关于"时代"的论述出发，探讨了时代精神的基本内涵。时代精神是历史时代的客观本质及其发展趋势在社会生活领域的反映，它集中体现在社会的意识形态中。真正的时代精神就是在新的历史条件下，或者说，是一个社会在最新的实践中激发出来的，体现民族特点、反映社会进步的发展方向、顺应并引领时代进步潮流、为社会成员普遍认同和接受的思想观念、价值取向、道德规范和行为方式，它体现在那个时代大多数人的

---

① 吴春贵. 高校民族精神和时代精神教育的融合 [J]. 阜阳师范学院学报（社会科学版），2007（4）.

② 韩震. 社会主义核心价值体系研究 [M]. 北京：人民出版社，2007：186.

精神风貌、民族气质、行为规范、价值追求中，是贯穿其中的原则和灵魂。时代精神是民族精神的时代性体现，民族精神是时代精神形成的基础和重要依托。① 随着改革开放的不断深入和扩大，锐意进取、敢为人先的创新精神，自主、平等、效率的观念，公平共享、着眼于人的全面发展的人文精神，以及民主、科学、法治的理念日益成为普遍共识，逐渐形成了以改革创新为核心的解放思想、求真务实、锐意改革、开拓创新的时代精神。② 有学者指出，时代精神内涵丰富，主要体现为解放思想、实事求是，与时俱进、勇于创新，知难而进、一往无前，艰苦奋斗、务求实效，淡泊名利、无私奉献的精神。③ 有学者认为，改革开放的实践催生伟大的时代精神。新时期最鲜明的特点是改革开放，最显著的成就是快速发展，最突出的标志是与时俱进。以改革创新为核心的时代精神，是马克思主义与时俱进的理论品格、中华民族富于进取的思想品格与改革开放和社会主义现代化建设实践相结合的伟大成果，已经深深地融入我国经济、政治、文化、社会建设的各个方面，成为各族人民不断开创中国特色社会主义事业新局面的强大精神力量。

改革创新是时代精神的核心。学者们大都认为，经过 30 多年的改革开放，我国在经济体制、政治体制、文化体制、社会体制以及其他方面的体制改革不断深化，理论创新、制度创新、科技创新、文化创新以及其他各方面的创新全面推进，改革创新已经成为时代发展的最强音，成为社会发展的潮流。事实证明，改革创新是我们党和国家发展进步的活力和源泉，是中国特色社会主义事业开拓前进的不竭动力。有学者指出，改革创新是我国新时期最鲜明的特点，也是时代精神的核心。围绕改革创新这个核心，时代精神有着多方面的表现形式，其基本特征体现为与时俱进，核心内涵是以人为本，基本要求是确立改革意识与发展理念、开放意识与世界思维、自主意识与民族觉悟、竞争意识与效率追求、法制意识与和谐取向等。有学者认为，改革创新是历史发展、社会进步的基础，体现了社会主义发展的本质要求，社会主义要保持强大的

---

① 韩震. 社会主义核心价值体系研究 [M]. 北京：人民出版社，2007：178.
② 同①，188.
③ 李少莉. 弘扬以改革创新为核心的时代精神 [J]. 思想政治工作研究，2008（2）.

生命力，就必须通过改革创新不断完善自己。同时，改革创新体现了时代发展的必然要求。改革创新作为时代精神的核心，大力推动着建设中国特色社会主义的历史进程。① 有学者指出，改革创新作为时代精神的核心，对中国特色社会主义建设发挥着不可替代的重要作用。改革是中国的第二次革命，通过政治体制改革，人民当家作主的地位得到了进一步体现；通过经济体制改革，社会生产力得到了健康快速发展；通过文化体制改革，文化市场实现了空前繁荣。创新是一个国家兴旺发达的不竭动力，包括文化创新、体制创新以及其他各个方面的创新。改革和创新是时代的潮流，是人心所向，大势所趋。中华民族要想在世界民族之林取得主动权，占有先机，就必须大力弘扬和培育以改革创新为核心的时代精神。② 有学者指出，以改革创新为核心的时代精神，是中华民族富于进取的思想品格以及马克思主义与时俱进的理论特征与中国革命、建设、改革实践相结合的伟大成果，是中华民族进步的不竭动力。③ 有学者指出，改革创新是中华民族进步的灵魂，是当今时代精神的核心，是党的建设事业发展壮大的重要保证。改革创新的动力源泉在于培养创新型人才。④

还有学者认为，以改革创新为核心的时代精神是中国现代化的文化动力。从现代化的动力角度看，民族凝聚力和创造力靠的是核心价值体系支撑，而社会主义核心价值体系中最具时代特征的应当是以改革创新为核心的时代精神。从一定意义上说，以改革创新为核心的时代精神是中国特色社会主义的文化特征。改革创新不仅是一种批判革命的精神，更是一种继承、开放、包容、和谐的精神，它是博大的、深刻的，反映了当前中国现代化建设的必然要求，是推进中国现代化的文化动力。⑤ 有学者指出，从历史观点来看，真正的改革创新须具备三个条件：一是

---

① 韩震. 社会主义核心价值体系研究［M］. 北京：人民出版社，2007：188–189.

② 郭红军. 先进文化建设中民族精神和时代精神构建［J］. 重庆科技学院学报（社会科学版），2009（3）.

③ 李少莉. 弘扬以改革创新为核心的时代精神［J］. 思想政治工作研究，2008（2）.

④ 郭惠玲. 弘扬以改革创新为核心的时代精神［J］. 理论与当代，2008（3）.

⑤ 王海平. 以改革创新为核心的时代精神是中国现代化的文化动力［J］. 前线，2008（4）.

自主性，真正的改革创新必然是自主创新，是战胜自我和超越自我；二是首创性，真正的改革创新必然具有"第一次"的特征；三是先进性，真正的改革创新必然顺乎文明之潮流、体现时代之脉动、展示历史之未来，因而能够独领风骚、影响深远。①

学者们普遍认为，弘扬以改革创新为核心的时代精神，必须做到以下两个方面：一是继续解放思想。要坚决克服满足现状、不思进取的思想，坚决克服因循守旧、故步自封的思想，克服惧怕困难、畏首畏尾的思想，同时要从深化对国情、世情、党情的科学认识出发，解放思想，锐意进取。二是要着眼于改革开放的具体实践。要把弘扬时代精神体现到深化改革的实践中，着力回答时代对改革提出的新课题，着力解决体制转变中的深层次矛盾和问题，推动改革不断取得新突破；要把弘扬时代精神体现到加快发展的实践中，着力把握发展规律、创新发展理念、转变发展方式、破解发展难题，提高发展质量和效益，实现又好又快发展；要把弘扬时代精神体现到推动创新的实践中，敢为人先，勇于超越，让全社会的创造活力竞相迸发，不断推出创新人才和创新成果。

（三）民族精神和时代精神的相互关系

大多数学者认为，民族精神和时代精神二者紧密相连，相辅相成，统一于社会主义核心价值体系之中，共同构成社会主义核心价值体系的精髓；同时，作为社会崇高精神的两个方面，二者既有联系又有区别。

1. 民族精神和时代精神的联系

民族精神和时代精神紧密相连。大多数学者认为，民族精神是时代精神的基础和源泉，时代精神是民族精神在各个历史时期的体现和延续，二者相辅相成、相生相融。没有民族精神作为根基，时代精神就缺乏深厚的社会历史底蕴，很难深入人心，真正体现其形象化、具体化的时代特征。同样，民族精神如果不体现时代要求、不适应社会发展，赋予自身以时代内涵，也只能是僵化的思想，不可能在现实社会实践和人类的现实精神生活中发挥引导、凝聚和激励作用。如有学者指出，民族

---

① 李少莉. 弘扬以改革创新为核心的时代精神 ［J］. 思想政治工作研究，2008（2）.

精神只有与时代发展的特点相结合，使其时代化、具体化，才能被不同历史时期的人们所认同，才能成为引领不同历史时期发展的精神潮流。时代精神也只有与民族精神相结合，才能在不同的历史时期生根并转化为民族向上的精神动力。①

二者之间如何相互联系？有学者认为，民族精神是时代精神的"源头"，时代精神是民族精神发展的线索、路径和最活跃的部分，它以一种鲜活、生动的方式规划着民族精神的现状，引导着民族精神发展的方向。② 有学者认为，民族精神只有升华为时代精神，才能使一个民族始终走在时代前列；时代精神只有生根于民族精神，才能转化为催生民族向上的不竭动力。③ 还有学者认为，民族精神是一定社会的时代精神的基础和源泉，时代精神是民族精神在各个历史时期的体现和延续。一方面，民族精神是时代精神发展的基础和源泉。时代精神的主体承担者总是一定的民族、国家，故而任何时代精神都是一种民族精神或国家精神。因此，它对现实社会及其精神生活的客观本质和发展趋势的概括，不能脱离民族精神的影响。民族精神的内在凝聚力，是时代精神形成与发展的力量源泉。民族精神作为内化于民族心理意识之中、深藏于民族文化和民族生活之内的灵魂，是深刻的、稳定的力量源泉。时代精神只有找准与民族精神的契合点，才能使一脉相承的优秀传统内核、要素，在新的时代条件下得到激活，使时代精神深深扎根于民族精神的土壤，不断获得丰富的养料。另一方面，时代精神是民族精神在各个历史时期的体现和延续。民族精神的自我否定和自我更新，就其形式来说，表现为民族精神向时代精神的不断转化。也就是说，民族精神要通过每一历史阶段、历史时代的时代精神得到表现。民族精神和时代精神的契合，就构成了促进民族奋发图强、生生不息向前发展的内在精神动力。④

---

① 马玉稳，张冬冬. 试论民族精神与时代精神的关系及其启示 [J]. 法制与社会，2008（9）.

② 韩震. 社会主义核心价值体系研究 [M]. 北京：人民出版社，2007：178.

③ 余维法. 民族精神和时代精神与社会主义核心价值体系建设 [J]. 科学社会主义，2009（1）.

④ 王冬云. 试论弘扬民族精神与时代精神的价值与意义 [J]. 吉林省社会主义学院学报，2007（1）.

民族精神和时代精神的结合，在不同的时期有着不同的具体表现形式。学者们认为，特定历史时期的时代精神与历史任务相结合，就表现为民族精神的具体表现形式，同时体现了民族精神绵延不绝的发展历程。如有学者指出，新民主主义时期，以毛泽东同志为代表的中国共产党人，为中华民族精神注入了马克思主义实践精神的时代内容，形成的压倒一切敌人、克服一切困难的"一往无前"的精神和下定决心、不怕牺牲、排除万难去争取胜利的"愚公移山"精神等，揭示了中华民族精神发展的主旋律。以邓小平同志为核心的党中央领导集体，在社会主义革命和建设时期，将共产党人在长期的革命和建设实践中形成的伟大精神概括为五种精神：革命和拼命精神，严守纪律和自我牺牲精神，大公无私和先人后己精神，坚持革命乐观主义、排除万难去争取胜利的精神。这些精神是对中华民族精神的升华与发展，也是对其认识和理解的深化与丰富。以江泽民同志为核心的党中央领导集体，结合时代发展和社会进步的要求，提出的"六十字创业精神"、"抗洪精神"等，为中华民族精神增添了新内容。① 有学者认为，新的时代条件下形成的抗灾精神是民族精神和时代精神的集中体现。以"一方有难、八方支援"、"万众一心、众志成城、迎难而上、百折不挠"、"同舟共济、共克时艰"为核心内容的抗灾精神是中华民族的亮剑精神，是民族精神和时代精神的集中显现，这在 2003 年的抗击"非典"、2008 年年初抗冰雪灾害和 2008 年 5 月的抗震救灾斗争中得到了淋漓尽致的展现。有学者指出，抗震救灾实践铸就的伟大抗震救灾精神，内涵丰富、意义深远。它展现了万众一心、众志成城的团结精神，不畏艰险、百折不挠的英勇精神，舍己为人、不怕牺牲的奉献精神，患难与共、友爱互助的大爱精神，以人为本、尊重科学的民本精神。抗震救灾精神是民族精神的集中升华，是时代精神的集中体现。②

学者们普遍认为，民族精神和时代精神相辅相成、相融相生，二者

---

① 王冬云. 试论弘扬民族精神与时代精神的价值与意义 [J]. 吉林省社会主义学院学报，2007（1）.

② 韩振峰 抗震救灾精神：民族精神和时代精神的集中体现 [J]. 思想政治工作研究，2008（9）.

统一于中华民族的精神品格之中。中华民族生生不息、薪火相传、奋发进取，靠的就是这样的精神；中华民族抵御外来侵略、赢得民族独立和人民解放，靠的就是这样的精神；在新的历史时期，抓住机遇，加快发展，尽快由贫穷走向富裕，靠的也是这样的精神；建设社会主义和谐社会，实现全面建设小康社会的宏伟目标，还是要靠这样的精神。在新的历史条件下，要把弘扬民族精神和时代精神作为发展社会主义先进文化的重要任务，使全体人民始终保持昂扬向上、奋发有为的精神状态，不断增强民族自尊心、自信心和自豪感，凝聚起实现中华民族伟大复兴的强大精神力量。

2. 民族精神和时代精神的区别

民族精神是一个民族自产生以来在自身纵向发展的历史中形成的特有的精神品格。时代精神是特定历史时期社会和民族精神的具体表现。多数学者从民族精神和时代精神的本义出发，探讨二者之间的区别。如有学者指出，民族精神与时代精神强调的重点以及涵盖的范围各有不同。民族精神强调的是文化的民族性，它表现在一个民族的全部生活实践和精神生活中，是对一个民族全部历史的提炼与概括。而时代精神强调的是文化的时代性，它体现在一个时代、多个民族的生活实践和精神生活中，是一定历史时代的社会存在的反映。[①] 有学者从文化的不同属性出发，分析了民族精神和时代精神的区别。指出作为文化的两种不同属性，民族精神侧重于文化的民族性，时代精神侧重于文化的时代性；前者是从纵向角度来审视社会文化，后者是从横向角度来审视社会文化。民族精神是时代精神的基础和渊源，时代精神是民族精神在当代的继承和发展。[②]

还有学者从民族精神和时代精神产生的基础、作用及表现的运动状态等方面展开了深入分析。该学者指出，第一，二者产生的基础不同。民族精神所体现的是整个民族的精神风貌和精神状态，它产生的基础主要是中国人民从古至今的历史文化积淀。时代精神是对具体历史时代的

---

① 韩震. 社会主义核心价值体系研究 ［M］. 北京：人民出版社，2007：178.
② 吴春贵. 高校民族精神和时代精神教育的融合 ［J］. 阜阳师范学院学报（社会科学版），2007（4）.

社会精神生活领域的反映。它产生的基础在于民族发展特定历史时期历史事件的特定历史任务。不同的历史时期铸就不同的时代精神，因此，时代精神与民族精神的不同在于，前者是更加具体的历史的民族精神意识与意志的体现。第二，二者产生的作用不同。民族精神是中华民族各个历史时期一脉相承的精神意志，因此，它作为精神形式所产生的作用会在各个历史时期发挥出来。特别是在民族危亡或者民族灾难发生的时候，民族精神是中国人民战胜敌人、战胜灾难的强大精神动力。时代精神源于特定历史时期特定的历史任务，是民族精神在具体时期细化的表现。在不同历史时期的时代精神表现为不同的内容，是激励中国人民完成特定历史任务的强大精神动力。第三，二者所表现的运动状态不同。民族精神较为稳定，它是对民族全部历史的纵向概括。千百年来的中华民族精神都是在以爱国主义为核心的指引下影响和激励人们的。时代精神会随着时代主题的变化而变化，不同的时代具有不同的时代精神，在革命战争年代的"救亡图存"精神，改革开放时期的"改革创新"精神都是在不同时代主题下不同时代精神的体现。①

二、民族精神和时代精神是社会主义核心
价值体系的精髓

民族精神和时代精神，是中华民族自强不息、发展壮大的强大精神支撑，是我们不断开辟新征程、开创未来的不竭动力，是社会主义核心价值体系的精髓。围绕这一问题，学者们主要从以下三方面展开了探讨。

（一）民族精神和时代精神在核心价值体系中的地位

学者们普遍认为，民族精神和时代精神，是社会主义核心价值体系

---

① 马玉稳，张冬冬. 试论民族精神与时代精神的关系及其启示 [J]. 法制与社会，2008 (9).

的精髓。如何理解民族精神和时代精神在社会主义核心价值体系中的这
一"精髓"地位？学者们进行了多角度、多方面的阐释。

多数专家学者从中华民族延续发展的视角阐释了"精髓"问题。
学者们认为，民族精神作为一个民族、一个国家的精神支柱，是一个政
党、一个国家、一个民族赖以存在和发展的根本前提。中华民族精神是
中华民族数千年来生生不息、奋发进取的强大精神动力，也是中国人民
在未来岁月中薪火相传、继往开来的强大精神动力。以改革创新为核心
的时代精神，是马克思主义与时俱进的理论品格、中华民族富于进取的
思想品格与改革开放和现代化建设实践相结合的伟大成果。多数学者认
为，在中国革命和建设各个历史时期，先后形成的井冈山精神、延安精
神、铁人精神、雷锋精神、"两弹一星"精神等一系列闪烁着时代光辉
的伟大精神，影响和激励着一代代中国人，深刻地改变了一个时代的面
貌。有学者指出，作为社会主义核心价值体系精髓的民族精神和时代精
神，在历史上是中华民族赢得民族独立和解放的力量源泉，在当今则是
中华民族抓住机遇、加快发展、实现中国特色社会主义共同理想的强大
精神动力。在建设社会主义和谐社会的今天，我们必须弘扬这种精神，
使社会主义核心价值体系深深扎根于民族精神的丰厚沃土，体现出浓郁
的民族特色和鲜明的时代特征。[①] 有学者指出，在全面建设小康社会、
加快推进社会主义现代化的进程中，民族精神和时代精神对于中华民族
的凝聚、激励作用越来越突出，已深深熔铸在民族的生命力、创造力和
凝聚力之中，成为社会主义核心价值体系不可或缺的一部分。[②]

一些学者从民族精神和时代精神在社会主义核心价值体系中的地位
和功能入手，深入阐释了"精髓"问题。如有学者指出，社会主义核
心价值体系作为社会主义制度的精神内核，集中体现了社会主义国家的
理想信念、价值标准和道德规范。因此，社会主义核心价值体系不是单
一的价值观，而是一个内涵丰富、相互联系的多层次的有机整体。社会
主义核心价值体系的"精髓"，体现的是社会主义核心价值体系的精华

---

① 王岩. 建设社会主义核心价值体系必须高扬民族精神和时代精神的旗帜 [J]. 马克思
主义与现实，2008（3）.

② 韩震. 社会主义核心价值体系研究 [M]. 北京：人民出版社，2007：116 – 118.

内容，是一种本质规定性。以爱国主义为核心的民族精神和以改革创新为核心的时代精神之所以是社会主义核心价值体系的精髓，就在于这样的民族精神和时代精神为社会主义核心价值体系提供了价值目标，而价值目标对社会主义核心价值体系发挥着精神旗帜的作用，具有凝聚人心和引领社会前进的功能。首先，以爱国主义为核心的民族精神能够激发全体人民共同奋斗，不断增强我们民族的凝聚力、向心力、创造力，是社会主义核心价值体系的文化根基。其次，改革创新已经成为中国的主旋律，反映了全国各族人民的根本要求，成为爱国主义的新形态与时代精神的核心。这种时代精神同以爱国主义为核心的民族精神在本质上是相互交融的，是全国各族人民团结一心、共同奋斗的价值取向，是构建社会主义和谐社会、推进中华民族伟大复兴的精神力量。弘扬民族精神和时代精神，共同构筑中华民族自立自强的精神品格，是时代发展的迫切要求，是建设社会主义核心价值体系的本质所在。把握了这一点，就把握了社会主义核心价值体系的精髓。①

一些学者从价值观的视角深刻阐述了"精髓"问题。如有学者指出，民族精神和时代精神的核心内容分别是民族价值观和时代价值观。就民族价值观来讲，爱国主义价值观是民族价值观的核心内容。在爱国主义价值观中，价值主体是中华民族、中华民族社会、中国人民；价值标准和评价标准是中华民族的生存和发展、根本利益和需要；价值目标是中华民族的伟大复兴。在当代中国，价值目标实现的基本途径是走中国特色社会主义道路，由此实现中华民族的伟大复兴，这也是中华民族和中国人民具有历史必然性的价值路径选择。因此，以爱国主义为核心的民族价值观是我国社会主义价值体系的一项基本内容。就时代价值观来讲，发展、富裕、民主、法治、公平、和谐、文明以及人的全面自由发展成为绝大多数中国人具有鲜明的时代特征的基本价值追求和价值取向，由此形成了一系列新的价值观念，如自立意识、市场意识、竞争意识、效率意识、民主法制意识、科学意识、生态意识、公平正义意识以

---

① 工炳林，阚和庆. 把握社会主义核心价值体系的精髓 [N] 光明日报，2007 – 07 – 10.

及改革意识、开放意识、开拓创新精神等，其中最核心的是改革开放时代所需要的改革意识和创新精神。这些具有鲜明时代特征的新的价值观念，是促进中华民族在中国特色社会主义道路上实现伟大复兴的精神动力。可见，以改革创新为核心的时代价值观是我国社会主义核心价值体系的一项基本内容。民族精神和时代精神是社会主义核心价值的重要组成部分，是社会主义核心价值体系的精髓。①

专家学者们认为，伟大的事业需要并产生伟大的精神，伟大的精神支撑和推动伟大的事业。民族精神和时代精神，是中华民族不断发展壮大的强大精神支撑，是我们继往开来的不竭精神动力，是社会主义核心价值体系的精髓。

（二）民族精神和时代精神与社会主义核心价值体系其他内容的关系

社会主义核心价值体系由四个方面内容所构成，是内涵丰富、有机统一的整体。作为精髓的民族精神和时代精神，必然与社会主义核心价值体系的其他三部分内容有着紧密的逻辑联系。学者们就此进行了深入探讨。

多数专家学者认为，民族精神和时代精神与社会主义核心价值体系其他内容是相互联系、相互贯通的。一些学者分别论述了民族精神和时代精神与社会主义核心价值体系其他内容的关系。如有学者认为，民族精神和时代精神与社会主义核心价值体系其他内容是有机统一的。第一，民族精神与时代精神与马克思主义指导思想在价值诉求方面相契合，坚持用发展着的马克思主义指导实践，以实现中华民族的伟大复兴为价值目标。马克思主义之所以能够在中国传播和发展，就是因为它同我们的民族精神和时代精神的最终目标是一致的，即实现中华民族的伟大复兴。以爱国主义为核心的民族精神在中国具有深厚的历史文化根基及社会心理基础，忽视或离开这一基本国情，就不可能实现马克思主义中国化。马克思主义中国化的理论成果，都是马克思主义与包括传统文化精华在内的中国实际相结合的产物，都是在中华民族精神的氛围中形

---

① 韩震．社会主义核心价值体系研究［M］．北京：人民出版社，2007：116－118．

成的。第二，以爱国主义为核心的民族精神与坚持中国特色社会主义共同理想在目标上是一致的。中国特色社会主义共同理想把当在社会主义初级阶段的目标、国家的发展、民族的振兴与个人的幸福紧密联系在一起，把各个阶层、各个群体的共同愿望有机结合在一起，有着广泛的社会共识。我们正在进行的建设中国特色社会主义是全民族的共同利益所在。第三，社会主义荣辱观是民族精神和时代精神在个体行为规范和道德标准上的要求。社会主义荣辱观融合了价值理想、文化素养、公共行为和个人修养等方面的是非判断标准，适应了当代中国社会发展和社会主义市场经济体制建设的客观要求，体现了鲜明的民族精神和时代精神。[①]

一些学者认为，作为精髓的民族精神与时代精神与社会主义核心价值体系其他三方面的内容有着内在的、本质的、逻辑的联系。如有学者认为，民族精神和时代精神具有鲜明的意识形态特征。只有坚持马克思主义在社会主义核心价值体系中的指导作用和灵魂地位，新时代的民族精神和时代精神才能体现其科学的内涵和理性的特征，才能真正升华为社会主义核心价值体系的精髓。民族精神和时代精神只有与全体社会成员的共同理想相结合，才能具有明确的目标指向和现实的实践意义，才能使社会成员自觉地投入到鲜活的社会实践中。在新的历史时期，中国特色社会主义理想是社会主义核心价值体系的主题，也是以爱国主义为核心的民族精神和以改革创新为核心的民族精神的共同目标指向。民族精神和时代精神只有以全体社会成员的道德修养和思想素质为基础，才能为全体社会成员确立主体行为的道德保障，为民族的和时代的精神树立鲜明的主体道德原则。[②] 还有学者从三方面论述了民族精神和时代精神与其他几部分内容的不可分割的联系。他指出，其一，民族精神和时代精神只有坚持马克思主义的指导地位，才能把握其正确的方向和鲜明的本质。作为中华民族五千年来生生不息、继往开来的强大精神动力，

---

① 王炳林，阚和庆. 把握社会主义核心价值体系的精髓［N］. 光明日报，2007 - 07 - 10.

② 王岩. 建设社会主义核心价值体系必须高扬民族精神和时代精神的旗帜［N］. 马克思主义与现实，2008（3）.

以爱国主义为核心的民族精神和以改革创新为核心的时代精神，在建设
中国特色社会主义伟大实践中，必然体现出鲜明的意识形态属性。以人
为本的科学发展观、构建社会主义和谐社会、建设创新型国家、社会主
义荣辱观等重大战略思想作为马克思主义在当代中国的最新发展成果，
体现了鲜明的实践特色、民族特色和时代特色。历史发展表明，民族精
神和时代精神只有坚持以马克思主义为指导，才能把握其正确的方向和
鲜明的本质。同时，马克思主义也只有融入中国的历史和时代之中，从
博大精深的民族文化和改革创新的时代精神中汲取养分，才能显示出强
大的生命力。其二，中国特色社会主义共同理想赋予民族精神和时代精
神以崭新的内涵和现实的基础。因此，民族精神和时代精神只有与新时
期全体社会成员的共同理想相结合，才能真正形成强大的感召力、亲和
力和凝聚力，成为伟大事业的强大精神动力。其三，以"八荣八耻"
为主要内容的社会主义荣辱观，囊括了爱国主义、集体主义、社会主义
和社会风尚的本质要求，体现了民族精神和时代精神的统一。坚持把民
族精神和时代精神与社会主义荣辱观相融合，才能更好地体现核心价值
体系所彰显的对真善美的追求，使得全体社会成员在开放、多元、纷繁
复杂的时代里明白应该坚持什么、反对什么，倡导什么、抵制什么，进
而在建设社会主义核心价值体系的过程中做好社会主义的新公民。①

（三）弘扬民族精神和时代精神的当代价值

民族精神和时代精神是一个民族赖以生存和发展的强大精神支柱。
一个民族、一个国家，如果没有自己的精神支柱，就等于没有灵魂，就
会失去凝聚力和生命力。大力弘扬民族精神和时代精神具有重要的社会
价值与现实意义。学者们围绕这一问题主要从以下几方面展开了集中
讨论。

1. 弘扬民族精神和时代精神有利于构建社会主义和谐社会。社会
和谐不仅意味着经济的发展、物质的富足以及社会的进步、政治的民

---

① 余维法. 民族精神和时代精神与社会主义核心价值体系建设［J］. 科学社会主义,
2009（1）.

主，还必须有精神支撑。多数专家学者认为，弘扬民族精神和时代精神有利于社会主义和谐社会的建设和发展。有学者指出，弘扬民族精神和时代精神是构建社会主义和谐社会的思想基础和精神支柱。我们要构建的社会主义和谐社会，既包括社会关系的和谐，也包括人与自然关系的和谐；既要讲以经济发展为基础的物质力量，又要讲包括民族精神和时代精神在内的精神力量，二者分别是构建社会主义和谐社会的物质基础和思想基础。民族精神和时代精神具有强大的社会凝聚力和社会整合功能，是国家稳定、社会和谐的精神基础。同时，民族精神和时代精神在一定条件下可以转化为强大的物质力量。① 有学者指出，弘扬民族精神和时代精神，是构建社会主义和谐社会，提高全民族的思想道德素质和科学文化素质的核心内容。实践证明，弘扬和培育民族精神和时代精神，提高全民族的思想道德素质和科学文化素质，对于转变社会风气、振奋民族精神、凝聚全国人民的力量、构建和谐社会具有重要作用。② 有学者论述了弘扬时代精神对于构建社会主义和谐社会，实现全面建设小康社会目标的现实意义和历史意义。该学者指出，弘扬时代精神是坚持马克思主义与时俱进理论品质的必然要求。时代精神是在继承中华民族精神的基础上，立足于当今时代的客观实际，着眼于未来发展的奋斗目标，适应时代变化、引领时代发展的一种精神力量，反映了马克思主义与时俱进理论品质的要求。弘扬时代精神是中国共产党永葆生机的不竭源泉。改革开放30多年来取得的伟大成就，就在于我们党坚持改革创新，敏锐把握时代脉搏。只有坚持改革创新、弘扬时代精神，中国共产党才能在国际风云变幻中始终走在时代前列。此外，弘扬时代精神是推动民族发展的强大动力，是在全社会真正形成尊重创造、尊重群众、鼓励创新风尚的客观需要。弘扬时代精神，就是要让解放思想、实事求是、与时俱进的精神和锐意改革、勇于创新的精神成为全社会都倡导、推崇、遵循、践履的重要价值观。③ 有学者指出，弘扬以爱国主义为核

---

① 拉珍. 大力弘扬民族精神和时代精神 [J]. 西藏发展论坛，2010 (5).

② 罗红，黄启学，苏祖纯. 构建社会主义和谐社会必须弘扬民族精神和时代精神 [J]. 桂海论丛，2005 (8).

③ 王向明. 弘扬时代精神的重大意义 [J]. 党建研究，2008 (1).

心的民族精神是构建社会主义和谐社会的精神支撑。追求和谐是中华民族传统文化的基本精神，这体现在人与社会、人与自然、人与人的关系上。在人与社会的关系中，强调"国而忘家，公而忘私"、"夙夜在公"等为集体、为国家而献身的爱国精神；在人与自然的关系中，追求"天人合一"的理想境界；在人与人的关系中，倡导"仁者爱人"、"礼之用，和为贵"的道德情怀。这些优秀传统思想对构建社会主义和谐社会将会起到积极的促进作用。①

2. 弘扬民族精神和时代精神有利于增强我国的综合国力和国际竞争力。多数学者认为，有没有高昂的民族精神，是衡量一个国家综合国力强弱的一个重要尺度。当今世界各国的竞争实质上是综合国力的竞争，综合国力的竞争不仅包括经济实力、政治实力、国防实力，也包括文化实力。要增强我国的综合国力和国际竞争力，不仅要增强我国的经济、科技和国防实力等硬实力，更要注重增强民族文化和民族精神等软实力，软实力在一定条件下是推动物质力量发展的强大动力。有学者指出，世界各民族的历史发展表明，国家的强大与发展，往往与一个民族、一个国家的民族精神不可分割。民族精神和时代精神不但可以使一个民族产生凝聚力，而且能够使一个民族具有创造力和发展力。民族精神对民族发展的推动作用，一方面表现为它能够整合民族力量，具有增强、壮大民族实力的重要功能；另一方面，民族精神中所蕴涵的健康向上、积极进取的精神因素，直接就是民族事业发展、开拓创新的力量源泉。面对不断加快的全球化进程，大力弘扬和培育以改革创新为核心的时代精神，可以充分发挥民族成员的积极性、主动性和创造性，适应世界新技术革命迅猛发展的形势，努力增强我国参与全球化的国际竞争力。② 有学者进一步论述了民族精神对提高我国的综合国力和国际竞争力的作用，提出民族精神具有动员和整合民族力量的作用，具有提高和振奋民族士气的激励作用，具有培育和打造民族品格的实践作用。③ 有

---

① 蒋德勤，吴春贵. 大力弘扬以爱国主义为核心的民族精神 [J]. 思想教育研究，2008 (10).

② 韩震. 社会主义核心价值体系研究 [M]. 北京：人民出版社，2007：196－197.

③ 吕遂峰. 试论弘扬民族精神和时代精神的社会价值 [J]. 生产力研究，2007 (22).

学者认为，大力弘扬民族精神和时代精神对提高民族凝聚力、增强国际竞争力方面具有不可替代的重要作用，它体现了民族复兴的迫切需要。改革开放以来，我们党正是通过大力弘扬民族精神和时代精神，带领人民创造了经济持续、快速、稳定增长的世界奇迹，展现了民族复兴的强大生机。在新的历史起点上，必须进一步弘扬民族精神和时代精神，使全体人民保持昂扬向上的精神状态，使全民族的创造精神和创造活力充分迸发。①

3. 弘扬民族精神和时代精神有利于引导人们树立正确的理想、信念、人生观、价值观。正确的理想、信念、人生观、价值观是形成全民族奋发向上的精神力量和团结和睦的精神纽带。新的历史时期，随着改革开放和社会主义市场经济的深入发展，中外文化交流进一步扩大，人们思想的独立性、选择性、多变性和差异性进一步增强。多数学者认为，弘扬民族精神和时代精神，对于人们塑造正确的世界观、人生观、价值观，具有价值引导作用。有学者指出，弘扬以爱国主义为核心的民族精神，可以对分散的社会力量，不同的思想观点、价值观念及其价值取向进行有机整合，使民族成员具有强烈的民族意识和群体意识，为民族和国家的整体利益自觉地调控自己的行为，把民族和国家的共同价值目标转化为个人自觉行动，最终实现个体目标与整体目标的契合。② 有学者从分析全球化带给人们的挑战入手，较为系统地论述了民族精神和时代精神对于人们形成正确的世界观、人生观和价值观的作用。经济全球化必然导致文化传播的全球化，西方发达国家凭借其雄厚的经济和政治实力以及发达的全球信息网络，大力推销它们的文化产品和价值观念，对我国实行"西化"、"分化"的渗透。这种渗透和扩张造成了民族虚无主义、新自由主义、民族分裂主义等不良社会思潮的出现，对我国人民尤其是青少年的世界观、人生观和价值观带来了极大冲击。在这种状况下，加强民族精神和时代精神教育，对于人们尤其是青少年形成

---

① 孙章陆. 论弘扬民族精神和时代精神在实现复兴理想中的重要意义 [J]. 中国电力教育，2000（9）.

② 蒋德勤，吴春贵. 大力弘扬以爱国主义为核心的民族精神 [J]. 思想教育研究，2008（10）.

正确的世界观、人生观和价值观具有重要作用，主要表现为民族精神和时代精神的导向作用、激励作用、整合作用和教化作用。[①]

4. 弘扬民族精神和时代精神是推动社会主义文化大发展大繁荣的重要内容。有学者指出，弘扬和培育民族精神，有利于促进社会主义先进文化建设，为培育以改革创新为核心的时代精神积淀资源。民族精神源于中华民族的优秀文化，这就要求以马克思主义为指导，发展民族的、科学的、大众的社会主义先进文化，不断满足人民群众日益增长的文化需求，从繁荣的文化中汲取营养，提高全民族的精神风貌。发展和繁荣先进文化是一项极为重要的任务，要求全国各族人民在建设中国特色社会主义事业的征程上，始终保持奋发有为、昂扬向上的精神状态。我们也应该在实践中不断丰富和发展民族精神，在传统的民族精神得到弘扬的同时，推动民族精神的时代创新。弘扬和培育民族精神，一是有利于增强我国公民的爱国意识，增强民族自豪感和自信心。应该把弘扬民族精神、激发爱国热情，与我国当前的现实任务紧密结合起来。每一位中华儿女都应该以自己的所能，从民族精神中汲取营养，为实现当前的历史使命作出自己的贡献。[②] 有学者指出，加强民族精神和时代精神教育是推动文化大发展大繁荣的重要内容。社会主义文化建设的一个重要职责就是要为我们的民族和人民提供强大的精神动力，并以此凝聚和激励全国各族人民为实现中华民族伟大复兴而奋斗。大力弘扬和培育符合时代和社会发展方向的民族精神和时代精神，是 21 世纪我国文化建设的重要任务。[③]

5. 弘扬民族精神和时代精神是加强党的建设的内在要求。有学者认为，中国共产党是社会主义事业的坚强领导核心，加强党的自身建设至关重要。在新的历史条件下，中国共产党不仅要继续经受执政的考验，而且面临着改革开放和发展社会主义市场经济的考验，面临着反对

[①]　段美，欢佩君. 论民族精神和时代精神的价值选择作用 [J]. 前沿，2010 (11).

[②]　聂月岩，黄存金. 试论以爱国主义为核心的民族精神 [J]. 绥化学院学报，2008 (6).

[③]　陈再生. 高校加强民族精神和时代精神教育的思考 [J]. 思想政治教育研究，2008 (11).

和平演变的考验。中国共产党由小到大，由弱到强，民族精神的作用不可忽视。在政治多极化和经济全球化的大背景下，中国共产党要更好地完成自身的历史使命，就必须弘扬民族精神，居安思危，经得住各种考验，永葆共产党人的政治本色。①

三、弘扬民族精神和时代精神的途径

以爱国主义为核心的民族精神和以改革创新为核心的时代精神，既深深扎根于民族优秀传统文化的丰厚沃土，又符合时代潮流，集中体现了社会主义核心价值体系的民族性和时代性。建设社会主义核心价值体系，必须采取多种途径大力弘扬民族精神和时代精神，学者们对此展开了多方面探讨。

（一）将民族精神和时代精神教育纳入国民教育和精神文明建设、和谐社会建设全过程

党的十六大报告指出，必须把弘扬和培育民族精神作为文化建设极为重要的任务，纳入国民教育和精神文明建设全过程，使全体人民始终保持昂扬向上的精神状态。有学者认为，国民教育具有系统性和广泛性的特点，是弘扬民族精神和时代精神的重要途径。青少年是教育的重点。学校教育要把民族精神和时代精神教育贯穿到各级各类学校教育中去，积极探索适合学生特点的教育形式，开展丰富多彩的教育活动，使学生树立和增强国家意识、团结意识、自强意识、科学意识、民主意识、法制意识、创新意识等现代思想观念。弘扬民族精神和时代精神与社会主义精神文明建设的价值取向是一致的，既是社会主义精神文明建设的重要内容，又是社会主义精神文明建设的重要途径。② 有学者认为，在建设社会主义核心价值体系的过程中，要积极发挥民族精神和时

---

① 聂月岩，黄存金. 试论以爱国主义为核心的民族精神 [J]. 绥化学院学报，2008 (6).

② 拉珍. 大力弘扬民族精神和时代精神 [J]. 西藏发展论坛，2010 (5).

代精神整合功能，不断增强人民群众对中国共产党领导的中国特色社会主义改革开放事业的信念和信心，充分调动社会各方面力量，充分调动人民群众建设社会主义的积极性，把社会主义核心价值体系建设的意识融入国民精神教育和精神文明建设的全过程，贯穿于现代化建设的各个方面。①

有学者提出，应该将弘扬民族精神和时代精神渗透到社会主义精神文明建设的各个方面，真正做到以科学的理论武装人，以正确的舆论引导人，以高尚的精神塑造人，以优秀的作品鼓舞人，从而促进人的全面发展和社会的和谐。要在全民中普及中华民族历史知识，进行革命传统教育，增强全民族的民族自尊心、自信心和自豪感；进行党的路线方针政策和社会主义现代化成就的教育，增强全民族的社会主义信念和对党的信任；进行世界发展趋势和国际形势教育，帮助人们了解世界发展的现状和我国面临的挑战，增强紧迫感、使命感和社会责任感。② 有学者指出，西方资本主义国家将"西化"、"分化"的重点放在青少年一代。从某种意义上说，我们与西方敌对势力的斗争就是争夺青少年一代的斗争。能不能做好青少年的民族精神教育工作，赢得青少年一代，关系着中华民族的前途和命运。这就要求我们在提高青少年科学文化素质的同时，更应该让他们了解和学习祖国的历史和灿烂文化，提高民族自尊心、自信心和自豪感，增强爱国意识；同时，还要教育青少年增强鉴别力、自觉抵制西方腐朽思想的侵蚀。③

有学者强调，把民族精神和时代精神的培育落到实处，要抓好教育，要从娃娃抓起，从每一个人抓起，从人们日常行为举止抓起，培育和造就一代又一代"四有新人"和公民；另一方面要把弘扬和培育民族精神和时代精神作为一项长期的基本任务，贯穿于精神文明建设以及

① 王冬云. 试论弘扬民族精神与时代精神的价值与意义［J］. 吉林省社会主义学院学报，2007（1）.
② 拉珍. 大力弘扬民族精神和时代精神［J］. 西藏发展论坛，2010（5）.
③ 聂月岩，黄存金. 试论以爱国主义为核心的民族精神［J］. 绥化学院学报，2008（6）.

和谐社会构建的各个方面及全过程，渗透到群众性精神文明的创建活动中。①

有学者认为，将民族精神和时代精神教育纳入国民教育和精神文明建设、和谐社会建设全过程，还要注重从丰富和发展民族精神和时代精神本身的角度抓起。一要与时俱进地推动民族精神的丰富、发展和创新。在新的历史条件下，我们要继续保持和发扬与时俱进的民族精神，必须始终保持昂扬向上的精神状态，为不断开拓民族精神，包括培育开放精神、竞争精神、科学精神、民主精神、团结精神、兼容精神、理性精神等民族精神，使之富有时代气息，顺应时代的潮流。二要用民族精神和时代精神凝心聚力，增强建设社会主义核心价值体系的凝聚力和号召力。要不断发掘、整理、倡导和传播优秀的民族精神，不断丰富民族精神的内涵，不断增强社会主义文化的吸引力和感召力，带动整个民族精神境界的提升和精神面貌的更新。要旗帜鲜明地坚持以马克思列宁主义、毛泽东思想、邓小平理论、"三个代表"重要思想为指导，全面贯彻落实科学发展观，坚持以爱国主义、集体主义、社会主义的思想道德为核心，正确处理新文化与传统文化、外来文化的关系，努力体现发展面向现代化、面向世界、面向未来的，民族的、科学的、大众的社会主义文化的新要求。三要从新的社会实践总结和提升出能够体现民族品格与时代进步相统一的理念与价值，不断丰富社会主义核心价值体系的内涵。在抗震救灾过程中形成的伟大抗震救灾精神，其体现出来的是新时期人文精神的全貌，是民族精神和时代精神的具体体现，它赋予了社会主义核心价值体系新的时代内涵。②

（二）要着眼于先进文化建设，既要积极吸收和借鉴人类文明有益成果，又要深入进行中华民族优秀传统文化教育

一些学者从建设先进文化角度提出，弘扬民族精神和时代精神必须

---

① 罗红，黄启学，苏祖纯. 构建社会主义和谐社会必须弘扬民族精神和时代精神 [J]. 桂海论丛，2005（4）.

② 佘维法. 民族精神和时代精神与社会主义核心价值体系建设 [J]. 科学社会主义，2009（1）.

把握历史方位，具有世界眼光，既传承历史文化的精华，又体现时代进步的要求。有学者认为，弘扬民族精神和时代精神，要正确处理古今中外文化的相互关系，既要传承优秀文化传统，发扬党领导人民在长期革命斗争和建设实践中形成的优良传统；又要立足改革开放和现代化建设的实践，着眼世界文化发展前沿，汲取世界各民族有益的精神成果，丰富和发展中华民族精神。弘扬民族精神，不是要闭关自守，搞狭隘的民族主义；弘扬时代精神，也不意味着可以搞历史虚无主义。在实际工作中，应遵循取其精华、去其糟粕的原则，结合新的时代和实践要求，结合人民群众精神文化的需要，积极进行文化创新，努力繁荣先进文化，把亿万人民紧紧吸引在中国特色社会主义文化的伟大旗帜下。① 有学者认为，弘扬民族精神和时代精神，要善于吸纳世界文化之精华，丰富民族精神和时代精神的内涵。应当充分利用经济全球化和先进信息技术飞速发展的有利条件，吸收和借鉴世界民族文化传统的优秀成果和有益因素，善于学习人类一切优秀成果来充实、健全我们自己的精神世界。对外来文化和其他民族精神的选择，要充分发挥主观能动性，保持应有的自觉意识。我们的借鉴不是全面吸收，更不是全盘西化，要反对西方的利己主义、个人主义、虚无主义、拜金主义等观念和思潮。②

　　一些学者从加强文化安全意识角度论述了弘扬民族精神和时代精神的途径。如有学者在深刻分析了当前文化建设面临的复杂时代背景后指出，当今世界各种思想文化相互激荡，意识形态领域的斗争错综复杂。建设和谐文化，维护文化安全，已经上升为维护国家安全的一项重要任务。西方资本主义从来没有放弃过对我国进行和平演变，他们不但凭借经济、科技、军事优势粗暴干涉别国内政，而且对广大发展中国家进行文化渗透。能否顶得住超级大国文化霸权的压力，有效地抵制西方文化思想的渗透，保持中华文化的强大生命力，这关系着中华民族的前途和

---

① 拉珍. 大力弘扬民族精神和时代精神［J］. 西藏发展论坛，2010（5）.

② 罗红，黄启学，苏祖纯. 构建社会主义和谐社会必须弘扬民族精神和时代精神［J］.
桂海论丛，2005（4）.

命运，关乎社会主义的前途和命运。① 在此基础上，一些学者提出，弘扬民族精神和时代精神要深入进行中华民族悠久文明史和优秀文化的宣传教育。要通过丰富多彩的形式，对人民特别是青少年进行中国历史尤其是近现代史的教育，让人民了解中华民族悠久灿烂的传统文化和对世界文明的卓越贡献，了解中华民族历经磨难而自强不息的历史过程，了解中国人民争取独立和富强的辉煌业绩。通过宣传教育，使人们认识到继承中华优秀传统文化和民族精神的重要性。②

（三） 充分发挥课堂教学的主渠道、主阵地作用

许多学者从加强高校教育的角度，论述了加强民族精神和时代精神教育的具体途径。专家学者们认为，要充分发挥课堂教学的主渠道、主阵地作用，加大对青年学生进行民族精神教育的力度；思想政治理论课要把弘扬民族精神和时代精神作为思想政治教育的重要任务，其他各门课程也要结合自身特点，将民族精神和时代精神教育渗透到课程教学中。如有学者提出了教学的具体路径：第一，高校民族精神和时代精神教育应充分发挥思想政治理论课的主导作用。思想政治理论课可以利用自身的理论优势，在大学生中深入进行爱国主义、集体主义、社会主义思想教育、传统文化和传统道德教育、形势政策教育，引导其增强民族自尊心、自信心，增强社会责任感、使命感，使之成为民族精神的传承者、时代精神的开拓者、社会主义的建设者。第二，应充分发挥专业课程的渗透作用。广大教师要充分认识到教书育人的神圣职责，以高度负责的精神，把民族精神和时代精神的教育融入大学生专业学习的各个环节，渗透到教育、科研和社会服务各个方面。要深入挖掘各类课程的积极因素，把传授专业知识和激发爱国热情、培养改革精神、提高创新能力有机结合起来；要利用科研训练，培养学生求真务实、严谨治学的态度和品质，提高科学素养；要结合社会服务，着力培养大学生的社会责

---

① 聂月岩，黄存金. 试论以爱国主义为核心的民族精神 ［J］. 绥化学院学报，2008
（6）.

② 罗红，黄启学，苏祖纯. 构建社会主义和谐社会必须弘扬民族精神和时代精神 ［J］.桂海论丛，2005（4）.

任，明确自我在社会中的位置。第三，应充分发挥校园文化的熏陶作用。在校园文化建设过程中，要充分利用中华民族的优秀文化遗产，引导学生要通过读书修身等活动，增强大学生对祖国历史和文化的了解，让优秀文化遗产扎根学生心田；要在大学生中广泛宣传英雄人物的事迹，大力弘扬以改革创新为核心的时代精神；要在大学生中开展社会主义荣辱观教育，提高他们辨别是非、美丑的能力；要发挥广大教师的表率作用，在全体教师中大力倡导爱岗敬业、无私奉献、追求真理、热爱科学的精神，引导教师用学术魅力和人格魅力教育学生、感染学生。①

一些学者还从高校加强民族精神和时代精神的内容及方式方法上展开探讨。如有学者认为，高校开展民族精神和时代精神教育，内容上要重点突出两方面的教育，一是突出爱国主义和改革创新精神教育；二是突出进行实事求是作风和艰苦奋斗精神的教育。在大学生中开展这两方面的教育，有利于他们养成实事求是的工作作风，踏踏实实地干好自己的事业；有利于他们更加清醒地认识国情，迎难而上，树立科学发展观，为全面缩短与发达国家的差距奋斗；方式方法上要实现教育内容和形式的统一，讲求教育实效，还要注重创新教育平台，构筑网络化教育模式，用体现民族精神和时代精神的教育内容统领校园文化建设，积极探索新形势下民族精神和时代精神教育进网络、进第二课堂、进公寓的途径与方法。②

有学者认为，民族精神和时代精神教育，重点要引导大学生消除大学生民族价值观和时代价值观的误区。一要加强对大学生的传统文化教育，主要从三方面着手，即实现传统与现代的和谐结合、营造良好的传统文化氛围，还要采取大学生乐于接受的方式。二是加强集体教育，这对消除大学生在责任意识、创新意识、独立人格以及竞争意识上的缺失具有积极作用。③ 有学者对大学生在社会实践中如何弘扬这两种精神进行了研究，认为大学生在社会实践中应具备理性、自信、开放和宽容的态度和准则，以此来弘扬民族精神和时代精神。主要是以马克思主义为

---

① 吴春贵. 高校民族精神和时代精神教育的融合 [J]. 阜阳师范学院学报, 2007 (4).
② 陈再生. 高校加强民族精神和时代精神教育的思考 [J]. 思想教育研究, 2008 (11).
③ 欧江. 论大学生民族精神和时代精神的健康发展 [J]. 南昌高专学报, 2009 (1).

指导开阔视野，以中国特色社会主义共同理想确定目标，以爱国主义伟大旗帜引导言行，以改革创新为核心强化精神动力，以社会主义荣辱观规范行为。大学生只有在社会主义核心价值体系引领下，努力做到视野开阔、目标正确、心聚神凝、动力充足、行为规范，才能在社会实践中以民族精神和时代精神为内在动力，促进自我的全面发展。①

（四）要在"实"上下工夫

一些学者认为，弘扬民族精神和时代精神不能停留于口头，而要重实践，重实效，在"实"字上下工夫。有学者指出，要充分利用现实中民族精神和时代精神的载体，如传统节日、纪念日、爱国主义教育基地等，采取形象、生动的教育手段。同时注重受教育者的情感体验和生活实践，知行统一，做到把个人的事业发展、道德提升与弘扬民族精神和时代精神相统一。要重视制度建设，对弘扬民族精神和时代精神进行整体规划与部署，制定相应的机制，防止只重形式而忽视内涵建设。要结合时代的变化和受教育者的特点，不断创新教育的形式和内容，注重寓教于情、寓教于理，让民族精神和时代精神深入人们的心灵深处，成为人们和谐团结、共同奋斗的精神纽带。② 还有学者认为，弘扬民族精神和时代精神，必须同谋求国家的繁荣富强紧密联系起来，同实现全面建设小康社会的宏伟目标紧密联系起来，同争取中华民族更加远大的前程紧密联系起来，自觉把民族精神和时代精神转化为振兴中华、造福人民的实际行动。面对当前竞争激烈、复杂多变的国际环境和十分繁重的改革任务，我们必须以社会主义核心价值体系引领和提升民族精神和时代精神，在大力推进和谐文化建设中，坚持马克思主义在意识形态领域的指导地位，牢牢把握社会主义先进文化的前进方向，倡导和谐理念，培育和谐精神，进一步形成全社会共同的理想信念和道德规范，打牢全

---

① 潘俊英. 民族精神和时代精神：大学生社会实践的精神动力 [J]. 广西社会科学，2011（1）.

② 王炳林，阚和庆. 把握社会主义核心价值体系的精髓 [N]. 光明日报，2007 - 07 - 10.

党、全国各族人民团结奋斗的道德基础。^① 有学者指出，弘扬民族精神
和时代精神，建设社会主义核心价值体系，还要从新的社会实践中总结
提炼出能够体现民族品格和时代进步相统一的理念与价值。中华民族在
经历了 2008 年"5·12"汶川大地震后，形成的"万众一心、众志成
城、不畏艰险、百折不挠、以人为本、尊重科学"伟大抗震救灾精神，
体现了新时期人文精神的全貌，赋予了民族精神和时代精神新的时代内
涵，也赋予了社会主义核心价值体系新的时代内涵。^②

（五）要注意处理好几方面的关系

有学者认为，构建民族精神和时代精神应把握好几方面的关系：一
是必须把握继承优良传统与改革创新的关系。弘扬和培育民族精神和时
代精神，应深入挖掘和整理中华民族精神的历史资源，坚持取其精华、
去其糟粕的原则，立足当代实践，立足时代和民族的需要，立足改革开
放和现代化建设的需要，使民族优秀传统不是停留在书本上，而是成为
现实的思维方式、价值观念、行为规范的组成部分。同时要在创造中继
承，在推陈中出新。二是必须把握其与社会主义核心价值体系其他内容
的关系。社会主义核心价值体系是一个内涵丰富、相互联系、相互贯通
的多层次的有机整体。作为其精髓的民族精神和时代精神与其他三方面
的内容有着必然联系。弘扬和培育民族精神和时代精神必须坚持马克思
主义的指导思想，必须与全体社会成员的共同理想相结合，必须与树立
社会主义荣辱观相结合。三是必须把握坚持和借鉴的关系。首先要坚持
中华民族的价值观，始终保持中华民族的风格和中国特色。同时，应坚
持"以我为主，为我所用"的原则，借鉴其他国家和民族的优秀成果，
进一步彰显民族性格与中国特色。四是必须把握点和面的关系。所谓
点，就是要抓住两个重点，即重点工作和重点人群。当前应重点抓好三
方面的重点工作：一是抓好教育的改革和发展工作，把构建民族精神和
时代精神纳入国民教育全过程；二是抓好以思想道德建设为主要内容的

---

① 拉珍. 大力弘扬民族精神和时代精神 [J]. 西藏发展论坛，2010 (5).
② 余维法. 民族精神和时代精神与社会主义核心价值体系建设 [J]. 科学社会主义，
2009 (1).

精神文明建设，把构建民族精神和时代精神纳入精神文明建设全过程；二是抓好党的建设新的伟大工程，以党的建设的成果促进民族精神和时代精神的构建。所谓面，就是指必须大力营造构建民族精神和时代精神的社会氛围。必须整合各种教育资源、教育途径、方法和载体，营造浓厚的社会氛围。① 有学者认为，弘扬民族精神和时代精神必须树立科学的态度，正确认识和处理改革创新与继承传统的关系，对外开放中吸收和抵制的关系，普遍与特殊的关系。②

此外，还有学者从宏观建设视角探讨了弘扬民族精神和时代精神的具体途径问题，主要从以下几个方面展开论述：坚持用马克思主义的科学理论来指导弘扬和培育民族精神的实践，不断推进弘扬和培育中华民族精神的指导理论的创新，保证弘扬和培育民族精神的正确方向；加强弘扬和培育中华民族精神的制度建设，进一步完善政治、经济、文化制度相协调的社会基本制度体系，注重弘扬和培育中华民族精神的制度与机制建设，为弘扬和培育中华民族精神营造优良的社会环境，提供有力的制度保障；通过精神文明建设等移风易俗的途径改造日常生活，构建日常生活和非日常生活相协调的和谐生活，为弘扬和培育中华民族精神提供肥沃的生活土壤；紧扣中华民族伟大复兴的实践脉搏，将弘扬和培育民族精神与民族伟大复兴有机统一起来，在实现民族复兴的实践中改造国人精神世界，在弘扬和培育民族精神的过程中为民族复兴提供强大的精神动力。③

四、简要评析

民族精神和时代精神，是中华民族自强不息、发展壮大的强大精神

---

① 陈秀鸿. 民族精神和时代精神构建中若干关系的把握［J］. 重庆文理学院学报，2011
(1).

② 孙章陆. 论弘扬民族精神和时代精神在实现民族复兴理想中的重要意义［J］. 中国电力教育，2008（5）.

③ 吴潜涛，冯秀军. 弘扬和培育中华民族精神的基本途径［J］. 北京大学学报（哲学社会科学版），2006（5）.

支撑，是我们不断开辟新征程、开创未来的不竭精神动力，是社会主义核心价值体系的精髓。学术界对"民族精神和时代精神是社会主义核心价值体系的精髓"这一问题的研究，内容全面，重点突出，取得了积极的成果，主要有以下几个特点。

一是论点统一而鲜明。建设社会主义核心价值体系，是党的十七大提出的一项重大战略任务，是深入贯彻落实科学发展观的重要举措。社会主义核心价值体系是社会主义意识形态的本质体现。在新的历史条件下建设社会主义核心价值体系，就是要通过在全社会构建起全体社会成员广泛认可的社会主义核心价值理念，推动全社会坚持统一的指导思想，形成共同的理想信念和良好的道德风尚，凝聚起推进改革开放和中国特色社会主义现代化建设的强大精神力量。以爱国主义为核心的民族精神和以改革创新为核心的时代精神，是社会主义核心价值体系的精髓，这个论断得到了学者们的普遍赞同。从以上综述中不难发现，不论是论及民族精神和时代精神的内涵、地位，还是论及其与社会主义核心价值体系其他几方面内容的关系，学者们大都持积极肯定的观点，对民族精神和时代精神在社会主义核心价值体系中的精髓地位给予了高度认同。

二是论述重点较为集中。学者们对民族精神和时代精神的研究主要集中在探讨它的科学内涵、它在社会主义核心价值体系中的地位及社会价值、弘扬民族精神和时代精神的具体途径三个方面，抓住了问题的核心和重点，有利于研究的深入和实践的推进。在这三方面的阐释和论述中，尤以弘扬民族精神和时代精神的途径研究更为集中。建设社会主义核心价值体系的根本目的，是为全面建设小康社会、加快推进社会主义现代化建设提供坚实的思想保证，为实现中华民族伟大复兴提供强大的精神支撑。学者们把研究的重点集中在推进社会主义核心价值体系建设的具体途径上，这表明学者们注重理论研究的现实指向和应用性，着力于理论研究为解决现实问题服务。

三是论述范围较为全面。学者们对这个问题的研究几乎涵盖了这一问题所能涉及的方方面面。从广度看，研究涉及了概念的界定、内涵的阐释、地位及作用的分析、途径的探讨等。如学者们深入研究了民族精神和时代精神的概念，认真分析了民族精神和时代精神的内涵、范畴及其相互联系，深入研究了民族精神和时代精神在建设社会主义核心价值体系中的地位与作用，广泛探讨了弘扬民族精神和时代精神的各种途径，从理论上、思想认识上阐释了民族精神和时代精神是什么，为什么是建设社会主义核心价值体系的精髓，以及如何弘扬这两种精神的问题，为建设社会主义核心价值体系的实践活动提供学理支撑。从深度看，学者们较为集中地对民族精神和时代精神的概念与范畴、内涵与外延等基础理论问题进行了探讨分析，进一步深化了社会主义核心价值体系的精髓的基础理论研究。

诚然，关于民族精神和时代精神的研究也存在一些不足。这主要体现在以下几方面：一是整体性研究不够。民族精神和时代精神虽然是社会主义核心价值体系的精髓，也是这一问题研究的重点。但是，作为精髓的民族精神和时代精神也只有在与其他三方面内容的紧密联系和相互作用中，才能真正体现其作为"精髓"的地位和作用。学者们的研究多集中于民族精神和时代精神本身的论述，而对它们与其他几方面内容的关系的研究，无论是内涵、地位及作用，还是途径方面，都明显不足。二是研究的深度不够。如我们强调的民族精神和时代精神是有重点的，前者以爱国主义为核心，后者以改革创新为核心，并且都突出强调时代性。从目前的研究状况来看，学术界对于新时期的爱国主义精神和新时期的改革创新精神的内涵和要求的研究，多为泛泛论述，研究深度不够。如对于民族精神和时代精神作为精髓问题的研究，在解释"为什么"的问题上明显乏力。三是实践性研究不够。学术界的研究多集中于理论上的探讨，而弘扬民族精神和时代精神从实质上讲是一种社会实践行为，需要全社会、需要每个人将其内化为自身言行，转化为建设社会主义核心价值体系的实际行动。因此，我们的理论研究应该以指导实践为出发点和落脚点。

鉴于上述分析，结合建设社会主义核心价值体系的要求，要进一步推进民族精神和时代精神研究，我们还要在以下几方面作出努力。

一要加强整体性研究。社会主义核心价值体系内涵丰富、意蕴深厚，是一个有机统一的整体。建设社会主义核心价值体系，必须从整体上把握社会主义核心价值体系的内容、结构和特征。以爱国主义为核心的民族精神和以改革创新为核心的时代精神是社会主义核心价值体系的精髓。可以说抓住了精髓，就抓住了建设社会主义核心价值体系的一个重要问题。然而，在建设社会主义核心价值体系过程中，马克思主义指导思想、中国特色社会主义共同理想、社会主义荣辱观这三个方面的内容也各具功能、各有侧重，与民族精神和时代精神一起构成了科学严谨、完整系统、有机统一的社会主义核心价值体系的整体。也就是说，建设社会主义核心价值体系，这四个方面内容不可分割、不可或缺。学者们集中研究了民族精神和时代精神的相互联系，起到了很好的研究阐释作用，但对它们与其他三方面内容的联系研究则较少，在以后的研究中还需要进一步加强，以此形成整体研究的合力。如在关于"途径"问题的研究上，研究重点不仅仅在于探讨弘扬民族精神和时代精神的途径，更重要的是要以此为重点，将马克思主义指导思想、中国特色社会主义共同理想、社会主义荣辱观的研究渗透其中，将几方面的实践紧密结合，这样才能找到更加科学的实践途径。

二要拓展理论研究的深度。理论指导行动。科学的理论具有积极的社会导向作用，是推动社会实践发展的强大动力。学术理论界对于作为精髓的民族精神和时代精神的研究，集中在"是什么"、"为什么"、"怎么办"几个方面，突出了研究的重点，但其研究的深度还不够。理论只有说透，才有说服力，才能为人们所掌握，转化为指导社会实践的强大动力。如关于"是什么"问题的研究，涉及的是民族精神和时代精神的科学内涵。阐明内涵，是理解民族精神和时代精神是社会主义核心价值体系的精髓的理论基础，至关重要。而作为概念形态的民族精神和时代精神的形成，由于涉及历史的更迭和延续，民族文化的交融和传承，非常复杂。因此，要讲清楚几千年民族精神的内涵，也并非易事。中华民族精神博大精深，内涵丰富，目前的几种概括，是不是反映了最精华和最具价值的内容？而对于爱国主义、团结统一、爱好和平、勤劳勇敢、自强不息这些内容，在新的历史条件下，是否具有新的时代内涵？能否体现我们这个时代的特点？又如关于"为什么"问题的研究，涉及的是民族精神和时代精神的地位问题及其社会价值。这是个极其重要的问题，旨在向人们阐释清楚两个大问题：为什么说民族精神和时代精神是社会主义核心价值体系的精髓？弘扬民族精神和时代精神有怎样的社会价值和现实意义？对此，中央已有定论。但是，如何深入浅出地阐释中央精神？如何真正让人们理解这一问题？这是理论工作者应该进一步思考的。再如关于"为什么"问题的研究，涉及落实的问题。在解释清楚"是什么"和"为什么"的基础上，关键就在于落实。如果只是口头上或理论上的泛泛而谈，无异于"空中楼阁"，就不会对群众产生吸引力。既然关键在落实，那么理论研究就应紧密结合当前改革开放和社会主义现代化建设的实际，深入思考弘扬民族精神和时代精神的办法、措施和途径。理论研究应充分反映社会各界的看法，结合人民群众的实际开展研究，以此才能真正推动理论研究的深化。

三要推进实践性研究。马克思曾经说过，理论一经被群众掌握，就会产生强大的威力。换句话说，理论只有为群众所掌握，只有与社会实践相结合，才具有生命力。弘扬民族精神和时代精神，建设社会主义核心价值体系，不能仅仅停留在口头上，也不能仅仅停留于文字中，而需要通过理论工作者的研究，把中央的精神真正转化为指导全体社会成员的实践行为。从目前学者们的研究状况看，理论上阐释和探讨居多，而在实施层面上的关注和研究较少。弘扬民族精神和时代精神，更需要理论与实践相结合，把民族精神和时代精神切实转化为社会成员的一种自觉意识和自觉行为，这样才能真正起到理论引领的作用。就民族精神和时代精神的弘扬来讲，重点要加强实践性研究，尤其要加强对弘扬的"途径"和实践环节的研究。目前学者们的研究多集中于国民教育、高校教育及文化教育等教育领域，对如何践行落实到现代化建设各个方面的研究较少。学习的目的在于运用。理论研究的目的也在于实际应用。研究弘扬民族精神和时代精神，应结合改革开放和社会主义现代化建设的伟大实践，将眼光深入到改革的第一线，深入到经济领域的前沿，深入到人民群众的日常生活中，通过引入一些案例性和实证性研究，拓展理论研究的深度，避免空洞的说教，增强理论的感染力和说服力，增强社会主义核心价值体系的实践效果，使理论研究更好地服务于社会主义现代化建设的实践活动。

建设社会主义核心价值体系是一项基础性、系统性工程。加强以爱国主义为核心的民族精神和以改革创新为核心的时代精神研究，是社会主义核心价值体系建设的重要内容。理论工作者应把作为精髓的民族精神和时代精神的研究，放在整个社会主义核心价值体系建设的系统工程中加以思考，不断深化研究，推出更多更好的研究成果，扎实推进社会主义核心价值体系建设，为全面建设小康社会、加快推进社会主义现代化建设提供精神动力和智力支撑。

第五章 关于"社会主义荣辱观是社会主义核心价值体系的基础"的研究

　　确立和实践社会主义核心价值体系，必须以全体社会成员的思想修养和道德素质为基础。以"八荣八耻"为主要内容的社会主义荣辱观，是中华民族传统美德、优秀革命道德与时代精神的有机融合，是对社会主义思想道德体系全面系统、准确通俗的表达，体现了社会主义道德的与时俱进。社会主义荣辱观确立了人们行为的价值尺度和准则，旗帜鲜明地提出了在社会主义社会里什么是真善美、什么是假恶丑，告诉人们应当坚持和提倡什么、反对和抵制什么，从而为全体社会成员判断行为得失、作出道德选择提供了价值标准。同时，社会主义荣辱观贯穿社会生活各个领域，涵盖个人、集体、国家三者关系，覆盖各个利益群体，涉及人生态度、公共行为、社会风气的方方面面，既有先进性导向，又有广泛性要求，已经成为并将继续成为引领社会风尚的一面旗帜。在社会主义核心价值体系中，社会主义荣辱观以规范基本行为的方式涵盖了社会主义核心价值体系其他三个方面的内容并使之具体化，从而让社会主义核心价值体系落到实处，有了依托，也使得人们的践行有了遵循。因此，社会主义荣辱观是社会主义核心价值体系的基础。

　　从 2006 年 3 月胡锦涛发表关于树立社会主义荣辱观的重要讲话，到党的十六届六中全会社会主义荣辱观被纳入社会主义核心价值体系成为社会主义核心价值体系的重要组成部分，再到党的十七大提出把建设社会主义核心价值体系作为一项重大战略任务和深入贯彻落实科学发展观的重要举措，社会主义荣辱观一直是社会各界学习、研究和宣传的理论热点。据不完全统计，到 2011 年上半年为止，国内已出版宣传和研究社会主义荣辱观的著作百余部，发表文章万余篇（以"荣辱观"为关键词，能够在中国期刊全文数据库查到论文 7736 篇，其中核心期刊 901 篇；能够在重要会议论文数据库查到论文 250 篇；能够在重要报纸全文数据库查到论文 12945 篇）。这些成果从不同角度和侧面对社会主义荣辱观及其在社会主义核心价值体系中的基础性地位等进行了全面深入的研究和探讨，极大地推动了社会主义荣辱观的学习和实践。

一、社会主义荣辱观的内涵、结构与定位

"荣"、"辱"是一对基本道德范畴，"荣"即荣誉，"辱"即耻辱，二者相比较而存在，相斗争而发展。荣誉是指社会对个人履行社会义务所给予的褒扬与赞许以及个人所产生的自我肯定性心理体验；耻辱是指社会对个人不履行社会义务所给予的贬斥与谴责以及个人所产生的自我否定性心理体验。荣辱观是人们对荣辱问题的根本看法和态度，是一定社会思想道德原则和规范的体现和表达。荣辱观具有时代性和阶级性，不同时代、不同阶级、不同利益集团都有自己的荣辱观。社会主义荣辱观的主要内容是：以热爱祖国为荣、以危害祖国为耻，以服务人民为荣、以背离人民为耻，以崇尚科学为荣、以愚昧无知为耻，以辛勤劳动为荣、以好逸恶劳为耻，以团结互助为荣、以损人利己为耻，以诚实守信为荣、以见利忘义为耻，以遵纪守法为荣、以违法乱纪为耻，以艰苦奋斗为荣、以骄奢淫逸为耻。以"八荣八耻"为主要内容的社会主义荣辱观是一个重要的理论命题，具有丰富的科学内涵。在已有的研究中，学者们主要从以下三个角度对社会主义荣辱观进行了阐发：条分缕析具体内容，全面梳理逻辑结构，深入探讨领域定位。

（一）社会主义荣辱观的具体内容

1. 二分法。有学者从内容上把社会主义荣辱观分为两部分，认为"以热爱祖国为荣、以危害祖国为耻"，"以服务人民为荣、以背离人民

为耻"，"以崇尚科学为荣、以愚昧无知为耻"，"以团结互助为荣、以损人利己为耻"，这四条是对社会主义价值原则的集中概括。具体来说，在当今中国，爱国主义和社会主义本质上是统一的，热爱祖国就是要热爱社会主义新中国，彻底的爱国主义者也必然是中国特色社会主义的坚定拥护者。全心全意为人民服务，是马克思主义政党的根本宗旨，这也是我们党和国家提倡的社会主义基本价值观念。"以崇尚科学为荣"里所讲的科学，是指包括作为我们党和国家指导思想的马克思主义在内的哲学社会科学与自然科学。团结互助作为集体主义精神的具体表现，是社会主义荣辱观的一个基本要求。另外四条则是针对当前市场经济条件下出现的道德失范而提出的，具有鲜明的现实针对性。具体来说，"以诚实守信为荣、以见利忘义为耻"，"以遵纪守法为荣、以违法乱纪为耻"，突出体现为社会主义市场经济的公德要求，其中也蕴涵着中华民族优秀伦理文化的基本内容。"以辛勤劳动为荣、以好逸恶劳为耻"，"以艰苦奋斗为荣、以骄奢淫逸为耻"，则是对中华民族优秀道德文化的直接传承，并成为社会主义思想道德体系的基本内容。① 另外，还有学者从"知荣"和"知耻"两个角度把社会主义荣辱观分为两个部分。

2. 三分法。有学者认为，以"热爱祖国为荣、以危害祖国为耻，以服务人民为荣、以背离人民为耻，以崇尚科学为荣、以愚昧无知为耻，以辛勤劳动为荣、以好逸恶劳为耻"，这"四荣四耻"体现的是为人民服务的人生观，是以集体主义为原则的社会主义道德的"五爱"的基本要求，也是每个公民应当承担的义务。"以团结互助为荣、以损人利己为耻，以诚实守信为荣、以见利忘义为耻，以遵纪守法为荣、以违法乱纪为耻"，这"三荣三耻"体现的是在家庭生活、职业生活、社会公共生活中公民应当遵循的基本准则。"以艰苦奋斗为荣、以骄奢淫逸为耻"，这"一荣一耻"体现的是以改革创新为核心的时代精神的根本要求。由此可见，"八荣八耻"是对社会主义国家公民应当遵守的基本思想道德规范的高度概括，也是从总体上对社会主义社会主导价值体

---

① 李慎明，等. 荣辱观：不可或缺的社会价值导向［N］. 中国青年报，2006－04－02.

系的生动表述。① 还有的学者从法律、道德、信念的角度对社会主义荣辱观的内涵进行了概括，认为在法律层面，"八荣八耻"其中的一些重要部分是对宪法精神的阐述；在道德层面，"八荣八耻"所说的"荣耻"就是在召唤人们的良心，并让良心看守自己的言行，知荣明耻；在信念层面，"八荣八耻"的所有内容其实都涉及人的信念和理想，是对真、善、美的追求和对假、丑、恶的反对。"八荣八耻"社会主义荣辱观所包括的法律、道德和信念三个层面是紧密相连的，我们不仅要考虑它作为道德规范的约束力，而且要考虑它作为外在法律的强制性和作为内在信念的指导性。②

3. 八分法。有学者把"八荣八耻"的内涵理解为八个关系，即正确认识和处理个人与国家、民族的关系，个人与人民的关系，个人与他人的关系，义与利的关系，科学与迷信的关系，劳动与享乐的关系，守法与违法的关系，勤俭与奢侈的关系。③ 还有学者把"八荣八耻"概括为"八观"，即国家观、人民观、科学观、劳动观、人际观、义利观、法纪观和生活观。④ 还有学者从当代中国理想人格的角度，把社会主义荣辱观中的"八荣"体现出来的八种美德用中国传统道德规范重新概括，分别对应为"忠"、"敬"、"智"、"勤"、"友"、"信"、"良"、"俭"；而与"八耻"相对应的八恶德，可以近似地比附为"奸"、"慢"、"愚"、"惰"、"敌"、"诈"、"暴"、"奢"，充分展现出社会主义荣辱观深厚的文化底蕴。⑤ 另外，还有学者就社会主义荣辱观的每条内容都进行了具体分析和概括，认为"以热爱祖国为荣、以危害祖国为耻"是对爱国主义传统美德与民族精神的本质概括；"以服务人民为荣、以背离人民为耻"是对社会主义道德的核心思想——为人民服务思想的精辟总结；"以崇尚科学为荣、以愚昧无知为耻"是与社会主义公

① 吴潜涛. 深刻理解社会主义荣辱观的内涵和意义 [J]. 政策，2006 (6).

② 彭富春. "八荣八耻"新时代的公民生活准则 [J]. 发展，2006 (8).

③ 吴灿新，陈业林. 社会主义荣辱观与构建和谐社会 [J]. 岭南学刊，2006 (3).

④ 阮银甫. 对社会主义荣辱观基本内涵的解读 [J]. 湖北省社会主义学院学报，2006 (8).

⑤ 李雪英. 论当代中国理想人格——社会主义荣辱观的深层意蕴解析 [J]. 理论与现代化，2006 (6).

民道德和时代要求相适应的对待科学问题的基本要求；"以辛勤劳动为荣、以好逸恶劳为耻"概括了社会主义荣辱观关于人的本质活动——社会劳动的看法，揭示了社会主义劳动观的核心精神和根本要求；"以团结互助为荣、以损人利己为耻"是对社会主义社会人们所应当具备的集体主义思想的揭示，也是对社会主义的人道主义人际关系的概括；"以诚实守信荣、以见利忘义为耻"是对社会主义诚信道德的主体内容和基本原则的概括与发挥；"以遵纪守法为荣、以违法乱纪为耻"是对社会主义社会公民法制观念和守法意识的要求；"以艰苦奋斗为荣、以骄奢淫逸为耻"概括了中华民族艰苦奋斗的传统美德，是对近代以来中国革命和建设事业中艰苦奋斗精神的发扬和光大。①

（二）社会主义荣辱观的逻辑结构

1. 体系论。有学者认为，社会主义荣辱观是一个层次相互关联又层层推进的逻辑体系。每一层次都是承上启下的范畴，使社会主义荣辱观环环相扣、相互依存、相互渗透、互为前提、缺一不可，成为一个有机的整体。同时，社会主义荣辱观的结构可以分为三个不同层次的价值形态。热爱祖国是社会主义荣辱观的最高形态——价值形态，它是社会主义荣辱观的根本前提、基础和灵魂；服务人民、崇尚科学、辛勤劳动、艰苦奋斗是社会主义荣辱观的中间形态——规范形态，它们是热爱祖国这一最高价值形态的具体表现；团结互助、诚实守信、遵纪守法侧重于社会主义荣辱观的基本形态——道德秩序，它属于社会有序化层次的范畴，是维护社会存在的基本道德规范，是做人做事的道德底线。这一道德秩序是实现社会和谐有序发展的保证，为人们处理个人与他人、个人与社会以及个人与自然的关系设定了具体的伦理路径。② 还有学者认为，社会主义荣辱观是一个体现了辩证唯物主义特征的理论逻辑体系。"八荣八耻"可分为两部分，前四条概括了对国家、人民、科学、

---

① 赵存生，宇文利. 社会主义荣辱观的思想内涵与时代要求 [J]. 高校理论战线，2006（4）.

② 曾建萍，欧阳青. 论社会主义荣辱观的价值内涵及其层次结构 [J]. 求实，2007（4）.

劳动的正确价值观，是第一部分；后四条概括了团结、诚信、守法、俭朴的社会主义道德风尚，是第二部分。两个部分相互贯通，既有共性又有个性，共同构成了一个缜密的逻辑体系。①

2. 主线论。有学者认为，"八荣八耻"有一条贯穿始终的主线，即正确处理个人与社会、集体、他人的关系。围绕这一主线，"八荣八耻"构成了一个体系。其中，"以热爱祖国为荣、以危害祖国为耻"，"以服务人民为荣、以背离人民为耻"，"以崇尚科学为荣、以愚昧无知为耻"和"以辛勤劳动为荣、以好逸恶劳为耻"主要说的是怎样正确处理人与社会的关系，旨在提倡为祖国、为人民服务。第一、二条指出服务对象是祖国和人民；第三、四两条指出服务的条件是爱科学、爱劳动。而"以团结互助为荣、以损人利己为耻"，"以诚实守信为荣、以见利忘义为耻"，"以遵纪守法为荣、以违法乱纪为耻"和"以艰苦奋斗为荣、以骄奢淫逸为耻"主要说的是怎样正确处理个人与他人和集体的关系，旨在提倡集体主义道德规范，强调了团结互助、诚实守信、遵纪守法和艰苦奋斗。② 有学者把握了荣辱观内容之间的内在联系，认为社会主义荣辱观从始至终都贯穿着一条主线，即"以人为本"、"以德立人"。③ 有学者对荣辱观的内容进行了分层，认为社会主义荣辱观突出了"爱国主义"这一中华民族精神的核心要义，牢牢把握了"为人民服务"这个根本出发点，继承了中华民族勤劳勇敢、团结互助、诚实守信、艰苦奋斗、自强不息的传统美德和民族精神，体现了以改革创新、民主法治为鲜明特色的时代精神。④

（三）社会主义荣辱观的定位

从价值角度定位荣辱观，认为社会主义荣辱观反映的是社会和人的价值标准及其判断，属于价值观范畴。有学者认为，荣辱观的实质是价

---

① 韩小雁. 对社会主义荣辱观的哲学思考 [J]. 攀登，2006（4）.
② 马来平. 社会主义荣辱观：核心思想与践行关键 [J]. 理论学习，2006（5）.
③ 荣开明. 社会主义荣辱观三论 [J]. 湖北广播电视大学学报，2007（1）.
④ 符惠明，罗志勇. 社会主义荣辱观与民族精神的培育 [J]. 毛泽东邓小平理论研究，2006（4）.

值观。以什么为荣、以什么为耻，标志着认同什么、反对什么、倡导什么、抵制什么，这就是价值观。社会主义荣辱观的核心思想是正确处理个人与社会、集体和他人的关系，弘扬社会主义集体主义的价值观。① 有学者认为社会主义荣辱观是反映时代特征的先进价值观，是指引道德选择的价值取向，也是引领社会风尚的价值导向。② 还有学者认为，社会主义荣辱观是社会主义价值观的具体化，它体现了社会主义的价值取向，凝聚了社会主义价值观的精髓，反映了爱国主义、集体主义和社会主义基本价值观的要求。③

从道德角度定位荣辱观，认为社会主义荣辱观本质上是社会主义道德观，属于道德范畴。有学者认为，人的荣辱感可分为外在层次和内在层次两种，外在层次的荣辱感可称为"基于舆情的荣辱感"，这种荣辱感是受外在舆论评价影响而产生的；内在层次的荣辱感可称为"道德性的荣辱感"，它是通过反思人的内在精神品质而产生的自我肯定和自我否定感。社会主义荣辱观正是以"道德性的荣辱感"为基础而提出来的，因为它不仅提出了人们的行为标准，还落实到对人们深层荣辱感的引导和塑造上，是以塑造人们的健全道德人格为落脚点的。④ 也有学者从道德观的角度指出，社会主义荣辱观是公民在社会主义思想指导下，逐步形成的对荣誉、耻辱的根本观念和总体态度。它是世界观、人生观、价值观在荣辱范畴的集中体现，是社会主义道德观的核心理念，对践行社会主义公民道德具有基础性的导向作用。⑤ 有学者对社会主义荣辱观的内涵进行了分析，指出"八荣八耻"集中点激人的良心，催人作出善恶选择，落实重在修身践行。⑥ 还有学者提出，社会主义荣辱观是对马克思主义道德观的精辟阐述与最新发展、中华民族传统美德的系统总结与自然升华、新时期社会主义道德风尚的高度概括与集中体现。

① 马来平. 社会主义荣辱观：核心思想与践行关键 [J]. 理论学习，2006（5）.

② 邱伟光. 坚持社会主义荣辱观的价值导向 [J]. 思想理论教育，2006（5）.

③ 郭杰忠. 社会主义荣辱观的价值基础和行为导向 [J]. 求实，2006（11）.

④ 詹世友. 荣辱感的两个层次与行政人格的塑造 [J]. 南昌大学学报（人文社会科学版），2010（3）.

⑤ 王伟，鄢爱红. 论社会主义荣辱观 [N]. 光明日报，2006-04-11.

⑥ 宋希仁. "八荣八耻"的道德哲学 [J]. 伦理学研究，2007（1）.

从文化角度定位荣辱观，认为社会主义荣辱观本质上是与先进文化建设紧密联系在一起的，属于文化建设的范畴。有学者指出，荣辱观的问题，说到底是精神文化的价值内涵和文化自身发展导向的问题。以"八荣八耻"为内涵的社会主义荣辱观就是中国先进文化的价值观在道德领域的反映，强烈地体现着中国先进文化的价值取向。[①] 袁贵仁指出，荣辱观作为一种观念，从来都不是也不可能是单独地存在和发展的。它以文化为载体，蕴涵于文化之中，是文化的核心内容。树立社会主义荣辱观，必须把社会主义先进文化建设放在十分突出的位置上。文化从其产生说，是人化，人的本质力量的对象化，人的活动的产物；从其功能说，是化人、教化人、熏陶人、塑造人，人是文化的产物。一个社会的荣辱观，存在和表现于社会的文化，一个人接受荣辱观，就要通过一定的社会文化。因此，加强社会主义荣辱观建设，就必须加强社会主义先进文化建设。[②] 孙家正提出，社会主义荣辱观是先进文化建设的价值取向，加强荣辱观建设是发展社会主义先进文化的重要内容。[③]

从德育角度定位荣辱观，认为社会主义荣辱观在本质上与思想政治教育工作的目标、内容和要求是相统一的，属于德育范畴。有学者指出，社会主义荣辱观贯穿了爱国主义、集体主义、社会主义思想，既是对社会主义国家公民应当遵守的基本思想道德规范的高度概括，也是从总体上对社会主义社会主导价值体系的生动表述；不仅提出了当代中国最基本的价值取向和行为准则，体现了中华民族的传统美德和时代要求，而且是大学生世界观、人生观、价值观的生动体现，符合了大学生成长、成才的内在需求。因此，以"八荣八耻"为主要内容的社会主义荣辱观教育，从本质上与大学生思想政治教育的目标和内容是一致

---

① 刘建军. 先进文化建设与社会主义荣辱观深度内涵 [J]. 东北师大学报（哲学社会科学版），2006（4）.

② 袁贵仁. 树立社会主义荣辱观的方法论问题 [J]. 北京师范大学学报（社会科学版），2006（5）.

③ 孙家正. 社会主义荣辱观是先进文化建设的价值取向 [N]. 光明日报，2006 - 03 - 18.

的，与大学生成长、成才的愿望和目标也是完全一致的。① 李卫红指出，荣辱观是世界观、人生观、价值观的重要内容。"不知荣辱乃不能成人"，青少年时期是个人的世界观、人生观、价值观形成的关键时期，在这个阶段给予他们正确的荣辱观教育，帮助他们形成正确的是非、善恶、美丑观念，对于引导他们健康地成长、成才具有极其重要的作用。社会主义荣辱观内含着社会主义思想道德建设的指导思想、方针原则和公民的基本道德规范，坚持以为人民服务为核心，以集体主义为原则，以爱祖国、爱人民、爱劳动、爱科学、爱社会主义为基本要求，涵盖个人、集体、国家三者关系，涉及人生态度、公共行为、社会风尚，构成了社会主义道德的鲜明指向。教育和引导青年学生树立社会主义荣辱观，抓住了大学生思想道德建设的关键，也抓住了学校教育的根本，是培养社会主义合格建设者和可靠接班人的必然要求。②

二、社会主义荣辱观体现了社会主义道德的与时俱进

以"八荣八耻"为主要内容的社会主义荣辱观，是新形势下加强社会主义思想道德建设的重要指导方针。围绕社会主义荣辱观的继承性与发展性、时代性与创新性，理论界、学术界进行了深入的探讨与研究。

（一）社会主义荣辱观是对中国传统荣辱思想的继承和超越

学者们普遍认为，传统荣辱观是构成社会主义荣辱观的内在文化根源，以"八荣八耻"为主要内容的社会主义荣辱观，汲取了中国优秀传统文化的精髓，是在新的历史条件下对中国传统道德观、价值观的传承、发展和超越。

---

① 马福运. 以社会主义荣辱观统领大学生思想政治教育 [J]. 思想政治教育，2007 (5).

② 李卫红. 深入开展社会主义荣辱观教育，扎实做好高校德育工作 [J]. 思想教育研究，2006（5）.

有学者指出，在我国悠久的文明发展史上，历代先哲谈人生、讲道德、论荣辱，为我们留下了丰富的有价值的人生观、道德观、荣辱观思想资源。有价值的传统荣辱观思想是社会主义荣辱观的重要的文化滋养。诸如以德义为判定荣辱的标准，重义利公私理欲之辨，重名节、荣辱由己、重视耻教，以及淡泊名利、反对华而不实和沽名钓誉等思想，经过我们批判地继承和新的诠释，对于树立社会主义荣辱观有重要的借鉴和启示意义。①

也有学者指出，社会主义荣辱观继承了中华民族的传统美德，同时注入了时代的特点和实践的要求，使社会主义荣辱观充满生机和活力，富有民族性、感染力和吸引力。在表现形式上，它突破了我国传统道德中主要以"耻"来阐述荣辱观的局限，把"荣"与"耻"这两个古老的传统道德概念切实对应了起来；在具体内涵上，它突破了我国传统文化中把荣辱观仅仅作为道德范畴的局限，从社会主义价值观总体要求的高度，丰富、拓展了荣辱观的内涵和外延。②

还有学者具体分析了"八荣八耻"在传统文化中的理论来源，认为"以热爱祖国为荣、以危害祖国为耻"继承了传统文化追求的"大一统"的国家观，"以服务人民为荣、以背离人民为耻"发展了传统文化推崇的"为群乐群"的民本观，"以崇尚科学为荣、以愚昧无知为耻"彰显了传统文化提倡的"尊崇智慧"的科学观，"以辛勤劳动为荣、以好逸恶劳为耻"推崇了传统文化强调的"自强不息"的劳动观，"以诚实守信为荣、以见利忘义为耻"倡导了传统文化崇尚的"以利从义"的义利观，"以团结互助为荣、以损人利己为耻"拓展了传统文化教化的"人伦和谐"的友爱观，"以诚实守信为荣、以见利忘义为耻"延伸了传统文化崇尚的"以利从义"的义利观，"以遵纪守法为荣、以违法乱纪为耻"创新了传统文化倡导的"行己有耻"的法纪观，"以艰苦奋斗为荣、以骄奢淫逸为耻"承袭了传统文化倡扬的"生荣死哀"

---

① 温克勤. 传统荣辱观述析 [J]. 天津师范大学学报（社科版），2006（5）.
② 吴潜涛. 深刻理解社会主义荣辱观的科学内涵和重大意义 [N]. 人民日报，2006 – 04 – 03.

的生活观。①

（二）社会主义荣辱观是对党的优良革命传统和无产阶级荣辱观的继承和发展

学者们普遍认为，我们党自诞生之日起，就以实现中华民族之荣、雪洗中华民族之辱为己任，在领导革命和建设的奋斗历程中，形成了为人民服务、艰苦奋斗、前赴后继、不怕牺牲、英勇奋斗等宝贵的革命道德传统。这是社会主义荣辱观的重要思想来源。②

有学者指出，革命战争年代中国共产党确立的无产阶级荣辱观的基本要求及内容以及改革开放后邓小平、江泽民关于社会主义荣辱观的重要论述是社会主义荣辱观的重要理论基础。早在革命战争年代，毛泽东就曾经结合中国革命和建设的实际，论述过共产党员应当确立的无产阶级荣辱观的基本要求。他说："共产党员无论何时何地都不应把个人利益放在第一位，而应以个人利益服从于民族的和人民群众的利益。因此，自私自利，消极怠工，贪污腐化，风头主义等，是最可鄙的；而大公无私，积极努力，克己奉公，埋头苦干的精神，才是可尊敬的。"③改革开放以后，邓小平根据新时期我国社会主义现代化建设的实际情况，多次阐述了社会主义荣辱观的核心内容。他指出："中国人民有自己的民族自尊心和自豪感，以热爱祖国、贡献全部力量建设社会主义祖国为最大光荣，以损害社会主义祖国利益、尊严和荣誉为最大耻辱。"④党的十三届四中全会以后，针对建立和完善社会主义市场经济给人们的思想观念带来的影响，江泽民特别强调树立以艰苦奋斗为核心的荣辱观。他指出："要在全党全社会大力提倡高尚的社会主义思想道德和发扬中华民族的优良传统，以艰苦奋斗、勤俭朴素为荣，以铺张浪费、奢侈挥霍为耻。"⑤ 可以说，党的三代领导人关于荣辱问题的思想为社会

---

① 余学新. 试析社会主义荣辱观的传统文化渊源 [J]. 社会主义研究，2006 (4).
② 荣开明. 社会主义荣辱观三论 [J]. 社会主义论丛，2007 (6).
③ 毛泽东. 毛泽东选集：第 2 卷 [M]. 北京：人民出版社，1991：522.
④ 邓小平. 邓小平文选：第 3 卷 [M]. 北京：人民出版社，1993：3.
⑤ 江泽民. 论党的建设 [M]. 北京：中央文献出版社，2001：245.

主义荣辱观的提出奠定了理论基础。①

还有学者专门对三代领导核心的荣辱观进行了研究，如有学者探讨了毛泽东同志的荣辱思想，认为毛泽东荣辱观是中国共产党人荣辱观的代表和体现。爱国主义是毛泽东荣辱观的思想基础，全心全意为人民服务是毛泽东荣辱观的核心，艰苦奋斗、勤俭节约是毛泽东荣辱观的集中体现，热爱劳动、崇尚科学、诚实守信是毛泽东荣辱观的重要组成部分。② 有学者认为毛泽东的荣辱思想实现了从等级认同到平等认同、从家族本位到集体本位、从自利型人格到奉献型人格的转变，体现了毛泽东倡导以服务人民为荣的观念和"毫不利己专门利人"的奉献精神。③ 还有学者研究了邓小平的荣辱观，认为知荣明耻是邓小平构建社会主义荣辱观的逻辑起点。在改革开放的大潮中，把处理义利关系作为社会主义荣辱观的基础，关注人格和尊严，并由此生发出重视国格和民族尊严这个基本点，邓小平在新时期赋予了社会主义荣辱观鲜明的时代特色。④

（三）社会主义荣辱观是对社会主义道德规范的丰富和发展

学者们普遍认为，社会主义荣辱观是建立在我国思想道德建设的具体实践的基础之上的，是与新中国成立以来尤其是党的十六大以来一系列重大理论创新和实践创新相适应的。

有学者梳理了新中国成立后思想道德建设的发展脉络，1949 年《中国人民政治协商会议共同纲领》将"爱祖国、爱人民、爱劳动、爱科学、爱护公共财物"规定为中华人民共和国全体公民的公德要求，在我国社会主义思想道德建设史上第一次对社会主义道德规范作出了概括；1982 年的《中华人民共和国宪法》把"五爱"调整为"爱祖国、爱人民、爱劳动、爱科学、爱社会主义"；1996 年党的十四届六中全会

---

① 韩振峰."八荣八耻"社会主义新荣辱观论［J］.理论视野，2006（5）.

② 陈红英.毛泽东荣辱观探析［J］.求实，2006（7）.

③ 李学林，谭祖雪.毛泽东荣辱观与新中国道德信仰的转型［J］.毛泽东思想研究，2007（2）.

④ 于伟峰，商植桐，马喜春.试论邓小平对社会主义荣辱观构建的理论贡献［J］.中共合肥市委党校学报，2007（2）.

通过的《中共中央关于加强社会主义精神文明建设若干重要问题的决议》，总结了新中国成立以来社会主义道德建设的经验和教训，分析了社会主义精神文明建设面临的形势和任务，把为人民服务作为社会主义思想道德建设的核心，把集体主义作为社会主义道德的原则，把"五爱"提升为社会主义道德的基本要求，把社会公德、职业道德、家庭美德教育作为社会主义道德的落脚点，并对全社会形成团结互助、平等友爱、共同前进的人际关系作了系统论述，比较清晰地勾画出社会主义道德体系的整体结构；2001 年中共中央颁布实施的《公民道德建设实施纲要》，把公民基本道德规范进一步概括为"爱国守法、明礼诚信、团结友善、勤俭自强、敬业奉献"，丰富和拓展了社会主义道德规范的内容；以"八荣八耻"为主要内容的社会主义荣辱观，既继承了社会主义道德规范的上述认识成果，又创造性地把民族精神和时代精神的要求相结合，把社会主义道德的核心、原则、基本要求和规范相结合，赋予其鲜明的时代内涵，标志着我们党对社会主义思想道德建设规律的认识达到了新的高度。[①]

有学者指出，党的十六大以来，以胡锦涛同志为总书记的党中央，高举邓小平理论和"三个代表"重要思想伟大旗帜，坚持马克思主义的基本原理同中国实际相结合，与时俱进，不断进行理论创新，其成果主要表现在：科学发展观、社会主义和谐社会理论、党的执政能力建设理论、党的先进性建设理论和社会主义荣辱观。党的十六大以来的一系列理论创新具有内在联系，社会主义荣辱观在其中处于非常重要的地位。社会主义荣辱观的提出，是从贯彻落实科学发展观、构建社会主义和谐社会、加强党的执政能力建设、保持党的先进性的高度，对加强社会主义思想道德建设的重要性和紧迫性进行的深刻认识。[②]

还有学者指出，以"八荣八耻"为具体内容的社会主义荣辱观，以深刻总结人类文明的进步成果为基础，在社会主义道德规范的表现形式、具体内容以及建设途径等方面作出了重要突破，是马克思主义道德

① 荣开明. 社会主义荣辱观二论 [J]. 社会主义论丛，2007 (6).
② 于伟峰，马喜春. 论社会主义荣辱观的理论来源 [J]. 阴山学刊，2007 (5).

理论在新时期的重大发展。①

（四）社会主义荣辱观具有鲜明的时代特征

学者们普遍认为，社会主义荣辱观是对中华民族传统荣辱观的继承与超越，是对共产党人革命道德的继承和发扬，是对社会主义道德规范体系的丰富与发展。同时，它又立足中国的现实国情，与社会主义市场经济相适应，着眼现代化的发展要求，体现了鲜明的时代特征。

有学者指出，同历史上任何时代的荣辱观不同，"八荣八耻"的社会主义荣辱观体现了社会主义初级阶段的时代特征。它内含着社会主义的公民基本道德规范，坚持了以为人民服务为核心，以集体主义为原则，以爱祖国、爱人民、爱科学、爱劳动、爱社会主义为基本要求的社会主义道德体系和规范。它引导人们正确处理个人与集体、国家，个人与他人的关系，并针对市场经济条件下出现的拜金主义、享乐主义、见利忘义、损公肥私、不讲诚信、欺骗欺诈等消极不健康的社会道德现象和社会公害，提出了鲜明的是非、善恶界限。社会主义荣辱观的时代特征，决定了它虽然同历史上的荣辱观相联系，但从整体上和寓意的深刻性上又与历史上的荣辱观区别开来。社会主义荣辱观的提出，是我国社会主义现代化建设、先进文化建设和思想道德建设深入发展的必然要求，它标志着我们在国际思想文化相互激荡的背景下，面对思想纷杂、道德多元的文化发展态势，更加强调发展社会主义先进文化，更加强调道德价值观导向，更加注重引导人们增强文化自觉和道德自律。②

有学者从社会主义荣辱观提出的现实针对性的角度分析了其时代性：社会主义荣辱观的提出首先是与我国经济社会的发展要求相适应的，是我们克服发展中的不足，解决前进中存在的问题，推动社会经济政治文化全面协调发展的必然需要。其次，社会主义荣辱观还直接关涉国家软实力的强弱。现在评价一个国家，不只看其经济总量、军事力量

---

① 王小锡. 树立社会主义荣辱观是新时期道德建设之本［J］. 南京师大学报（社会科学版），2006（3）.

② 温克勤. 对于学习、践行社会主义荣辱观思想内涵的一些理解［J］. 道德与文明，2006（3）.

等硬实力，还要看这个国家的思想文化、民族精神、道德情操等软实力因素。树立社会主义荣辱观必将进一步提升全民族的精神状态和道德情操的境界，进一步增强我们党和国家的凝聚力、感召力、影响力、战斗力。最后，社会主义荣辱观与国家现行的一系列重大方针政策是相辅相成的。①

还有学者认为，社会主义荣辱观体现了时代伦理精神的特征，"八荣八耻"是在现代改革开放的社会条件下，对全体公民提出的整体性道德要求，它强调的不是关系中的道德，而是普遍性的道德，它来自于社会主义的制度背景要求和市场经济条件下的经济活动的背景要求，因此其道德要求，是对这一社会共同体成员的普遍要求。②

（五）社会主义荣辱观具有突出的创新性

学者们普遍认为，社会主义荣辱观的创新性，表现为适应了时代的要求，突出了时代特色，赋予了崭新内容，创新了表现形式。

有学者认为，社会主义荣辱观是针对当代中国社会发展的现状、适应社会主义现代化建设的需要、顺应广大人民群众的共同意愿而提出来的；是进一步贯彻落实科学发展观、构建社会主义和谐社会、加快全面建设小康社会进程、推进中国特色社会主义现代化建设更好更快发展、进一步健全和完善社会主义基本道德规范、进一步发展社会主义市场经济、加强党风和社会风气建设、继承和弘扬中华民族传统美德、进一步弘扬党的优良传统作风的新要求。③

还有学者认为"八荣八耻"是社会主义荣辱观的新概括：第一，表述新。把社会主义荣辱观的丰富内容用"八荣八耻"概括出来，用精练、对称的语句来展现其丰富的内容，让人们易学、易记、易懂、易行。第二，内容新。"八荣八耻"虽然只有八句话，但是基本涵盖了社会主义荣辱观的整体内容，全方位体现了社会主义伦理道德的基本要求，共同构成了社会主义荣辱观的完整体系。第三，方法新。把社会主

① 机成专家解读社会主义荣辱观［J］. 半月谈，2006（7）

② 龚群. 社会主义荣辱观：时代伦理精神的体现［J］. 道德与文明，2006（3）.

③ 韩振峰."八荣八耻"社会主义荣辱观提出原因探析［J］. 广西社会科学，2007（1）.

义荣辱观概括为"八个为荣"和"八个为耻"，每个"荣"相对一个
"耻"，这充分体现了唯物辩证法的两点论。"八荣八耻"把立与破、褒
与贬、正面倡导与反面抵制有机结合在一起，促使人们用唯物辩证法关
于矛盾的观点来审视、分析、解决荣辱问题，在方法论上为我们辩证地
理解和把握社会主义荣辱观提供了有益启示。第四，功能新。由于概括
精练，表述新颖，所以人们很容易通过图画、歌曲、漫画、演讲、论辩
等多种形式，将以"八荣八耻"为主要内容的社会主义荣辱观化作一
种无形的精神力量，指导亿万人的具体行动。①

三、社会主义荣辱观是引领社会风尚的
价值取向和行为准则

以"八荣八耻"为主要内容的社会主义荣辱观，是对社会主义思
想道德体系全面系统、准确通俗的表达，为全体社会成员判断行为得
失、作出道德选择提供了价值标准，应当成为全体社会成员普遍遵循的
基本行为规范。社会主义荣辱观已经成为并将继续成为引领社会风尚的
一面旗帜。围绕社会主义荣辱观对于提高个人素质、培养良好社会风
气、加强思想道德建设以及构建社会主义和谐社会等多方面的作用和意
义，学术界进行了深入的探讨。

（一）社会主义荣辱观确立了人们行为的价值尺度

学者们普遍认为，荣辱观对人的思想行为具有鲜明的动力、导向和
调节作用。正确的荣辱观，可以引导人们明辨是非、善恶、美丑，形成
正确的自我评价，树立正确的行为导向，产生正确的价值激励，推进自
身全面发展和社会全面进步。

有学者认为，社会主义荣辱观充分体现了当代中国社会的基本价值
取向。首先，它有助于人们作出趋荣避耻的正确价值选择；其次，它为

---

① 韩振峰."八荣八耻"社会主义荣辱观的新体现 [J]. 毛泽东邓小平理论，2006 (4).

人们知荣明耻提供了重要的价值标准；最后，它有助于培养人们正确的道德价值观念。荣与辱是一对重要的道德范畴，树立正确的荣辱观是提高每个公民道德修养水平和道德价值判断能力的重要内容。①

有学者认为，社会荣辱观建设有助于公民个体道德感的培养。人生活在社会群体中，社会群体的评价是形成个体名誉的直接媒介。人的社会归属感使人需要得到社会群体的接受肯定而不是贬斥否定，社会形成的荣辱观共识会让个体感受到来自社会群体的强烈的褒扬或贬斥，并从中形成强烈的荣誉感或耻辱感。荣辱观在本质上是主体对荣誉的一种追求及对耻辱的一种厌弃。荣辱观培养是公民形成自尊自爱道德素质的必要环节。羞耻心是人们不做恶事的心理保证，人只有知耻，才能做到自律，才能自觉地追求荣誉避免耻辱。一个人如果缺乏这种道德感或道德良知，荣辱观淡漠，不以耻为耻，不以荣为荣，甚至以耻为荣，那么任何道德律令对他来讲都不可能发生任何效力。②

也有学者认为，荣辱观对个体的道德信念、道德人格的形成和发展起着关键性的重大作用。荣辱观作为个人的道德信念、道德人格的表征，不仅是衡量一个社会文明程度的重要标尺，而且对个体的道德信念、道德人格的形成和发展起着关键性的重大作用。首先，荣誉和耻辱是激发个体践行社会道德规范的道德源泉，是个体在道德上积极进取的精神动力。其次，荣誉和耻辱也是人们道德行为的调节器。一个有了明确的荣辱观念的人，其行为就能知荣避耻，为得到社会对自己行为的肯定，实现和提升自己的人生价值，就会按照社会的道德规范、价值观念和行为方式，去经常不断地衡量和测定自己的行为，或坚持、或改变自己的行为方向，力图同社会的价值目标保持一致。总之，人的荣辱观念一旦建立，不仅表明他把履行相应的道德义务变成了自己的自觉要求，而且表明他将把这种自觉要求转化为相应的道德行为。而当正确的荣辱观在社会中成为了人们的普遍共识和信念时，那么，社会的道德风尚、

---

① 涂可国. 论社会主义荣辱观在核心价值体系中的地位与作用 [J]. 理论学刊, 2009 (7).

② 葛晨虹. 荣辱观建设是道德力量的基本保证 [J]. 道德与文明, 2006 (3).

文明水平也就会由此得到提升。①

也有学者认为，社会主义荣辱观可以使人体验到生活的价值与意义，是个人生活的精神支柱，是激励个人奋发向上与向善的内在动力，对个人的道德发展有极其重要的指引和导向作用。② 另有学者明确指出，社会主义荣辱观，是对中国特色社会主义事业需要的合格公民提出的新要求，也是青少年健康成长为社会主义事业合格建设者和接班人的行动指南，是培育新时代社会主义"四有"新人的根本要求。③

（二） 社会主义荣辱观是引领社会风尚的一面旗帜

学者们普遍认为，社会风气是社会文明程度的重要标志，是社会价值导向的集中体现。树立良好社会风气是广大人民群众的强烈愿望，也是经济社会顺利发展的必然要求。在一个社会里，有什么样的荣辱观，就会有什么样的社会风尚。只有人人都树立社会主义荣辱观，才能在全社会形成知荣辱、讲正气、促和谐的良好风尚。

有学者指出，社会主义荣辱观是针对一些社会风气提出的是非、善恶、美丑的界限。建设中国特色社会主义现代化的伟大实践既需要巩固马克思主义在意识形态领域的指导地位，巩固全党全国各族人民团结奋斗的共同思想基础，又需要确立起全体社会成员普遍遵循的价值准则和行为规范，形成维系社会和谐的高尚精神纽带和良好道德风尚。热爱祖国、与时俱进、科学文明、团结友善，是当今中国社会精神风貌的主流，这是无可置疑的客观事实。然而，社会上的一些人不明是非、不知荣辱、不辨善恶、不分美丑，把腐朽当神奇，把谬误当真理，不以为耻、反以为荣，与社会主义道德要求相背离。正是针对当前社会风气中存在的这些问题，胡锦涛总书记明确指出，在我们的社会主义社会里，是非、善恶、美丑的界限绝对不能混淆，坚持什么、反对什么，倡导什么、抵制什么，必须旗帜鲜明。"八荣八耻"概括精辟，切中时弊，寓

---

① 唐凯麟. 社会主义价值导向的集中体现——学习胡锦涛同志关于社会主义荣辱观的重要论述 [N]. 光明日报，2006－06－05.

② 臧诗成. 荣辱观的道德性与非道德性 [J]. 乌蒙论坛，2009 (6).

③ 吴潜涛. 深刻理解社会主义荣辱观的内涵和意义 [J]. 政策，2006 (6).

意深刻。①

有学者从构建社会共同道德的角度指出，社会道德力量的发生通常建立在自律和他律的引导约束机制中，但无论哪种机制发生作用，其前提是个人和社会必须有善恶荣辱分明的道德价值共识和道德感。社会主义荣辱观建设有助于公民个体道德感的培养，有助于社会道德调控机制的营造。全社会只有在荣辱观上达成共识，形成共同价值观，建构起相应道德舆论机制环境，人人都以危害祖国、背离人民为耻，以愚昧无知、好逸恶劳、损人利己、见利忘义、违法乱纪、骄奢淫逸为耻，无耻之徒才会减少，社会才可能形成憎恶假、丑、恶，追求真、善、美的良好风气。②

有学者认为，社会主义荣辱观的根本指向在于匡正社会风气。荣辱观的核心，是一种道德导向、价值导向和文化心理导向。社会主义荣辱观对于解决社会风气中的"模糊地带"问题、促进解决社会风气中的"知行转化"问题、正确解决匡正社会风气过程中的文化选择问题，推动我国经济社会和人民生活的文明、健康、生气勃勃地发展具有极为重要的现实价值。③

也有学者指出，社会主义荣辱观是对中华传统美德的继承与超越，是对社会主义道德体系的丰富与发展，具体表现为体现了先进文化前进的方向、拓展了社会主义道德原则规范、深化了道德范畴的内涵。同时，社会主义荣辱观重申了爱国主义、集体主义、社会主义的主流价值导向，否定了道德虚无主义和道德相对主义的价值取向，是对人们被多元文化日益模糊的价值取向的重新整合，在全社会树立了统一正确的道德标杆，引领了社会健康向上的道德风尚。④

---

① 李春秋. 社会主义荣辱观的理论与现实基础［N］. 光明日报，2006 – 05 – 23.

② 葛晨虹. 社会主义荣辱观是社会主义核心价值体系的基础［J］. 高校理论战线，2007（6）.

③ 张澍军. "八荣八耻"荣辱观的根本指向在于匡正社会风气［N］. 东北师大学报（哲学社会科学版），2006（4）.

④ 邱伟光. 社会主义荣辱观的道德价值与时代意义［J］. 江西师范大学学报（哲学社会科学版），2006（3）.

（三）社会主义荣辱观是加强社会主义思想道德建设的指导方针

学者们普遍认为，以社会主义荣辱观与发展社会主义市场经济相适应，与社会主义法律规范相协调，与中华民族的传统美德相承接，集中体现了社会主义思想道德的基本要求，是新形势下加强社会主义思想道德建设的指导方针。

有学者指出，社会主义荣辱观反映了改革开放的道德实践尤其是社会主义市场经济条件下思想道德建设的客观规律，反映了社会主义经济、政治和文化建设的必然要求，旗帜鲜明地高扬爱国主义、集体主义、社会主义的社会意识形态主旋律，使中国共产党对社会主义思想道德规范的概括达到了体现时代性、把握规律性、富于创造性的新高度。社会主义荣辱观与发展社会主义市场经济相适应，与社会主义法律规范相协调，与中华民族的传统美德相承接，集中体现了社会主义思想道德的基本要求，是新形势下加强社会主义思想道德建设的指导方针。①

也有学者认为，社会主义荣辱观以深刻总结人类文明的进步成果为基础，在社会主义道德规范的表现形式、具体内容以及建设途径等方面作出了重要突破。"八荣八耻"的思想重新定义了新时期的理想人格、集体主义价值观、社会道德规范和道德评价标准，是社会主义道德观的集中体现。社会主义荣辱观建设以青少年的荣辱观建设为突破口，确立了社会主义道德建设的指导方针。②

还有学者指出，社会主义荣辱观高屋建瓴、振聋发聩，抓住了社会变革和经济发展中突出的善恶是非问题，明确了什么是"荣"、什么是"耻"，使是非善恶泾渭分明，抓住了构建和谐社会的根本，抓住了治理社会风气的要害，抓住了新时期思想道德建设的关键问题，对全社会普遍确立正确的荣辱观和价值观，营造有利于思想道德建设的社会环

---

① 吴潜涛. 社会主义荣辱观：新形势下社会主义思想道德要求的精辟概括 [J]. 河北学刊，2006，26（5）.

② 王小锡. 树立社会主义荣辱观是新时期道德建设之本 [J]. 南京师大学报（社科版），2006（3）.

境，促进思想道德建设具有重要的现实意义。①

（四） 社会主义荣辱观是构建社会主义和谐社会的必要条件

学者们普遍认为，树立和坚持社会主义荣辱观是构建社会主义和谐社会的必要条件。社会主义和谐社会应该是民主法治、公平正义、诚信友爱、充满活力、安定有序、人与自然和谐相处的社会。和谐社会需要人们具备符合上述特征所要求的道德素质和伦理精神，也需要用正确的荣辱观来引导人们认识和把握这些特征，从而养成符合和谐社会要求的思想道德品质。树立和坚持社会主义荣辱观有助于人们明辨是非真假、善恶美丑，也有助于社会形成良好的道德风尚和社会风气，从而为构建社会主义和谐社会创造必要条件。②

有学者指出，社会主义荣辱观为全面建设小康社会提供了一个明确的、可操作的道德标准，为构建社会主义和谐社会树立了一个共同遵守的价值尺度。和谐社会需要一种内在秩序，一个精神缺失、进退无据、无所依凭的社会是不可能成为和谐社会的。现在我们的社会生活中不文明、不和谐、不尽如人意的情况还随处可见。荣辱颠倒、道德失衡是一个社会不和谐的重要原因，它会带来人民群众的迷茫和社会意志的涣散。社会主义荣辱观不仅一针见血地指出了社会生活中存在的行为道德和思想品格问题，而且提出了解决这些问题的方法和途径。③

也有学者指出"八荣八耻"的社会主义荣辱观对于构建社会主义和谐社会意义重大，具体表现为社会规范的调节作用、社会价值的导向作用、社会文明素质的提升作用以及巨大的精神动力作用。④ 此外还有观点表明，树立社会主义荣辱观是构建社会主义和谐社会的有机组成部分。和谐社会关键在于人的内心的和谐，在于人与人的关系的和谐。和谐并不是一团和气，而是以先进、正确、公正的思想代替落后、错误和

---

① 李建华."八荣八耻"的社会主义荣辱观的科学定位 [J]. 湖南文理学院学报（社科版），2006（6）.

② 教育部邓小平理论和"三个代表"重要思想研究中心. 树立和坚持社会主义荣辱观——学习胡锦涛总书记关于社会主义荣辱观的重要论述 [J]. 求是，2006（7）.

③ 梁衡 明确荣辱，凝聚民族正气 [N]. 光明日报，2006 03 18.

④ 吴灿新，陈业林. 社会主义荣辱观与构建和谐社会 [J]. 岭南学刊，2006（3）.

偏私的思想。树立社会主义荣辱观，知荣弃耻，自觉明荣辱之分、做当荣之事、拒为辱之行，才能凝聚人心，提升境界，达到真正的和谐。[①]还有学者认为社会主义荣辱观在防治不同利益群体矛盾上也发挥着重要的作用，社会主义荣辱观是防治不同利益群体矛盾的观念基石，能够有效防治不同利益群体矛盾，体现在不仅党群干部矛盾的防治需要社会主义荣辱观，贫富矛盾以及其他各种群体矛盾的防治同样需要社会主义的荣辱观。[②]

四、社会主义荣辱观是社会主义核心价值体系的基础

党的十六届六中全会后，社会主义荣辱观被纳入社会主义核心价值体系，成为社会主义核心价值体系的重要组成部分。社会主义核心价值体系是一个内涵丰富、意蕴深厚、有机统一的整体，而社会主义荣辱观，集中概括了当代中国社会最基本的价值取向和行为准则，是社会主义核心价值体系的基础。围绕如何认识社会主义荣辱观在社会主义核心价值体系中的基础地位和作用，理论界、学术界进行了深入研究。

（一）社会主义荣辱观是准确理解社会主义核心价值体系的基础

有学者指出，社会主义核心价值体系是由一系列基本概念和命题构成的逻辑体系，在这个逻辑体系中，社会主义荣辱观是整个思想体系的起点和终点，是社会主义核心价值体系的逻辑基础。马克思主义指导思想、中国特色社会主义共同理想、以爱国主义为核心的民族精神和以改革创新为核心的时代精神、社会主义荣辱观都必须转化为个体的和社会群体的思想和行动才具有真正的意义和价值，而其中以"八荣八耻"为主要内容的社会主义荣辱观则承载着其他三个方面具体化为个体实践的使命，否则，社会主义核心价值体系就会成为空中楼阁，从而失去应

---

① 袁振国. 深刻认识社会主义荣辱观的重大意义 [J]. 教育研究，2006（4）.
② 龚云虹. 论社会主义荣辱观在防治不同利益群体矛盾中的作用 [J]. 昆明理工大学学报（社会科学版），2006（2）.

有的作用和功能。①

　　也有学者指出，社会主义荣辱观是社会主义核心价值体系的具体化、现实化。社会主义荣辱观所极力倡导的热爱祖国、服务人民、崇尚科学、辛勤劳动是马克思主义伦理学所阐扬的主要道德规范，是评价和判断我国公民道德行为的普遍标准，也是马克思主义和中国特色社会主义所倡导的重要价值规范；团结互助、诚实守信、遵纪守法、艰苦奋斗则是伟大的民族精神和时代精神所要张扬的优秀美德与行为规范；而危害祖国、背离人民、愚昧无知、好逸恶劳、损人利己、见利忘义、违法乱纪、骄奢淫逸等正是我们所要极力反对和贬斥的不良思想行为。社会主义荣辱观以"八荣八耻"的具体形式把马克思主义指导思想、中国特色社会主义共同理想、民族精神与时代精神所倡导的主导价值观念明确、系统、通俗地展现出来，不仅使社会主义核心价值体系形成有机统一的整体，也使之与人们的现实道德生活紧密相关，成为人们趋善避恶的现实指导原则。②

　　还有学者围绕着中国特色社会主义共同理想这个主题分析了社会主义荣辱观的基础性地位。其观点指出，社会主义核心价值体系是一个层次清晰、结构严谨的有机整体。中国特色社会主义共同理想，既是社会主义核心价值体系的一个基本内容，又是整个社会主义核心价值体系的主题。坚持马克思主义指导思想，弘扬民族精神和时代精神，践行社会主义荣辱观，都是与牢固树立中国特色社会主义共同理想紧密相连的。社会主义荣辱观是社会主义核心价值体系的基础，它从社会主义道德规范的角度，深化了对中国特色社会主义的认识。我们讲的荣辱观，是社会主义的荣辱观。中国特色社会主义是物质文明、政治文明、精神文明、社会文明协调发展的社会，要按照中国特色社会主义事业总体布局，全面推进经济建设、政治建设、文化建设、社会建设，而思想道德建设是其中的重要内容。没有良好的道德规范，就无法实现社会和谐，

　　① 李道湘. 论社会主义荣辱观在社会主义核心价值体系中的基础地位 [J]. 中央社会主义学院学报，2010（6）.
　　② 渝可国. 论社会主义荣辱观在核心价值体系中的地位与作用 [J]. 理论学刊，2009（7）.

也不可能建设好中国特色社会主义。胡锦涛同志说,在我们的社会主义社会里,是非、善恶、美丑的界限绝对不能混淆,坚持什么、反对什么,倡导什么、抵制什么,都必须旗帜鲜明。社会主义荣辱观与社会主义市场经济体制相适应、与社会主义法律规范相协调、与中华民族传统美德相承接、与人类文明发展趋势相一致,集中反映了社会主义道德规范和行为规范的基本要求,是中国特色社会主义的基本特征和建设中国特色社会主义的基本保证。①

(二) 社会主义荣辱观是深刻认同社会主义核心价值体系的基础

有学者指出,社会主义荣辱观是推动人们实现对社会主义核心价值体系认同的内在动力,是把社会主义核心价值体系连成一个有机整体的道德精神纽带,并以其特有的实践性品格最直接、最具体、最集中地体现了社会主义核心价值体系的广泛性和包容性、整合力和引领力,成为推动人们学习与践行社会主义核心价值体系的实践理性基础。②

也有学者指出,社会主义核心价值体系的功能和作用就是要为整个社会构建共同的理想信念和道德价值认同,而社会主义荣辱观体现的是社会主义核心价值体系中的道德价值认同。只有明德知耻、自觉守法、自律尊德,社会才能真正实现有序的发展。如果整个社会缺乏共同的价值理念,价值是非不明,善恶荣辱不辨,那么这个社会就会出现动荡和混乱。以"八荣八耻"为主要内容的社会主义荣辱观提出了一系列道德规范和行为准则,涉及政治、经济、文化和社会生活的各个领域,提供了社会群体衡量荣辱的价值标准,奠定了社会主义核心价值体系道德价值认同的基础。③

还有学者认为,作为核心价值体系有机组成部分的社会主义荣辱观,不是抽象的,而是现实的,它体现在社会成员的各种具体行为中,

---

① 袁贵仁. 建设社会主义核心价值体系 [J]. 中国社会科学,2008 (1).

② 唐凯麟. 把握社会主义核心价值体系的基础——牢固树立社会主义荣辱观 [N]. 光明日报,2007 – 08 – 14.

③ 李道湘. 论社会主义荣辱观在社会主义核心价值体系中的基础地位 [J]. 中央社会主义学院学报,2010 (6).

同人们的现实生活息息相关。荣辱观是日常生活道德，是人们需要天天面对、事事相关的人生课题。"八荣八耻"涵盖了个人与他人、个人与集体、个人与国家、个人与自身的各种社会关系，贯穿于社会生活的各个领域，覆盖各个利益群体，是人们正确处理名誉、地位、金钱、财富、权力、爱情等问题的普遍价值准则。借助于对社会主义荣辱观的践履，马克思主义指导思想、中国特色社会主义共同理想和民族精神与时代精神可以落实在人们的日常生活中，转化为广大人民群众社会实践活动的目标与动力，从而使得社会主义核心价值体系成为人们共同遵循的现实价值原则与行为规范。①

（三）社会主义荣辱观是全面实践社会主义核心价值体系的基础

学者们普遍认为，社会主义核心价值体系中的根本价值标准、根本价值追求、基本价值原则和基本价值规范最终都必须落实到每个人的行为方式上。爱国主义、理想信念、创新精神等都需要体现在每个人建设社会主义的具体行动中。离开了以"八荣八耻"为主要内容的社会主义荣辱观，社会主义核心价值体系就会失去支撑。

有学者指出，社会主义荣辱观作为社会主义核心价值体系的基础，它要解决的是实际的行为规范的问题，处于基础性层次。它不仅以行为规范的方式涵盖了社会主义核心价值体系其他三个方面的内容，并使之具体化，由价值理性转化为实践理性，而且正是和这三个方面内容的统一，它才获得了全面的价值提升，因而才能更有效地提高人们的道德水平和道德素质，形成知荣明耻的良好社会风尚。这就是说，正是由于社会主义荣辱观为践行社会主义核心价值体系造就着价值主体，营造着社会氛围，因而才能使社会主义核心价值体系落到实处。②

也有学者指出，社会主义荣辱观为建设社会主义核心价值体系提供了广泛的社会基础。在我国，要实现经济社会的全面、协调、可持续发

---

① 涂可国. 论社会主义荣辱观在核心价值体系中的地位与作用 [J]. 理论学刊，2009
(7).

② 唐凯麟. 社会主义核心价值体系是在实践中不断完善的科学体系 [N]. 光明日报，
2008－09－23.

展，要实现全面建设小康社会的宏伟目标，需要社会主义核心价值体系
提供共同的道德基础、统一的价值准则与行为规范；反过来，要树立和
践履社会主义核心价值体系，必须有良好的社会环境相配合。社会主义
荣辱观作为一个中华民族思想道德的基点，作为我国精神文化的基石，
作为引领社会风尚的旗帜，在全社会大力倡导它，可以打牢社会主义核
心价值体系建设的基础。在全社会广泛树立社会主义荣辱观，使之家喻
户晓、自觉接受、主动践行，可以建立与社会主义核心价值体系相适应
的良好社会氛围与和谐人际关系；在全社会广泛树立社会主义荣辱观，
解决中国特色社会主义现代化事业面临的人与自然、社会、他人、集体
等之间的各种矛盾，可以促进和谐社会的发展，为社会主义核心价值体
系建设创造有利的社会条件；在全社会广泛树立社会主义荣辱观，为人
们的家庭生活、职业生活、公共生活等社会生活领域提供明荣知耻、尚
荣贱耻的道德规范，也将有助于提高社会生活的文明水准，为建立社会
主义核心价值体系创造良好的社会生活空间。①

　　还有学者从社会主义核心价值体系所具有的实践倾向本身进行分
析，指出社会主义核心价值体系的重要目的就是提供价值规范，价值规
范主要体现为由不同层次核心价值观所构成的价值系统。从价值层次进
行分析，由于与日常生活关系最为密切的是伦理价值观，因此社会主义
荣辱观在社会主义核心价值体系中居于基础地位。社会主义荣辱观包含
了对公民的最基本的要求，其他内容则属于在此基础上提出的更高层次
的要求，社会主义荣辱观是其他价值层次在道德观上的具体体现。社会
主义荣辱观不但提出了应该提倡和弘扬的美德，而且设定了基本的道德
底线，体现了一个社会对其成员的最基本的要求。从操作层面来看，只
有全体公民首先践行社会主义荣辱观，社会主义核心价值体系的其他部
分才有可能得以实现；离开了社会主义荣辱观，其他部分将成为空中楼
阁。我们难以想象一个连起码的道德都缺失的人，会信仰马克思主义，
会树立社会主义共同理想，会将人民利益、社会利益、国家利益置于个

①　涂可国. 论社会主义荣辱观在核心价值体系中的地位与作用 [J]. 理论学刊，2009
(7).

人利益之上。因此，社会主义核心价值体系建设应当从公民道德建设入手，只有使社会主义荣辱观成为人们社会生活的指针和规范，才能为社会主义核心价值体系的践行奠定坚实的基础。①

五、社会主义荣辱观的建设与落实

2006 年 5 月 24 日，中央精神文明建设指导委员会发布《关于深入学习实践社会主义荣辱观大力加强思想道德建设的意见》指出，树立社会主义荣辱观，加强思想道德建设，既是一项长期的战略任务，是精神文明建设的基础性工程，也是当前一项重要而紧迫的工作。围绕建设和落实社会主义荣辱观，学者们做了大量研究，提出了很多有价值的思路。

（一）建设和落实社会主义荣辱观的基本思路

坚持"一个根本方向"，即坚持社会主义方向。树立和坚持社会主义荣辱观，应当毫不动摇地坚持社会主义的立场、方向和根本出发点，坚持社会主义人生观、价值观和道德观的根本标准。②

纳入"两个全过程"。应当把树立和坚持社会主义荣辱观作为一项长期任务，纳入加强公民思想道德建设和社会主义精神文明建设的全过程，纳入社会主义公民教育和社会管理的全过程。③

注重"三个下工夫"。《关于深入学习实践社会主义荣辱观大力加强思想道德建设的意见》指出，践行社会主义荣辱观要在深入人心上下工夫，在联系实际上下工夫，在弘扬正气上下工夫，推动社会主义荣辱观学习实践活动深入持久地开展下去，取得实实在在的效果。④ 刘云山

---

① 张进蒙. 践行社会主义核心价值体系与推进公民道德建设 [J]. 陕西社会主义学院学报，2011（3）.

②③ 教育部邓小平理论和"三个代表"重要思想研究中心. 树立和坚持社会主义荣辱观——学习胡锦涛总书记关于社会主义荣辱观的重要论述 [J]. 求是，2000（7）.

④ 中央精神文明建设指导委员会关于深入学习实践社会主义荣辱观大力加强思想道德建设的意见 [N]. 光明日报，2006 - 05 - 24.

指出，要在营造舆论氛围上下工夫，在深入普及上下工夫，在进教材、进课堂上下工夫，大力宣传、广泛普及以"八荣八耻"为主要内容的社会主义荣辱观，使之家喻户晓、深入人心。① 赵化勇指出，树立社会主义荣辱观，要坚持正确的舆论导向，在营造氛围、形成声势上下工夫；各展所长、形成合力，在讲求效果上下工夫；突出特色，抓好重点，在教育引导青少年上下工夫。②

坚持"四个统一"。坚持社会主义荣辱观，形成褒荣贬辱的社会主义新风尚不可能一蹴而就，它是一个人人自觉参与、长期坚持不懈的过程，要坚持教育与管理的统一、坚持知与行的统一、坚持自律与他律的统一、坚持典型示范与群众实践的统一。③

注意"五个结合"。践行社会主义荣辱观，要把社会主义荣辱观学习实践活动与加强爱国主义教育结合起来，与贯彻《公民道德建设实施纲要》结合起来，与未成年人思想道德建设和大学生思想政治教育结合起来，与群众性精神文明创建活动结合起来，与学习宣传先进典型结合起来。④

着手"五个方面"。学习践行社会主义荣辱观，应该从五个方面着手：一是要把学习贯彻社会主义荣辱观与学习贯彻十六大以来我们党的一系列理论创新和重大战略思想结合起来；二是要深化对社会主义荣辱观的理论研究，全面准确深刻地理解其科学内涵及其重大意义；三是要做好宣传工作，让社会主义荣辱观深入人心，家喻户晓，妇孺皆知；四是党员干部要身体力行，为群众作出表率；五是领导决策部门要拿出具体的措施办法，营造好践行荣辱观的氛围。⑤

坚持"六个相结合"。树立和坚持社会主义荣辱观要与贯彻落实科学发展观相结合，与全面建设小康社会和构建社会主义和谐社会相结

---

① 刘云山. 让荣辱观成为引领社会风尚的一面旗帜 [N]. 新华每日电讯，2006 – 03 – 18.

② 赵化勇. 营造树立社会主义荣辱观的舆论氛围 [N]. 光明日报，2006 – 03 – 18.

③ 吴潜涛. 深刻理解社会主义荣辱观的内涵和意义 [N]. 人民日报，2006 – 04 – 03.

④ 中央精神文明建设指导委员会关于深入学习实践社会主义荣辱观大力加强思想道德建设的意见 [N]. 光明日报，2006 – 05 – 24.

⑤ 权威专家解读社会主义荣辱观 [J]. 半月谈，2006（7）.

合，与依法治国、建设社会主义法治国家相结合，与党的先进性建设和党的执政能力建设相结合，与先进文化建设和弘扬培育民族精神相结合，与加强青少年思想道德教育和科学文化教育相结合。①

处理好"八个辩证关系"。加强社会主义荣辱观建设，需要注意处理好八个辩证关系：第一，"荣"与"耻"的关系。要明荣知耻，分清是非，筑起最起码的道德防线。第二，高与低的关系。"八荣八耻"的每一个"荣耻"的标准，既可以说是很低的，又可以说是很高的。高与低之间有很大的伸缩空间。共产党员在实践"八荣八耻"的要求方面，不仅要符合最低的标准，而且还应该做得更好，向更高的标准看齐，把保持共产党员先进性与树立社会主义荣辱观结合起来。第三，大与小的关系。要把"八荣八耻"的要求落到实处，既要着眼于全局，采取一些大的举措，努力解决一些大的带普遍性的问题，也必须注意从一件件具体的小事做起，从细节上培养公民的习惯。第四，老与新的关系。也就是要处理好传统与现实、继承与发展的关系，引领符合时代要求的社会风尚，推动中华文明不断前进升华。第五，知与行的关系。倡导社会主义荣辱观，既要讲清道理，更要付诸实践，真正在行动上体现出来。第六，硬与软的关系。要处理好法律的硬约束和道德的软约束的关系，充分发挥道德和法律两种手段和方式的作用。第七，教与管的关系。加强荣辱观建设，既要加强教育，也要加强管理，特别是加强制度建设。第八，奖与惩的关系。倡导社会主义荣辱观，必须实行严格的奖惩制度，把奖与惩有机地结合起来，做到赏罚分明，奖惩分明。②

（二）建设和落实社会主义荣辱观的具体途径

在建设和落实社会主义荣辱观的具体途径上，学者们的研究主要可以分为三个角度，一是从树立社会主义荣辱观的内在依据角度，二是从树立社会主义荣辱观的外部保障角度，三是从针对不同群体采取各具特

① 教育部邓小平理论和"三个代表"重要思想研究中心. 树立和坚持社会主义荣辱观——学习胡锦涛总书记关于社会主义荣辱观的重要论述 [J]. 求是，2006（7）.

② 李忠杰. 正确处理荣辱观建设中几个辩证关系 [N]. 中国纪检监察报，2006 - 07 - 06.

色的实践方法的角度。

1. 从树立社会主义荣辱观的内在依据角度，学者们主要研究了荣辱观的作用机制，如道德机制、情感机制以及耻感教育的作用机制等。

在道德机制方面，有学者认为，荣辱观并非是与生俱来的，应着力强化人们的内心体认和道德自觉，使之在正确认知中增强践行社会主义荣辱观的坚定性。荣辱观只有实现从"他律"向"自律"的转化，即内化为公民的道德意识，才能真正发挥作用。[①] 也有学者指出，社会主义荣辱观形成的内因在于修养机制。道德修养是确立社会主义荣辱观并逐步完善人格的必经之路。社会主义荣辱观所倡导的"八荣八耻"，实际上是崇高的道德境界。依据社会主义荣辱观的具体内容，道德修养包括两层含义：一层含义是动态上的"下工夫"，即依照社会主义荣辱观的要求，进行学习、体验、对照、反省等心理和实践活动；另一层含义是指静态的"已经达到的功夫"，即经过长期的努力之后所达到的道德境界。社会主义荣辱观能否充分发挥其巨大的社会效应，关键即在于广大公民能否通过道德修养，升华到较高的道德境界。[②] 有学者认为，荣辱观一方面作为一定社会人生观、价值观、道德观的集中体现，通过对公民的价值引导和行为评价而对公民产生行为的规范约束；另一方面，荣辱观作为一种道德精神，它是人类精神的自律机制，它往往要通过公民主体的自觉性、积极性、主动性发挥其内在的调节人的行为的作用，因此在进行荣辱观教育时，要注重道德的调节作用。[③]

在情感机制方面，有学者认为，荣辱情感是荣辱观形成的基础，情感在荣辱观教育中的作用机制包括由情感激发——动力机制、情感记忆——预测机制、情感评价——选择机制、情感享用——升华机制，提出要充分认识情感教育对于荣辱观建设的基础意义，以情感体验为荣辱观教育的重要方式，并以未成年人的荣辱情感教育为荣辱观教育的着力

---

① 欧阳恩良，孙树文. 社会主义荣辱观必须内化为公民的个体道德素质 ［N］. 光明日报，2006－12－04.

② 王伟，鄂爱红. 论社会主义荣辱观 ［N］. 光明日报，2006－04－11.

③ 肖群忠. 荣辱观的道德实质与作用机制 ［J］. 道德与文明，2006（3）.

点，大力贯彻落实社会主义荣辱观。①

在耻感教育方面，有学者指出，在价值观的范畴内，要树立正确的荣辱观，关键在于"知耻"、"有耻"，在于要有"耻感"。耻感作为对善的否定性把握，是对恶的抑止力和伪善的激发力，是为善祛恶的内驱力。耻感或羞耻心是人之为人的底线，是人格的基本点，树立社会主义荣辱观，重要的是要保护和激发人们的羞耻感，在人们的内心树立耻感或羞耻心，从而促进社会主义荣辱观的树立，这是牢固树立社会主义荣辱观的一条必要路径。② 还有学者认为，耻感教育是中国道德教育的传统，耻感是道德自省品质养成的心理基础，是道德自律品质形成的心理保证，也是道德行为产生的心理动力，因此，要把耻感教育作为社会主义荣辱观的重要组成部分，充分发挥道德模范的示范作用，充分发挥社会舆论的道德评价作用，适应我国公民的实际道德需要，逐步建立和完善耻感教育的评价机制、监控机制和奖惩机制，为形成扶正祛邪、扬善惩恶的社会风气提供制度保证。③

2. 从荣辱观产生发展的外部保障的角度，学者们主要从宣传教育、舆论氛围、制度保障、践行机制等方面进行了研究。

在宣传教育方面，有学者认为，教育是社会主义荣辱观养成的外部机制的基础。宣传社会主义荣辱观要在深入普及上下工夫，要大力开展深入学习社会主义荣辱观的教育活动，将荣辱观教育同开展爱国主义、集体主义、社会主义教育紧密结合起来，在各类学校开展社会主义荣辱观教育，引导社会公民尤其是青少年形成社会主义荣辱观。同时，要通过各种道德实践活动和群众性创建活动，把社会主义荣辱观的要求渗透到人们的日常工作生活之中，渗透到全面建设小康社会的实践中，渗透到社会主义和谐社会的构建中，渗透到社会生活的方方面面。要通过各种思想文化阵地和精神文化产品，广泛传播先进文化，弘扬社会正气，大力宣传体现时代精神的道德行为和高尚品质，鼓励人们积极向上，追

---

① 冯秀军. 荣辱观教育中的情感机制 [J]. 河北学刊，2006（5）.
② 牛贻庭. 树立社会主义荣辱观重在知耻、有耻——论羞耻感与荣辱观 [J]. 探索与争鸣，2006（6）.
③ 吴潜涛，杨峻岭. 社会公德建设与公民耻感涵育 [J]. 道德与文明，2008（1）.

求真善美。社会公民通过具体的道德实践，深化对道德品质、价值判断标准的内省式认识和全面理解，使自己的道德品质在不断自我体悟中发展，确立道德行为的准则和规范，从而形成符合社会主义价值标准的荣辱意识。① 袁贵仁指出，正确荣辱观的形成和发展，教育是基础。建设社会主义荣辱观，必须大力发展教育，充分发挥教育的基础性作用，把社会主义荣辱观的宣传教育和社会主义先进文化建设紧密结合起来，牢牢把握社会主义文化发展的正确方向，把社会主义荣辱观教育寓于群众文化活动之中，使人们在先进文化的浸染中提升道德境界，最终使每个社会成员都树立社会主义荣辱观。② 还有学者提到，社会主义荣辱观的教育应该从荣辱观的特点和规律入手，从感性的荣辱观入手，逐渐提升到理性的荣辱观的高度。社会主义荣辱观教育应该与坚持社会主义意识形态的导向结合起来，与学习马克思主义基本理论结合起来，与分析当前社会主要道德行为、解析社会道德领域的难题结合起来，从而使得社会主义荣辱观的教育不断深入。③

在舆论氛围方面，社会主义荣辱观的树立离不开正确的舆论导向。有学者指出，要注重营造社会荣辱观舆论氛围，要注意在全社会形成荣辱观的舆论合力，不要产生主渠道价值导向和其他渠道价值导向相互解构消解的现象。④ 也有学者指出，社会舆论对人们荣辱观的形成具有无形的约束和激励作用。各种腐朽错误的荣辱观大都是通过社会舆论传播的。因此，必须注重发挥党和国家主流媒体对社会舆论的正确导向作用，凡属党、政府和军队开办的报纸杂志、广播电视和互联网站，都必须坚定不移地宣传社会主义荣辱观，旗帜鲜明地批判各种错误的荣辱观念；必须依法加强对各种小报小刊和互联网站的监督管理，绝不能容许腐朽错误的荣辱观念利用这类媒体自由传播泛滥；必须净化各种公共场所和人际交往中的舆论环境，共产党员特别是党的各级领导干部，要在

---

① 秦书生. 树立和践行社会主义荣辱观的基本途径 [J]. 东北大学学报（社科版），2007（1）.

② 袁贵仁. 社会主义荣辱观建设重在以人为本 [J]. 求是，2006（22）.

③ 刘书林. 社会主义荣辱观教育的特点和规律 [J]. 思想教育研究，2006（6）.

④ 葛晨虹. 荣辱观建设是道德力量的基本保证 [J]. 道德与文明，2006（3）.

各种聚会和私人交往中自觉地宣传社会主义荣辱观，抵制错误的荣辱观念，绝不能随波逐流，传播那些不好的"段子"或"顺口溜"。①

在制度建设方面，有学者指出，树立社会主义荣辱观要以制度建设为根本，形成树立社会主义荣辱观的长效机制。在制度建设上，要明确奋斗目标、完善行为准则、建立奖励机制、完善评价体系，真正做到持之以恒，常抓不懈，务求实效。② 有学者指出，正确的荣辱观的形成和发展，法律制度是保障。建设社会主义荣辱观，必须加强法律制度建设，充分发挥法律制度的保障作用，结合实际需要，进一步健全和完善现有法律制度，采取一系列规范化、制度化和法律化的措施，把符合社会主义荣辱观的伦理原则和道德要求提升、规定为制度，进行制度创新。③ 也有学者认为，制度建设是进行社会主义荣辱观教育的重要条件，进行社会主义荣辱观教育需要与法律制度建设、纪律制度建设及日常管理制度建设相结合。④ 相对合理的制度安排是践行社会主义荣辱观的有效途径之一，而合理的制度安排要遵循以下三个原则：有效体现和维护社会主义荣辱观的基本价值理念、选择多种制度形式、提高制度执行者的自身素质。⑤ 还有学者认为要加强社会赏善罚恶的制度建设，为道德选择和道德行为提供应有的制度保障。⑥

在建立健全相关机制方面，有学者认为，树立社会主义荣辱观，要建立四个方面的践行机制。一是要建立健全社会主义荣辱观的教育机制。二是要建立健全社会主义荣辱观的修养机制。三是要建立健全社会主义荣辱观的示范机制。要善于发现和运用先进典型，树立可亲、可敬、可信、可学的道德楷模，让广大群众见贤思齐。同时，还要特别强调领导干部的模范带头作用。四是要建立健全社会主义荣辱观的评价机

---

① 王长存. 全面营造有利于社会主义荣辱观形成的条件 [J]. 求是，2007 (1).

② 张立昌. 树立社会主义荣辱观重在建设 [J]. 求是，2006 (12).

③ 袁贵仁. 社会主义荣辱观建设重在以人为本 [J]. 求是，2006 (22).

④ 陈成文，高艳琼. 社会主义荣辱观教育要与制度建设相结合 [J]. 思想教育研究，2006 (10).

⑤ 李光辉，李重成. 关于践行社会主义荣辱观的制度安排的思考 [J]. 学校党建与思想教育，2007 (1).

⑥ 葛晨虹. 荣辱观建设是道德力量的基本保证 [J]. 道德与文明，2006 (3).

制。要在全社会筑牢基本道德规范，形成惩恶扬善的舆论氛围。① 有学者指出，贯彻落实社会主义荣辱观，要充分发挥道德模范的示范作用，充分发挥社会舆论的道德评价作用，适应我国公民的实际道德需要，逐步建立和完善耻感教育的评价机制、监控机制和奖惩机制，为形成扶正祛邪、扬善惩恶的社会风气提供制度保证。② 还有学者指出，要建立健全社会主义荣辱观的示范机制③，建立立体全方位的社会荣辱导向机制。④

3. 针对不同社会群体、不同单位部门的层次差异，不少研究者提出了各具特色的实践方法，为各阶层、各行业、各人群贯彻落实社会主义荣辱观提供了多种思路。

针对不同社会群体，有学者指出，要对社会主义荣辱观进行主体层次性划分，在加强社会主义荣辱观教育的时候，应充分考虑道德主体矛盾的普遍性与特殊性，应针对不同主体采取不同的方法。例如，对于党政领导干部，要重视正确处理义与利的关系，强化道德意识；对于广大青少年，应着重加强其在个人社会化进程中的健康道德人格的培养；对于个体户、私营业主，应对他们进行重奉献而轻索取、讲究诚信、珍视信誉的教育；对于广大农民和工人，应加强集体主义教育，引导他们保持艰苦奋斗的作风，继续拼搏，为社会作贡献。⑤ 也有学者指出，领导干部和各级公务员担负着代表人民和国家行使公共权力、管理公共事务的重任，在社会主义荣辱观的建设中，领导干部的表率作用非常重要。青少年群体关系祖国未来，关系我们民族、国家能否永久兴旺发达，因而对青少年要特别加强荣辱观等道德教育。公众明星的言行对社会有着不同于一般民众的影响力和感召力，因而要注重加强公众明星群体的荣辱观教育。此外，在理论工作者中进行荣辱观教育也是一个重点，因为理论工作者的思想、观点，随时随地都在从理论层面影响着社会公众；

① 王伟，鄙爱红. 论社会主义荣辱观［N］. 光明日报，2006－04－11.

② 吴潜涛，杨峻岭. 社会公德建设与公民耻感涵育［J］. 道德与文明，2008（1）.

③ 秦书生. 树立和践行社会主义荣辱观的基本途径［J］. 东北大学学报（社科版），2007（1）.

④ 葛晨虹. 荣辱观建设是道德力量的基本保证［J］. 道德与文明，2006（3）.

⑤ 李建华，易想和. 论社会主义荣辱观的主题层次性［J］. 伦理学研究，2006（8）.

如果这个群体自身缺乏对社会主义核心价值体系特别是社会主义荣辱观的认同和信念，就不可能指望全社会形成社会主义核心价值共识。目前我国社会理论环境和舆论格局正在发生深刻变化，应该促使哲学社会科学理论工作者坚持正确理论导向，坚持马克思主义的指导，发挥其认识世界、传承文明、创新理论、咨政育人、服务社会的重要作用。① 对于哲学社会工作者，有学者认为，哲学社会科学界有义务、有责任为党和国家提供理论和智力支持，为社会主义精神文明建设作出应有的贡献。② 对于行政人员，有学者研究了荣辱观与行政人格的关系，指出需要通过严格的法律约束、伦理教育和思想教育以及审美教育来形成对行政道德的耻感意识，塑造他们的行政人格。③

对于党政部门，有学者指出，要把社会主义荣辱观贯穿于各级领导干部活动的全过程，用社会主义荣辱观塑造共同愿景、指导科学决策、确定用人导向、保障有效执行、增强示范效应，切实规范领导行为，提高领导水平和领导能力。④ 对于企业单位，有学者指出，要着力解决企业改革发展稳定的突出问题、提高企业员工素质、建设优秀团队、加强领导干部队伍建设，并且要加强爱国主义、集体主义和社会主义思想教育，加强法制教育、职业道德教育和诚信教育，要坚持以人为本、坚持自律与他律相结合、坚持知与行的统一，充分发挥企业先进典型的感召作用，不断创新和改进教育的方法与手段。⑤

（三）学校社会主义荣辱观教育实践

对于学校社会主义荣辱观教育实践，周济指出，胡锦涛总书记提出社会主义荣辱观，是培养社会主义合格建设者和可靠接班人的价值标尺

---

① 葛晨虹. 社会主义荣辱观是社会主义核心价值体系的基础 [J]. 高校理论战线，2007（6）.

② 李慎明. 深刻认识社会主义荣辱观的科学内涵和实践价值 [N]. 光明日报，2006 - 03 - 18.

③ 詹世友. 荣辱感的两个层次与行政人格的塑造 [J]. 南昌大学学报（人文社会科学版），2010（3）.

④ 何事忠. 把社会主义荣辱观贯穿于领导活动全过程 [J]. 领导科学，2006（2）.

⑤ 欧阳坚. 大力推进企业社会主义荣辱观教育 [J]. 思想政治工作研究，2006（2）.

与精神导引。教育系统将采取更加积极主动的态度、制定更加切实可行
的措施，牢固树立"育人为本，德育为先"的观念，把树立社会主义
荣辱观教育作为青少年德育工作的重要组成部分，贯穿于学校教育的全
过程，努力形成全员育人、全方位育人、全过程育人的格局。① 学校社
会主义荣辱观教育尤其是针对大学生和青少年的社会主义荣辱观教育，
是学者们关注的重点，围绕认识社会主义荣辱观教育的地位、确立教育
原则、丰富教育内容、创新教育模式、拓宽教育途径、建立教育机制、
营造教育氛围等方面，研究成果颇丰。

1. 认识社会主义荣辱观教育的地位。李卫红在"树立社会主义荣
辱观与高校德育论坛"上的讲话指出，社会主义荣辱观的深刻内涵，在
本质上与大学生思想政治教育工作的目标、内容和要求是相统一的。教
育和引导青年学生树立社会主义荣辱观，抓住了大学生思想道德建设的
关键，也抓住了学校教育的根本，是培养社会主义合格建设者和可靠接
班人的必然要求。② 围绕关于社会主义荣辱观教育的地位，尤其是在学
校德育体系中的地位，学者们各抒己见。有学者认为，当代大学生思想
政治教育实践的一项根本内容，就是要培养他们"八荣八耻"的观念，
因此，社会主义荣辱观为当代大学生思想道德素质尤其是荣辱观的培养
提供了新的契机和保障条件，也是当代大学生思想政治教育实践的指
导。③ 有学者指出，社会主义荣辱观的基本内容是大学生世界观、人生
观、价值观的生动体现，包含社会需要与个人需要相统一的公民意识、
道德权利和道德义务相统一的主体意识、一元价值观与多元价值观相统
一的价值意识，与大学生成长成才的愿望和目标完全一致，在本质上是
与大学生思想政治教育的目标和内容是一致的。④ 另有学者指出，社会
主义荣辱观是高校思想道德建设的基石，它抓住了高校思想道德建设最

---

① 周济. 把社会主义荣辱观教育贯彻学校教育的全过程 [N]. 光明日报，2006 - 03 -
18.

② 李卫红. 深入开展社会主义荣辱观教育，扎实做好高校德育工作 [J]. 思想教育研
究，2006 (5).

③ 程天权. 论"八荣八耻"与当代大学生荣辱观培养 [N]. 光明日报，2006 - 04 - 12.

④ 马运福. 以社会主义荣辱观统领大学生思想政治教育 [J]. 思想政治教育研究，2007
(5).

为关键的环节，实现了思想信念与基本道德规范相结合，提出了富有现实针对性和具体可操作性的要求，为高校思想道德建设提供了有的放矢、切中问题的锐利武器。① 也有学者认为，社会主义荣辱观推动了现代思想政治教育改革中传统文化与现代精神的融合，促进了现代思想政治教育改革中价值导向与底线教育的结合，增强了现代思想政治教育改革中教育视角与社会心态的契合与引导，对于推动整个思想政治教育的改革有着重要的价值。②

2. 确立社会主义荣辱观教育的原则。有学者指出，加强社会主义荣辱观教育，要坚持学思统一、知行合一、内外如一的原则。学思统一："学"，就是学习社会主义荣辱观的基本理论；"思"，就是思考社会主义荣辱观的历史渊源、时代价值和精神实质。知行合一："知"，即认知其主要内涵和基本要求；"行"，即时刻把"八荣八耻"的社会主义荣辱观付诸各个具体环节，把认知和践履结合起来，才能养成知荣明辱的良好习惯和优良品质。内外如一：社会主义荣辱观教育既需要外在的道德规范、制度约束，又要求人们将制度和道德规范内化为内心的意志、信念，实现自我约束、自我调解。只有通过他律的外在约束和自律的内在驱动，才能逐步使社会主义荣辱观的要求升华为人们的品质，实现他律向自律的转化，达到内外如一。③ 还有学者指出，社会主义荣辱观教育要切实把握好"四个原则"：一是传承性原则。要充分挖掘民族传统和革命传统的丰富资源，并且在学校育人的各个环节中不断发扬光大。二是集成性原则。要对我们已经开展的、分散在各个环节中的荣辱观教育进行梳理，把握规律，提炼精华，形成贯穿学校教育各个环节的新体系。三是创新性原则。社会主义荣辱观教育，从内容到载体一定要与时俱进，要体现中央要求、体现时代特色、体现学生的成长需求。四是实效性原则。也就是最终要实实在在地落到提高学生的思想道德素

---

① 陈忠红. "八荣八耻" 与高校思想道德建设 ［J］. 山东理工大学学报（社会科学版），2006 (4).

② 周中之. 社会主义荣辱观在现代思想政治教育改革中的价值 ［J］. 思想教育研究，2008 (8).

③ 汪荣友，郭君. 荣辱观教育的原则 ［N］. 光明日报，2006 - 09 - 12.

质上。要把社会主义荣辱观的基本要求与学生的受教育程度、认识水平结合起来，深入浅出、分层递进，既要让学生听得进、记得住，更要让学生能够化认知为德性，化德性为行动。① 此外，还有学者指出，开展大学生社会主义荣辱观教育要遵循"三个基本原则"，即坚持自我价值与社会价值相统一、坚持道德价值与科学文化价值相统一、坚持弘扬传统与体现特色相统一。②

3. 丰富社会主义荣辱观教育的内容。学者们普遍认为，应该充分发挥课堂教学在社会主义荣辱观教育中的主渠道作用，把社会主义荣辱观引入教材、引入课堂，通过课堂教学，不断深化社会主义荣辱观教育，努力使社会主义荣辱观教育入耳、入脑、入心。有学者指出，要在思想政治理论课中突出社会主义荣辱观教育的内容，并积极创造条件开设中国历史、文化、道德等内容的选修课，开办以弘扬社会主义荣辱观为主要内容的专题讲座，打牢学生践行社会主义荣辱观的理论基础。同时，要把树立和弘扬社会主义荣辱观的客观要求内化为大学生的自觉行动，通过大学生"三下乡"、志愿服务、专业实习、社会调查、生产劳动等社会实践和公益活动，在实践教育环节中强化社会主义荣辱观教育的要求。③ 还有学者指出，对于高校思想政治教育来说，要从提高大学生辨别是非荣辱的能力和意识入手，大力加强社会主义荣辱观教育，通过各种课内、课外的活动，帮助大学生陶冶情操、锻炼意志、形成正确的信念、养成良好的习惯。④ 同时，很多学者认为，要在社会主义荣辱观教育中加强传统文化、时代精神和价值观的教育。有学者认为，社会主义荣辱观教育不仅要体现时代性，增强针对性，同时还要从中华民族传统文化中汲取营养，增强文化底蕴。⑤ 有学者指出，在对大学生进行

---

① 孙超. 论构建社会主义荣辱观教育的长效机制［J］. 武汉学刊，2007（2）.

② 林伟健，张宏宝. 试论开展大学生社会主义荣辱观教育的原则与途径［J］. 学校党建与思想教育，2006（7）.

③ 冯刚. 以正确荣辱观为指导深化大学生思想道德建设［J］. 中国高等教育，2006（7）.

④ 程天权. 论"八荣八耻"与当代大学生荣辱观培养［N］. 光明日报，2006 - 04 - 12.

⑤ 詹万生，宁武杰. 青少年荣辱观教育要从中华民族传统文化中汲取营养［J］. 中国青年政治学院学报，2006（5）.

社会主义荣辱观教育时，要根据教育部要求，发挥思想政治理论课的主渠道作用，以马克思主义为指导，加强对大学生世界观、人生观、价值观的教育，并且以弘扬民族精神为核心，加强对大学生中国革命传统教育和中华民族优良传统教育。① 有学者指出，在社会主义荣辱观的要求下，对当代大学生进行价值观教育要突出道德价值观教育，包括理想信念教育和以集体主义为核心的价值观教育；要突出中华民族优秀传统文化教育和社会主义和谐社会思想教育；还要突出社会主义经济道德教育，包括诚实守信教育、勤俭廉洁道德思想教育和义利观教育。② 还有学者认为要加强大学生耻感教育，高度重视大学生耻感意识的培养、不断健全大学生耻感教育的运行机制以及始终坚持耻感理论教育和社会管理的统一的教育方法。③

4. 创新社会主义荣辱观教育的模式。有学者指出，社会主义荣辱观教育，必须坚持改革的思想，改变原有的道德教育形态，探索新的教育模式。一是要改变青少年被动接受教育的状态，把社会主义荣辱观与青少年自身发展统一起来。二是要改变把青少年教育简化传递道德理念、管制约束行为的做法，突出青少年在当代社会中的道德实践活动。三是要改变对青少年传统教育脱离青少年实际生活的弊端，以当代青少年的思维模式创新道德传统，实现青少年在文化传递中的社会功能。四是要改变对青少年流行文化引导、调控不力的现象，研究当代青少年亚文化，构建以社会主义荣辱观为核心价值的青少年特色文化。五是要改变在青少年道德教育中内容、形式时代性不强的状况，以时代精神统领社会主义荣辱观教育，培育现代公民。④ 还有学者指出，在高校社会主义荣辱观教育中创新教育形式，一要渗透课堂教育，大力凸显社会主义荣辱观教育，以大学生喜闻乐见的创新形式将荣辱观教育渗透到各学科的教学工作中，将其基本要求同学生的成才成长需要结合起来，循序渐

---

① 王建国. 当代大学生荣辱观现状分析与教育对策 [J]. 思想教育研究，2006 (5).

② 徐振祥. 社会主义荣辱观与大学生价值观教育 [J]. 思想教育研究，2006 (5).

③ 杨俊岭，任凤彩. 加强大学生耻感教育的依据及其途径探析 [J]. 思想理论教育导刊，2010 (10).

④ 陆士桢. 在青少年中开展社会主义荣辱观教育方法思考 [N]. 光明日报，2006—04—05.

进，潜移默化，扎扎实实地长期开展下去；二要注重养成教育，引导大学生从我做起，从身边做起，从点滴小事做起，坚持知行统一，将荣辱观教育内化成自身的优秀品质；三要开展咨询教育，把学生和教师放在平等的位置上，使学生变被动接受教育为主动寻求教育，体现服务；四要重视网络教育，高校应该充分发挥自身的网络以及技术优势，开辟网络教育阵地，加强荣辱观教育。①

5. 拓宽社会主义荣辱观教育的途径。有学者认为，开展大学生社会主义荣辱观教育有四个途径：一是构建校园舆论平台，用主流观念占领校园舆论宣传阵地，营造良好的环境氛围；二是构建道德实践平台，把关于荣辱的价值判断渗透到校园学习和生活的方方面面；三是构建学校教育平台，发挥每一门课的育人功能，把社会主义荣辱观的价值观念渗透到课程的学习中；四是构建全方位教育平台，不断针对新问题、新情况，开展多种形式的学习和教育活动。② 有学者认为，拓宽大学生荣辱观教育途径，一要加大正面教育和引导，典型引路；二要更新教育内容，加强实践教育；三要知荣明耻，加强自我教育；四要把社会主义荣辱观教育寓于学生具体工作中。③ 有学者指出，加强社会主义荣辱观教育，要通过深入的调查研究，科学把握青少年和大学生的成长特点，增强教育的针对性和实效性，用青少年和大学生喜闻乐见的方式方法使社会主义荣辱观教育进教材、进课堂、进社团、进实践。④ 还有学者认为，荣辱观教育属于伦理学和道德教育范畴，唯有遵循科学的伦理学原理，用社会主义道德观统率荣辱观，从而用社会主义道德观教育带动荣辱观教育，才是正确而有效地开展荣辱观教育的科学路径。⑤

6. 建立社会主义荣辱观教育的机制。有学者指出，构建社会主义荣辱观教育的长效机制，一要认真理解构建社会主义荣辱观教育长效机

① 罗维东. 论高校社会主义荣辱观教育体系的构建 [J]. 思想教育研究，2007 (1).

② 林伟健，张宏宝. 试论开展大学生社会主义荣辱观教育的原则与途径 [J]. 学校党建与思想教育，2006 (7).

③ 王建国. 当代大学生荣辱观现状分析与教育对策 [J]. 思想教育研究，2006 (5).

④ 张耀灿，曹清燕. "八荣八耻"荣辱观的内涵和价值探析 [J]. 思想理论教育，2006 (5).

⑤ 程立显. 开展社会主义荣辱观教育的科学路径 [N]. 学习时报，2011 – 03 – 18.

制的重要性；二要注重把握构建社会主义荣辱观教育长效机制的针对性，要建立健全教育机制、自律机制、他律机制、示范机制和评价机制；三要不断强化构建社会主义荣辱观教育长效机制的可操作性。① 有学者指出，建立健全高校荣辱观教育的长效机制，一要建立完善科学合理的制度体系，完善和加强师德制度建设、大学生日常教育管理制度建设和校园监督制度建设；二要建立完善的制度制定和执行的一体化体系，形成赏罚分明的导向机制。② 还有学者认为，要构建学校对大学生进行社会主义荣辱观教育的良好机制，一要加强领导，高度重视；二要积极开展大学生荣辱观教育研究；三要建立健全科学合理的学生激励和约束体系。③

7. 营造社会主义荣辱观教育的氛围。有学者指出，高校要以社会主义荣辱观教育为导向，建设体现社会主义特点、时代特征和学校特色的校园文化，形成优良的校风、教风和学风。大学生的社会主义荣辱观教育是一项社会系统工程，需要全社会的共同努力。社会要建立健全相关法律制度，发挥功能齐全、渗透作用强、覆盖范围广的优势；学校要发挥教育的主阵地和主渠道作用；学生个人要加强世界观、人生观、价值观的确立，共同营造对大学生进行社会主义荣辱观教育的良好氛围。④ 有学者认为，进行社会主义荣辱观教育，要加强主阵地建设，充分发挥校外活动场所在社会主义荣辱观教育中的重要作用。⑤

此外，不少学者还研究了师德建设与社会主义荣辱观教育的关系。有学者认为，教师和管理、服务人员的观念和行为都会对学生产生潜移默化的影响，要积极通过提高师德、反对学术腐败等各种途径提高教育者的素质，使他们对学生起到表率和榜样的作用。⑥ 还有学者认为，只有把社会主义荣辱观教育与师德建设有机结合，才能不断提高为人师表

---

① 孙超. 论构建社会主义荣辱观教育的长效机制 [J]. 武汉学刊, 2007 (2).

② 罗维东. 论高校社会主义荣辱观教育体系的构建 [J]. 思想教育研究, 2007 (1).

③ 王建国. 当代大学生荣辱观现状分析与教育对策 [J]. 思想教育研究, 2006 (5).

④ 周凯. 大学生荣辱观教育的价值分析及其实施途径 [J]. 教育探索, 2010 (1).

⑤ 蓝光喜. 以社会主义荣辱观统领青少年思想政治教育 [J]. 社会工作 (学术版), 2006 (9).

⑥ 程天权. 论"八荣八耻"与当代大学生荣辱观培养 [N]. 光明日报, 2006 - 04 - 12.

的道德修养和思想政治素质，这就要求教师要增强教书育人的责任感和
使命感，牢记使命，充分发挥教师对学生的示范作用和表率作用。①

六、简要评析

自 2006 年年初胡锦涛同志发表关于牢固树立社会主义荣辱观的重
要讲话以来，社会主义荣辱观的学习、研究和宣传已经取得了令人欣喜
的成果，学者们关于社会主义荣辱观及其在社会主义核心价值体系中的
地位和作用等问题的研究上已经取得了丰富成果和广泛共识，促进了人
们对社会主义荣辱观的理解和践行，为人们明荣辨耻、践荣拒耻，改善
社会风气、形成良好风尚、巩固社会和谐奠定了坚实的思想道德基础。

这几年对社会主义荣辱观的研究存在五个显著特点，为我们进一步
把握理论的生长点、增强研究的持续性指出了努力的方向。

（一）在社会主义荣辱观的内涵方面，学者们对于社会主义荣辱观
具体内容的阐述较多，而对荣辱观（包括荣辱本身）基本概念的界定
不够，在一定程度上导致对荣辱观的定位比较模糊。如前所述，很多学
者对以"八荣八耻"为主要内容的社会主义荣辱观进行了不同角度的
阐发，或者条分缕析具体内容，或者全面梳理逻辑结构，或者从各自不
同的学科领域和视角对社会主义荣辱观进行定位。但是，学者们对荣辱
观的基本概念却缺少深入的研究，也没有达成太多共识。有的学者从认
知论的角度界定荣辱观，认为荣辱观包括荣誉观和羞耻观，是一定社会
对荣誉、羞耻的认知；有的学者从情感论的角度界定荣辱观，认为所谓
荣辱就是对自我或同类的观念和行为进行道德评价后产生的褒贬情感体
验，荣辱观是一种与道德义务紧密联系的由道德内化而形成的道德情
感；有的学者从动机论的角度界定荣辱观，认为"荣"和"辱"本身
是指道德行动主体内心的一种心理状态，荣辱观是主体内在的道德信
念，是主体自觉地践行道德规范的心理机制和内驱力，是道德行为主体

---

① 　林日英. 高校思想政治教育的新课题——荣辱观教育 ［J］. 教育探索，2006 （11）.

内心的某种道德动机或影响实际动机的动机；还有学者从评价论的角度界定荣辱观，认为荣或辱不仅是指人们在进行自我评价时产生的自尊或自愧的心理体验，而且是指社会在对人们的思想行为进行评价时形成的褒奖或贬斥。荣辱观就是人们在依据一定的思想道德标准进行自我评价和社会评价活动时逐渐形成的荣辱观念的总和。可以说，这些对于荣辱观的界定都有一定的合理性，但是也都存在一定的偏颇。概念清晰准确是理论思考的第一前提。荣、辱、荣辱、荣辱观这些概念，可能在生活中已经为人们所熟知并习以为常，但是恰恰是由于它们自身内容的丰富性和理解角度的多样性，所以在理论上、学术上还存在一定程度上的朦胧模糊，需要我们加大研究力度，作进一步的深入思考和准确界定。

（二）在社会主义荣辱观的理论基础方面，学者们对于中国传统文化中的荣辱思想研究较多，而对西方荣辱思想研究较少；对中国共产党人尤其是对三代领导核心的荣辱观研究较多，而对马克思主义发展史尤其是马、恩、列、斯等经典作家的荣辱观研究较少，在一定程度上导致对荣辱观的历史发展研究缺少立体感，缺少横向与纵向的全方位比较。如前所述，在社会主义荣辱观的传统文化渊源上，学者们普遍认为社会主义荣辱观是对中国传统荣辱思想的继承和发展，很多学者深入挖掘了以孔子、孟子、荀子为代表的儒家的荣辱思想、中国传统文化的知耻思想等，指出有价值的中国传统荣辱思想是社会主义荣辱观的重要理论来源和文化滋养。相对而言，学术界对西方荣辱思想进行系统梳理和研究的文章就较少。应该说，中西方都有悠久的荣辱观传统，西方的荣辱观念也有一个历史的发展过程，从发源于《荷马史诗》的战争荣辱观、古希腊与身份相适应的荣辱标准，到近代情感主义伦理学对荣辱观念的道德心理学探索，再到现代在生存论层次上对荣辱观念与人的生存价值、荣辱观念与基本的社会正义原则之间关系的深刻分析，都对当前西方的荣辱观念和基本道德意识的培养产生了直接的影响。同样的，在社会主义荣辱观的思想理论基础方面，学者们普遍认为社会主义荣辱观是对党的优良革命传统和无产阶级荣辱观的继承发展，很多学者对革命战争年代中国共产党确立的无产阶级荣辱观的基本要求及内容，以及毛泽东、邓小平、江泽民三代领导核心的荣辱思想多有论述。但是相对而言，学术界对马、恩、列、斯等人的荣辱思想研究不足，对无产阶级荣辱观的产生、发展及其演变研究不足，对无产阶级荣辱观与社会主义荣辱观的关系研究不足，这就直接影响到对社会主义荣辱观的继承性、发展性和创造性的整体把握。因此，加强对中西方荣辱观传统和无产阶级荣辱观的系统梳理，加强对中西方荣辱观异同的比较，加强对人类思想史上各种优秀文明成果和成功经验的借鉴，加强社会主义荣辱观对马克思主义荣辱观创新发展的探索，可以为社会主义荣辱观的研究提供更多的思想资源，这也是我们进一步拓宽社会主义荣辱观研究视野的重要内容。

（三）在社会主义荣辱观的贯彻落实上，学者们对于社会主义荣辱观的理论研究较多，而实证研究较少，研究方法相对单一，在一定程度上导致理论的科学性与实践的可操作性对接不足。如前所述，围绕着建设和落实社会主义荣辱观，学者们作了大量研究，提出了很多有价值的思路，例如坚持"一个根本方向"、纳入"两个全过程"、注重"三个下工夫"、坚持"四个统一"、着手"五个方面"、注意"六个结合"、处理"八个辩证关系"等，并从树立社会主义荣辱观的内在依据和外部保障等角度探讨了建设和落实社会主义荣辱观的具体途径。但是，目前的研究很多都是抽象的逻辑推演，更多侧重于理论说明和观念叙述，而建立在实地调查研究基础上的翔实可靠的实证分析和数据说明却相对不足。这样的研究成果固然有其重要的价值和意义，但弊端也非常明显，那就是针对性不突出，科学性和指导性也相对较弱。社会主义荣辱观不仅仅是个理论层面的问题，更是一个实践层面的问题，即如何推动和落实的问题。因此，要推进社会主义荣辱观的贯彻落实，应当增强问题意识，把人民群众对于社会主义荣辱观的认知与认同结合起来，立足于人民群众在现实社会生活和生产实践中存在的与荣辱观有关的具体的思想问题和行为表现，加强对荣辱观中"真问题"、"实问题"的调查分析和深入挖掘，在理论研究的基础上进一步加强实践研究，并通过实践研究进一步推动理论研究。例如，广大人民群众对社会主义荣辱观的接受程度如何；社会主义荣辱观在机关、军队、校园、社区、农村的落实情况如何；在贯彻落实社会主义荣辱观的过程中取得了哪些阶段性的成就，存在着哪些问题，有没有可操作、可重复、可论证的经验值得推广和借鉴等，这些问题都需要运用定量、采集、统计和矢量分析研究、规律性研究等方法，在实际调查的基础上继续深入，以弥补当前研究中存在的理论分析多而实证研究少的不足。借鉴不同学科领域的研究方法加强理论与实践的对接，不论是对于推动社会主义荣辱观理论研究的创新，还是对于现实中开展树立和落实社会主义荣辱观的实际工作，都具有十分重要的意义。

（四）在社会主义荣辱观的教育方面，学者们围绕学校尤其是高校中社会主义荣辱观教育的相关问题研究较多，而对更大层面和更深层次上的社会主义荣辱观教育研究不足，并且存在一定的研究空白。如前所述，学校社会主义荣辱观教育尤其是针对大学生和青少年的社会主义荣辱观教育，是学者们关注的重点，围绕认识社会主义荣辱观教育的地位、确立教育原则、丰富教育内容、创新教育模式、拓宽教育途径、建立教育机制、营造教育氛围等方面，成果颇丰。但是如果深入分析就会发现目前对社会主义荣辱观教育的研究存在较多薄弱之处，最突出的问题就是，对青少年学生思想品德形成规律的把握不足，对大中小学社会主义荣辱观教育缺少整体规划，没有兼顾到不同阶段学生的知识结构、情感特征和思维特点，教育的针对性、实效性、吸引力、感染力不足。此外，对于学校之外的社会各行各业各单位的社会主义荣辱观教育研究不足，缺少联系工作实际和干部群众思想实际的有效措施。另外，关于社会主义荣辱观教育的历史经验和基本规律问题，关于经济全球化背景下社会主义荣辱观教育的创新和借鉴问题等，目前的研究现状尚属空白，急需进行开拓性研究。

（五）在社会主义荣辱观的地位和作用方面，学者们从社会主义荣辱观确立人们行为的价值尺度和引领社会风尚的角度研究较多，而对社会主义荣辱观与社会主义核心价值体系其他三方面内容的关系研究较少，在一定程度上导致对社会主义荣辱观的基础性地位分析不够。如前所述，以"八荣八耻"为主要内容的社会主义荣辱观作为社会主义核心价值体系的基础，解决的是人们行为规范的问题。它以基本行为规范的方式涵盖了社会主义核心价值体系其他三个方面的内容并使之具体化，从而让社会主义核心价值体系落到实处有了依托，人们践行有了遵循。学者们围绕社会主义荣辱观是社会主义核心价值体系的认识基础、认同基础和实践基础等方面进行了研究，取得了较多共识性的成果。但是，目前的研究较为笼统，存在一定的研究空白。例如，对社会主义荣辱观与社会主义核心价值体系中其他三个方面的内容，也就是对社会主义荣辱观与马克思主义指导思想、社会主义荣辱观与中国特色社会主义共同理想、社会主义荣辱观与以爱国主义为核心的民族精神和以改革创新为核心的时代精神之间的关系缺少必要的研究。再如，对社会主义荣辱观与社会主义核心价值体系自身的逻辑关系缺少必要的研究。社会主义核心价值体系作为严密的逻辑体系，在理论上集社会主义价值理念之大成，引领着社会的价值取向。但是，从理论引领转化为实践引领并不是自然发生的，而是在实践中实现的。社会主义荣辱观作为社会主义核心价值体系转化为实践的基础，这其中蕴涵的逻辑关系以及发生作用的机制如何，社会主义核心价值体系的作用、功能、价值和意义如何通过社会主义荣辱观体现和落实，都缺少更为深入的理论研究。

综上所述，作为社会主义核心价值体系的重要组成部分和基础，社会主义荣辱观的重要性和必要性已在当代中国社会发展和中华民族振兴的现实要求中凸显出来，在对社会主义荣辱观的研究上，我们需要不断加大研究力度、拓宽研究领域、改善研究思路和方法，通过不断把握理论的生长点，积极增强研究的持续性，长期保持研究的热度。

第六章 关于社会主义核心
价值观的研究

党的十六届六中全会首次明确提出建设社会主义核心价值体系的战略任务。研究、提炼社会主义核心价值观也相应成为重要课题。学界从不同角度出发，对社会主义核心价值观的内涵和特征、与社会主义核心价值体系的关系、提炼社会主义核心价值观应遵循的原则等问题进行了深入探讨。现将关于这一问题的研究状况综述如下。

一、社会核心价值观的定位

讨论社会主义核心价值观，首先要对一般意义上的价值观与社会核心价值观概念作一探讨。

（一）价值观的概念

学者们一方面肯定了传统价值观概念，即价值观是人们在实践中形成的对于价值、价值关系的一般看法和根本观点，是处理各种价值问题时所持有的比较稳定的立场、观点和态度的总和；[①] 另一方面又对其加以发展，提出价值可区分为基本价值、特殊价值、不同层级的价值等，

----

① 曹建文. 凝练核心价值观是时代重大课题——专访教育部社科中心副主任张剑 [N].
光明日报，2011 – 02 – 25 （7）.

并认为在不同的时代和环境条件下，价值会有不同的要求和内容，但贯穿其中的必有其核心价值。核心价值是最基本的价值，也是比较恒定的价值。随着时代的变迁，社会主义的次级价值、具体价值乃至某些基本的价值会有变化和发展，但核心价值大体应该是恒定的。抓住核心价值，就抓住了社会主义价值需求、价值创造、价值体系、价值实现的关键。① 也有学者认为，价值观可以分为一般价值观、核心价值观。处于主导地位的价值观代表着价值体系的基本特征，体现着价值体系的基本价值倾向，统率着其他处于从属地位的价值观念，是一种社会制度普遍遵循的基本原则，是一种文化区别于另一种文化的基本价值观念。② 而价值体系，即主体以其需求系统为基础，对主客体之间的价值关系进行整合而形成的观念形态，集中体现主体的愿望、要求、理想、需要、利益等。任何一个社会都会出于自己的需要，提出自己的核心价值体系③。

（二）核心价值观的概念

学者们认为，核心价值观是一个社会中居于统治地位、起支配作用的核心理念，是一个社会制度长期普遍遵循的相对稳定的根本价值准则。④ 它表明了一个政党、国家和民族的文化特征，体现了特定共同体的集体意志、文化特色和价值追求，承载着该共同体的理想和追求，蕴涵着该共同体对世界、人生、政治、经济、社会等一系列重大问题的根本理解，具有明确的历史传承、现实关怀和未来指向。与其他层次的价值意识相比，核心价值观具有如下几个特点：在价值意识中抽象层次最高，最具普遍性和概括性，具有广泛的社会意义，具有相对的稳定性，是世界观、人生观的落脚点；具有民族性、时代性、历史性、阶级性和

---

① 青连斌. 社会主义核心价值观研究的新观点、新进展［N］. 北京日报，2007－08－13.

② 吴倬. 关于社会主义核心价值观问题的理论思考［J］. 教学与研究，2008（6）. 王泽应. 社会主义核心价值观的基本特征［N］. 光明日报，2007－04－03.

③ 黄力之. 建设社会主义核心价值体系的意义［N］. 光明日报，2007－01－31.

④ 黄蓉生，白显良. 提炼社会主义核心价值观若干问题思考［J］. 思想理论教育，2011（2）上.

意识形态性，在阶级社会，所有的价值观都是特定主体在某一特殊历史情境下为了某种特定目的而提出来的；通常经过理论家的理论推导，具有系统化、理论化的特点，具有普遍的原则性和方法论性质；有正确和错误之分。核心价值观是被一个社会的主流政治力量所倡导，为社会的绝大多数成员所尊崇，并在其基本制度中有所体现的。核心价值观并非一成不变，但又相对稳定，总体上其连续性要大于变动性。核心价值观既是"实然"的，又是"应然"的；既具有现实性，又具有理想性；它既在一个社会的基本制度、大众信仰和文化传统中有所体现，又作为目标和理想而与现实保持一定距离。核心价值观既是包容的又是排他的。从长期来看，一个社会的核心价值观可以借鉴和吸收其内部非核心价值观的部分因素，也可以受其他社会的核心价值观的影响，但在短时间内，核心价值观具有极强的排他性，其权威是不容挑战的。核心价值观既是抽象的，又是具体的。它首先是以观念形态存在的，在表述形式上常常是抽象的；但它又通过人们的社会关系、生产和生活方式、行为、语言、文化产品等体现出来的，是以各种符号为其载体的。[1]

（三） 社会核心价值观的功能

学者们指出，核心价值观是国家和民族赖以生存的精神支柱。历史和现实表明，一个没有核心价值观的国家不可能强盛，一个没有核心价值观的民族不可能生存。核心价值观是社会凝聚力的来源，是法律制定、政党决策、制度设计、文化发展、公民教育最终的价值依托。[2] 社会主义核心价值观具有制约和规范社会主义意识形态内容体系的作用和功能。作为社会主义意识形态本质体现的社会主义核心价值观，一经产生就表现出本质对内容体系的制约和规范作用，具有巨大的精神力量，能够整合社会主义意识形态的内容体系及其各个组成部分，使之符合自己的本质，坚持社会主义意识形态的性质和方向，推动社会主义意识形

---

[1] 吴新文. 社会主义核心价值观 ［M］. 重庆：重庆出版社，2009. 吴倬. 关于社会主义核心价值观问题的理论思考 ［J］. 教学与研究，2008（6）.

[2] 曹建文. 凝练核心价值观是时代重大课题——专访教育部社科中心副主任张剑 ［N］光明日报，2011－02－25（7）.

态健康发展。社会主义核心价值观具有提升社会主义意识形态发挥作用的功能，它以简洁明快、富于感染力的话语解读社会主义意识形态，言明其精神和本质，这不仅可以强化社会主义意识形态的深层统一性，而且引人入胜，喜闻乐见，便于社会大众理解、认同、传播和记忆，有利于增强社会主义意识形态的吸引力、感召力、凝聚力和征服力。①

有学者认为，从更为广阔的社会历史角度来看，一个社会的核心价值观具有对内和对外双重功能。对内，它是社会凝聚力的来源，只有明确了自己的核心价值观，整个国家运作、制度设计、法律制定、政府决策、文化发展、公民教育才有最终的价值依托；对外，它则是该社会独特性的重要标志，一个社会只有自觉地建立起自己的核心价值观，才能在与其他社会进行交往时避免人云亦云，不随波逐流，避免被他者所削弱、征服和同化，进而免于衰败和灭亡。当一个社会面临危机时，核心价值观可以起到整合人心、激励士气的作用。② 从我国在世界历史中的地位来看，要建立真正稳定、和谐、富强的大国，我国必须有自己稳定而又具持续性的核心价值体系，创造出符合历史发展方向并且具有世界历史意义的核心价值观。如果没有这样的核心价值体系与核心价值观，我们既不能构筑永续有效且具有深度的民族文化认同感，从而巩固多民族国家的统一；也无法形成持续而又具强大感召力的文化软实力，从而赢得世界广泛的理解和尊重。③

二、社会主义核心价值观的概念与特征

（一）社会主义核心价值观的概念

关于社会主义核心价值观的基本内涵，学界的看法比较一致，即社

① 陈秉公. 如何认识社会主义核心价值观与社会主义意识形态的关系？［N］. 光明日报，2011 - 02 - 25（7）.
② 吴新文. 社会主义核心价值观［M］. 重庆：重庆出版社，2009.
③ 薄洁萍. 如何凝练社会主义核心价值观——访北京师范大学副校长韩震［N］. 光明日报，2011 - 02 - 14（11）.

会主义价值观是对社会主义价值的总的看法和最根本观点。在这一价值观体系中，外于核心地位的就是社会主义核心价值观。有学者进一步认为，社会主义核心价值观，是指那些在社会主义价值体系中居统治地位、起指导作用、从最深层次科学回答"什么是社会主义"这一根本问题、在马克思主义理论体系中占据核心地位的价值理念。社会主义核心价值观是反映社会主义基本的、长期稳定的社会关系及价值追求的价值观，是在社会主义革命、建设和改革开放历程中逐步形成和发展起来并指导社会主义健康发展的价值目标和价值观念。它支撑着我们在建设社会主义长期实践中的行为指向和行为准则，从更深层次影响着我们在建设中国特色社会主义伟大征程中的思想方法与行为方式。在我国科学社会主义的基本价值理念中，只有那些以马克思主义指导思想为灵魂、以中国特色社会主义共同理想为主题、以民族精神和时代精神为精髓、以社会主义荣辱观为基础的价值观，才能称为社会主义核心价值观。①也有学者指出，社会主义核心价值观是指"社会主义价值体系中最基础、最核心的部分，是我们民族长期秉承的反映社会主义本质和建设规律的根本原则和价值观念的理性集结体"。②"社会主义价值观体系是关于如何建设和发展社会主义的价值观念的总称。在这一价值观体系中，处于核心地位的就是社会主义核心价值观。其核心内容主要体现为马克思主义指导思想、中国特色社会主义共同理想、以爱国主义为核心的民族精神和以改革创新为核心的时代精神、社会主义荣辱观等。而贯穿这些核心内容的本质就是立足中国传统、解决中国问题的中国精神"③。还有学者根据不同的价值观念在社会主义价值观念体系中所处的地位、所起的作用的不同，把社会主义价值观分为基本价值观与核心价值观。这种观点认为，社会主义核心价值观在社会主义价值观念体系中居主导地位，起指导作用，从最深层次科学回答"什么是社会主义"或社会主义本质属性这一根本问题，是一个相对稳定的概念，具有根本性和唯

①　田海舰，戴沐. 社会主义核心价值观初探 [J]. 道德与文明，2007 (1).
②　工汤应. 社会主义核心价值观的基本特征 [N]. 光明日报，2007－04－03.
③　李晓东. 论社会主义核心价值观的核心性质与基本精神 [J]. 山东社会科学，2007 (7).

一性。而社会主义基本价值观则是对社会主义是否具有某种价值的基本看法和基本观念，是迄今为止人类追求的共同价值的集合体，是各种社会主义原则的泛化抽象，是一个相对多样的、变化的概念，有着不同的表现形式。但只有至少符合如下三个方面的内在要求的价值观才属于核心价值观范畴：一是它们在马克思、恩格斯创立并为后人不断发展了的科学社会主义体系中占据重要地位；二是既容纳继承人类文明进步的共同价值，又区别于各种非科学社会主义价值观反映科学社会主义本质；三是具有久远的作用和影响，代表着人类文明发展的方向和未来。①

由此可见，对于社会主义核心价值观的基本内涵、理论根基、历史地位等问题，学者们所见略同。只是从不同的研究角度出发，在文字表述、阐释思路上稍有不同而已。

（二）社会主义核心价值观与社会主义核心价值体系的关系

社会主义核心价值观与社会主义核心价值体系的关系，是理论界讨论的一个热点问题，也是确立社会主义核心价值观必须首先解决的理论课题。在这个问题上，学界有多种看法，如认为二者是"前提"与"抽象"的关系：社会主义核心价值体系是社会主义核心价值观的基础和前提，是社会主义核心价值观形成和发展的必要条件。社会主义核心价值观是社会主义核心价值体系的内核和最高抽象，体现社会主义的价值本质，决定社会主义核心价值体系的基本特征和基本方向，引领社会主义核心价值体系的建构。社会主义核心价值观渗透于社会主义核心价值体系之中，通过社会主义核心价值体系表现出来，二者是相辅相成、相互依存、辩证统一的有机整体。② 也有观点认为二者是"系统"与"内核"的关系："社会主义核心价值体系有完整的结构。其内核就是核心价值观，围绕核心价值观由里到外有若干层次，有伦理价值观、政治价值观、经济价值观、社会生活价值观等。每一个层次都有特定的内

①　方爱东. 社会主义核心价值观论纲［J］. 马克思主义研究，2010（12）.
②　戴木才. 论社会主义核心价值观与核心价值体系的辩证关系——中国特色社会主义核心价值观探索之一［J］. 南昌航空大学学报，2011（2）. 戴木才，田海舰. 论社会主义核心价值体系与核心价值观［J］. 中国党政干部论坛，2007（2）.

涵和功能。核心价值观主导和支配各个层次的价值观，各个层次的价值观都折射和反映核心价值观，并互相影响和渗透。马克思主义核心价值观与中国传统文化核心价值观融合而成的新型价值观——实现人的全面和谐发展是中国社会主义核心价值体系中的内核。"① 另有观点认为二者是"形式"与"内容"的关系："核心价值体系与核心价值观是框架与实质、结构与要素、形式与内容的关系。社会主义核心价值体系，决定了社会主义核心价值观的意识形态性质和民族形态；社会主义核心价值观则反映着社会主义核心价值体系的价值追求和价值取向。"② 还有观点认为二者是"一般"与"个别"的关系："中国特色社会主义核心价值体系与核心价值观是两个既相联系又相区别的概念，二者是特殊与普遍、个别与一般的关系，它们从两个不同侧面、不同层次服务于中国特色社会主义事业。"③ 但不论从哪个角度去探讨社会主义核心价值观与社会主义核心价值体系的关系，学者们都认同这样一个基本结论，即二者在本质上的一致性和统一性。④ 这一共同的认识前提，为厘清二者的内在逻辑关联，提供了理论上的基础与可能。

学者们普遍认为，社会主义核心价值观和社会主义核心价值体系紧密联系，辩证统一，在本质和外延上是一致的。从广义上说，二者是同一的，都属于社会主义主流意识形态的范畴，是社会主义意识形态的本质体现，受社会主义经济基础决定，又服务于社会主义经济基础，统一于全面建设小康社会的生动实践。⑤ 从狭义上说，二者又有所区别。从切入点来说，社会主义核心价值观从观念入手，更倾向于一般性的总的

---

① 张利华. 试析中国特色社会主义核心价值体系的结构与内涵 [J]. 中国特色社会主义研究, 2007 (4). 黄蓉生, 白显良. 提炼社会主义核心价值观若干问题思考 [J]. 思想理论教育, 2011 (3). 熊艳, 杨越, 郭平. 论新时期社会主义核心价值观的科学提炼——兼论社会主义核心价值观的提炼原则 [J]. 前沿, 2011 (12).

② 韩震. 从体系建构到观念的凝练——社会主义核心价值观念初论 [N]. 学习时报, 2008 – 05 – 12.

③ 李培湘. 构建中国特色社会主义核心价值观的探索 [J]. 科学社会主义, 2009 (5).

④ 顾友仁, 方爱东. 中国特色社会主义的价值向度——近五年社会主义核心价值观研究述要 [J]. 伦理学研究, 2011 (2).

⑤ 黄蓉生, 白显良. 提炼社会主义核心价值观若干问题思考 [J]. 思想理论教育, 2011 (3).

价值理念的建构，而社会主义核心价值体系则从体系入手，倾向于结构明确、内容具体，是从更加直观意义上来建构的；从目标来说，社会主义核心价值观强调对社会主义的认识有更加深入准确的理解和把握，而社会主义核心价值体系则强调实践上的可操作性；① 从内容来说，二者有包容关系，社会主义核心价值观从属于社会主义核心价值体系，是社会主义核心价值体系的内核和最高抽象，体现社会主义的本质，决定社会主义核心价值体系的基本特征和基本方向，引领社会主义核心价值体系的建构。构建社会主义核心价值观实际上就是构建社会主义核心价值体系。确立社会主义核心价值观，是建设社会主义核心价值体系的根本内容。如果没有社会主义核心价值观，社会主义核心价值体系就没有灵魂，就会显得庞杂、分散而不集中、不精练。②

此外，还有学者探讨了社会主义核心价值观与社会主义社会核心价值观的区别与内在联系，认为社会主义核心价值观与社会主义社会核心价值观是两个不同的概念。社会主义核心价值观是人们对社会主义的最根本、最核心的观点和看法，贯穿于社会主义的学说、运动、制度和形态之中，是人类社会发展的最终价值驱使和内在要求，是一个相对稳定的概念。社会主义社会核心价值观是人们在社会生产活动过程中形成的对该社会近期奋斗目标的共识，它必须以社会主义为根本方向，以特定的社会主义社会发展阶段为依托，集中体现在该社会制度和具体生产方式上。社会主义核心价值观是社会主义社会核心价值观的最终价值驱使，社会主义社会核心价值观是社会主义核心价值观的近期目标。③

（三）社会主义核心价值观的基本特征

学界的讨论可大致归结为如下几点。

1. 社会主义核心价值观具有普遍性。社会主义核心价值观是人民

---

① 陈静，周丽. 社会主义核心价值观基本内涵探要 [J]. 马克思主义研究，2007（6）. 钟明华，黄荟. 社会主义核心价值观内涵解析 [J]. 山东社会科学，2009（12）.

② 戴木才，田海舰. 社会主义核心价值体系建设需要深化研究的若干理论问题 [J]. 马克思主义研究，2009（9）.

③ 徐国民. 社会主义核心价值观与社会主义社会核心价值观辨微 [J]. 兰州学刊，2008（1）.

群众在我国长期社会主义革命和建设实践中所形成的主导价值观体系，它在社会生活中处于主导、统摄或支配地位，是为广大人民群众所普遍接受、认同的价值观体系。这一价值观体系在内容上涵盖了社会主义条件下人民群众在社会生活、社会实践的主要领域或方面，是群众的根本利益和要求的体现，因而是人民群众实践的具有根本性、普遍性、广泛社会性和主导性意义的价值目标和价值尺度。它的成型和系统化，必将成为人们共同遵循和维护的行为准则，并作为人们的价值传统和文化精神长期稳定下来，发挥代代相传的价值传递效用。①

2. 社会主义核心价值观具有相对的稳定性。由于价值观的形成是在非理性的价值意识的基础上和通过对理性层面的价值观念或价值思想的抽象、概括、提炼和升华作用形成的，因而价值观具有与客观现实生活距离较远、作用相对间接的特点。所以，某种价值观一旦形成，就会保持相对的稳定性。社会意识的相对独立性的各种特点在价值观方面的表现最具典型性。社会主义核心价值观是经过思想家、理论家研究、整理、论证、完善，以理论化、系统化、规范化的形态面世的思想理论体系，从本质上反映了社会主义的建设规律与发展要求，因而具有稳定性特征。②

3. 社会主义核心价值观具有继往开来的时代性。社会主义核心价值观从形成到成熟的过程，正是与中国特色社会主义的建设实践过程紧密结合在一起的。社会主义核心价值观所包含的基本理念，是经过中华民族数千年历史考验的思想结晶；社会主义核心价值观所体现的价值追求，是对中国人民革命和建设过程的经验积累；社会主义核心价值观所呈现的严密结构，是对中国特色社会主义实践探索的理论升华。从这个意义上说，社会主义核心价值观是总结历史的价值观体系，更是面向未来的价值观体系，是中华民族对自身发展经验的总结与升华，也是对面

---

① 王泽应. 社会主义核心价值观的基本特征 [N]. 光明日报，2007-04-02；牛创平. 对社会主义核心价值观的探析 [J]. 潮湘论坛，2008 (1).

② 吴倬. 关于社会主义核心价值观问题的理论思考 [J]. 教学与研究，2008 (6).

向未来的符合自身特色的发展道路的科学思考。[①]

4. 社会主义核心价值观具有开放性。社会主义核心价值观不是自我封闭的体系，更不是远离现实的理论教条。只有自觉面对现实问题的挑战，不断根据变化的情况，借鉴和吸收人类的一切文明成果，充实自己、丰富自己，社会主义核心价值观才能保持生命力和说服力。社会主义核心价值观所呈现出来的兼收并蓄的开放精神，是保证社会主义核心价值观的生命活力的根本所在。社会主义核心价值观的理论结构形式，也正是在这种兼收并蓄的过程中丰富和成熟起来的。[②]

5. 社会主义核心价值观具有民族性和意识形态性。不同的民族，由于地域、文化、生产方式和生活方式以及阶级状况的差异，其价值观会显示出一定的民族性。我国的社会主义核心价值观，必须建立于民族优秀文化传统之上，并结合新的社会发展和时代要求对其予以创造性的发展。当然，对于历史文化血脉和价值传统，我们须坚持马克思主义的科学方法和态度，注意防范价值观上的历史虚无主义和民粹主义两种风险和错误，努力建设与传统美德相承接的社会主义核心价值观。[③]　价值观反映的是人对社会生活实践的根本问题的态度。由于人是社会的、实践的人，而且在阶级社会条件下人还是划分为阶级具有阶级性的人，因此价值观总是带有鲜明的社会性、阶级性和实践特征的痕迹。社会主义核心价值观体系作为社会主义意识形态的重要组成部分，是我国政府以官方形式在社会上予以倡导、宣传、并对民众进行教育的主流思想意识，同样具有鲜明的阶级性。由于我国是人民当家作主的社会主义国家，所以这里的阶级性与民族性、普遍性又是辩证统一、不可分割的。[④]

6. 社会主义核心价值观具有合规律性。社会主义核心价值观否定和超越了以个人主义、利己主义、功利主义为主要内容的资产阶级核心价值观，实现了人类价值观念的根本变革。它是在共产党执政规律、社

①　李晓东. 论社会主义核心价值观的核心性质与基本精神 [J]. 山东社会科学，2007
(7).

②　罗哲. 社会主义核心价值体系的基本特征 [N]. 光明日报，2007 - 11 - 27.

③　王泽应. 社会主义核心价值观的基本特征 [N]. 光明日报，2007 - 04 - 03.

④　吴倬. 关于社会主义核心价值观问题的理论思考 [J]. 教学与研究，2008（6）.

会主义建设规律和人类历史发展规律之上的一种价值创造和价值整合。社会主义核心价值体系在当今中国不是凭空产生、突然出现的，而是在新中国思想文化发展的历史过程中和深厚的社会基础上应运而生的，是中国乃至世界的思想文化特别是价值观念合乎规律发展的必然产物。社会主义核心价值观的构建，不能脱离中国共产党的执政理念，不能违背社会主义建设的发展规律。社会主义核心价值观凝聚着中国共产党执政规律、社会主义建设规律和人类社会发展规律的思想光华，因而必然成为合乎客观规律的目的性追求，是合目的性与合规律性的有机统一。①

三、确立社会主义核心价值观的重要意义

建设社会主义核心价值体系，客观上要求从理论上对社会主义核心价值观进行提炼与概括。在当代中国，提炼社会主义核心价值观，有其内在的必然性和深刻的时代背景，具有重要的历史和现实意义。学者们从历史与现实、国内与国际等不同角度对此问题作了探讨，其基本观念可概括为如下几个方面。

（一）确立社会主义核心价值观，是巩固全党全国人民团结奋斗的共同思想基础的关键所在

学者认为，确立社会主义核心价值观，有利于我们更清醒、更坚定地把握和坚持社会主义意识形态的本质。有些学者认为，当前，社会主义市场经济的发展，经济结构的多元化和利益关系的多样化，以及西方社会思潮的大量涌入，使我国社会出现了价值多元化的趋向，原有的价值体系被打破，新的符合时代要求的价值体系尚未建立起来，在一些方面和领域出现了价值失落、价值混乱和价值冲突等问题，一定程度上冲击了全党全国各族人民团结奋斗的共同思想基础。共同的思想基础是

---

① 罗文东. 关于社会主义核心价值观的理论思考 [J]. 山东社会科学, 2009 (12). 吴倬. 关于社会主义核心价值观问题的理论思考 [J]. 教学与研究, 2008 (6).

党、国家、民族赖以存在和发展的根本前提，而核心价值观则是共同思想基础的纽带和内核。确立社会主义核心价值观，有利于巩固全党全国人民团结奋斗的共同思想基础。① 从另一个角度来看，社会主义核心价值体系建设实践中的价值取向与价值诉求，即马克思主义大众化，使科学理论从书斋走向生动的社会实践，也迫切要求理论界提炼简洁明了的社会主义核心价值观。②

（二）确立社会主义核心价值观，是保证经济社会生活健康发展的内在要求

有学者认为，构建社会主义核心价值观，可以提升经济生活的价值，并为其和谐发展、持续发展和健康发展提供永久、永续动力。自21世纪以来，我国社会开始了从初级小康向全面小康迈进的伟大征程。这既是一个"黄金发展期"，也是一个"矛盾凸显期"。一方面，我国经济持续发展，成功实现由计划经济向社会主义市场经济的转变；另一方面，我国在经济快速发展的同时，也积累了不少矛盾和问题，如城乡差距、地区差距、居民收入差距持续扩大，就业和社会保障压力增加，教育、卫生、文化等社会事业发展滞后，人口增长、经济发展同生态环境、自然资源的矛盾加剧，安全生产、社会治安等许多事关人民群众切身利益的问题亟待解决，统筹兼顾各方面利益的难度加大，国际竞争日趋激烈等。在这一阶段，建构正面现实和朝向未来的社会主义核心价值观，可以极大地凝聚人心，形成社会的价值共识，有效地化解各种利益矛盾，协调各种关系，为经济社会生活健康发展提供精神支撑和道义支持。③

---

① 石国亮. 以社会主义核心价值体系引领意识形态建设［N］. 中国教育报，2007 - 03 -
27. 赵曜. 大力推进社会主义核心价值体系建设［J］. 湖湘论坛，2007（4）. 熊艳，杨越，郭平. 论新时期社会主义核心价值观的科学提炼——兼论社会主义核心价值观的提炼原则［J］.前沿，2011（12）.
② 黄蓉生，白显良. 提炼社会主义核心价值观若干问题思考［J］. 思想理论教育，2011（3）.
③ 王泽应. 社会主义核心价值观之本质规定性及路径选择［J］. 湖南师范大学社会科学学报，2007（5）. 郭祖炎，田海舰. 论社会主义核心价值观及其意义［J］. 延安大学学报，2007（12）.

（三）确立社会主义核心价值观，是建设社会主义先进文化、提高国家文化软实力的必然要求

文化的核心是价值观。确立社会主义核心价值观，有利于我们更清醒、更坚定地把握和坚持社会主义先进文化的前进方向。有学者提出，当前我们正处在一个思想大活跃、观念大碰撞、文化大交融的时代，先进文化、有益文化、落后文化和腐朽文化同时并存，正确思想和错误思想、主流意识形态和非主流意识形态相互交织。要在这样的条件下发展先进文化，必须努力构建具有广泛感召力的社会主义核心价值观，这样才能引领和整合多样化的思想意识和社会思潮，使先进文化得到发展，健康文化得到支持，落后文化得到改造，腐朽文化得到抵制，实现文化大繁荣大发展。①

（四）确立社会主义核心价值观，是建构社会主义和谐社会的重要条件

社会主义核心价值观提供了建设和谐社会所需要的文化认同和价值追求，具有其他任何价值体系不可替代的高度的凝聚力和感召力。有学者强调，确立社会主义核心价值观是构建社会主义和谐社会的基本内容和重要条件。要构建在中国特色社会主义道路上中国共产党领导全体人民共同建设、共同享有的社会主义和谐社会，既需要雄厚的物质基础、可靠的政治保障，也需要有力的精神支撑和良好的文化条件。核心价值观为人们提供了一整套观察世界、判断事物的基本标准。在核心价值观的指导下，取得全社会广泛而深刻的价值认同，可以使人们超越民族、血缘、语言、习惯、地域等方面的差异，消除彼此之间的分歧和隔阂，增强社会成员的归属感和向心力，促进社会共同体的团结稳定。②

---

① 秋石. 坚定不移地坚持社会主义核心价值体系 [J]. 求是，2009（11）. 韩震. 用社会主义核心价值体系引领多样化社会思潮 [N]. 光明日报，2008 – 05 – 13.

② 邱仁富. 发挥社会主义核心价值观的引领作用 [J]. 党政论坛，2009（7）. 方爱东. 关于"以社会主义核心价值体系引领社会思潮"的两点思考 [J]. 思想政治教育研究，2008（4）.

（五）确立社会主义核心价值观，是中华民族对全人类作出更大贡献的必要前提

有学者提出，苏联和东欧社会主义阵营解体后，中国成为世界上唯一的社会主义大国，社会主义的命运与中国的命运已经紧紧地联系在一起。在经济全球化、文化多元化的今天，马克思主义所揭示的社会历史规律，不可避免地要遇到种种困难与挑战。从这个角度说，确立社会主义核心价值观，关系到对目前在全球流行的资本主义生产方式和生活方式的扬弃和克服，关系到人类是否有可能开辟一条新的发展道路，关系到人类是否有可能提升其理想和精神境界。在此意义上，确立社会主义核心价值观不仅是再造中华民族的精神和灵魂的伟业，而且也是当代中国人对人类前途和命运的价值定位。如果说中华民族在 21 世纪对人类应该有更大的贡献，那么这种贡献不仅要体现在经济发展上，而且也要体现在确立核心价值观，进而参与全球的价值观对话和建构上。①

四、提炼社会主义核心价值观必须遵循的原则

在提炼社会主义核心价值观之前，首先必须解决"以什么标准来提炼"，即提炼社会主义核心价值观必须遵循的原则的问题。在这方面，学术界基本达成了一致意见。

（一）要体现社会主义的本质

学者们认为，社会主义社会与封建主义社会、资本主义社会等其他社会形态有着本质区别，其核心价值观也根本不同。要用马克思主义的立场、观点、方法指导和推动社会主义核心价值观的提炼。社会主义核心价值观必须紧扣社会主义主线，鲜明地体现社会主义本质，表达出社

① 吴新文. 社会主义核心价值观［M］. 重庆：重庆出版社，2009. 刘淑萍. 全球化与社会主义核心价值观的确立［J］. 江苏行政学院学报，2009（5）.

会主义的精髓，反映社会主义最关键的、最根本的、最核心的东西。①

有学者认为，社会主义核心价值观是社会主义制度的本质体现。价值观是人们在实践中形成的对于价值、价值关系的基本看法和根本观点，是处理各种价值问题时所持有的比较稳定的立场和态度的总和。任何社会的核心价值观，从根本上说，都是对这个社会基本制度的集中反映，体现着这个社会的核心价值诉求。社会主义核心价值观姓"社"，从本质上体现社会主义意识形态，从根本上区别于任何其他社会形态的核心价值观。提炼社会主义核心价值观，必须牢牢把握核心价值观的社会制度属性，鲜明体现中国特色社会主义前进方向，高扬社会主义旗帜，紧扣社会主义主线。② 社会主义核心价值观应当凝练和概括社会主义意识形态的本质，应当将中国特色社会主义的基本理论、思想观念和价值取向系统地整合在一起，集中体现马克思主义中国化的精神实质，反映中国特色社会主义制度和现实的本质要求，体现广大人民群众的根本利益，昭示中国特色社会主义的发展方向，进而真正成为全国各族人民团结奋斗的共同价值观念基础。③

还有学者从社会主义核心价值观和社会主义核心价值体系的关系入手，强调提炼社会主义核心价值观要立足社会主义核心价值体系。如有的学者认为，社会主义核心价值体系是社会主义社会所有价值体系中居于主导地位的部分，能有效制约非核心、非主导的价值体系的存在和发展，在很大程度上关系着社会的稳定和发展。提炼社会主义核心价值观必须立足于社会主义核心价值体系，确保社会主义核心价值观同马克思主义的指导、共同理想的导向、民族精神的支撑、时代精神的引领、荣辱观的规范相一致。而其中最重要也最核心的就是必须坚持以马克思主

---

① 凝练核心价值观是时代重大课题——专访教育部社科中心副主任张剑 [N]. 光明日报，2011 – 02 – 25（7）.

② 黄蓉生，白显良. 提炼社会主义核心价值观若干问题思考 [J]. 思想理论教育，2011（3）.

③ 陈秉公. 如何认识社会主义核心价值观与社会主义意识形态的关系？[N]. 光明日报，2011 – 02 – 25（7）.

义为指导，服务于中国特色社会主义建设事业。① 从形式上看，社会主义核心价值体系从体系入手，倾向于体系完整、结构明确；而社会主义核心价值观从观念出发，倾向于深刻而精练的价值理念的建构。从内容上看，社会主义核心价值观从属于社会主义核心价值体系，是价值体系中最基础、最核心、最稳定的部分，提炼社会主义核心价值观实际上就是建设社会主义核心价值体系。②

（二）要遵循马克思主义关于社会主义价值追求的基本思想

学者们认为，马克思主义对社会主义的价值追求作出了许多科学的阐述，马克思主义中国化最新成果又对建构社会主义核心价值观提出了新的思想。提炼社会主义核心价值观，必须遵循马克思主义特别是马克思主义中国化最新成果有关社会主义价值追求的基本思想。③

有学者认为，现实社会主义是马克思主义创始人在批判资本主义及一切剥削制度的过程中发现的新世界，《共产党宣言》、《资本论》、《社会主义从空想到科学的发展》等论著都对社会主义的价值追求作出了许多科学的论断和预测。现实社会主义制度和实践，首先就是遵循这些价值追求及其相应的理论设计。社会主义核心价值观的概括与提炼只有遵循马克思主义有关社会主义价值追求的基本思想，才有深厚的理论根基和深刻的思想内涵，进而才能真正体现继承与创新发展的有机统一。④

有学者认为，在社会理想目标问题上，马克思主义主张，共产主义是消灭私有制和阶级对立的资本主义现存状况的现实的运动，是"以每个人的全面而自由的发展为基本原则的社会形式"。在人的本质及其与社会的关系问题上，马克思主义主张，人的本质不是单个人所固有的抽象物，而是一切社会关系的总和；只有在共同体中，个人才能获得发展其才能的手段，并通过联合获得每个人的自由。在价值取向和价值准则

---

① 熊艳，杨越，郭平. 论新时期社会主义核心价值观的科学提炼——兼论社会主义核心价值观的提炼原则［J］. 前沿，2011（12）.

② 黄蓉生，孙楚航. 牢牢把握提炼社会主义核心价值观的基本准则［N］. 光明日报，2010－09－28（9）.

③ 崔延强，郭平. 社会主义核心价值观初探［N］. 光明日报，2011－01－16（7）.

④ 杨兴林. 关于社会主义核心价值观的研究现状与思考［J］. 理论探索，2010（1）.

问题上，马克思主义主张，社会主义是绝大多数人的、为绝大多数人谋利益的运动；共产党人为工人阶级最近的目的和利益而斗争，但在当前的运动中同时代表着运动的未来。只有坚持马克思主义的世界观和方法论，并将其与我国社会主义建设的具体实践相结合，才能真正树立和践行以为人民服务为核心、以集体主义为原则、以人的自由全面发展为目标的社会主义核心价值观。社会主义核心价值观的提炼，必须高度概括、集中体现这些基本原则。①

还有学者认为，中国共产党人对社会主义的探索本身就带有鲜明的价值取向，党的几代中央领导集体在关于社会主义的理论探索和实践追求中，逐渐形成的马克思主义中国化成果，集中反映出我们党对社会主义认识的不断深化发展和价值追求。为此，要立足马克思主义及其中国化的最新成果，按照体现社会主义本质和基本内涵的要求提炼社会主义核心价值观。毛泽东提出社会主义的中心任务是发展生产力，"务须避免盲目地乱抓乱碰，把中心任务忘记了"。邓小平指出，"社会主义的本质，是解放生产力，发展生产力，消灭剥削，消除两极分化，最终达到共同富裕"，科学回答了"什么是社会主义、怎样建设社会主义"这个根本问题。随着我国改革开放和现代化建设的不断深入，党对社会主义本质的认识不断深化，先后提出促进人的全面发展是"建设社会主义新社会的本质要求"，社会公平和正义是"社会主义制度的本质要求"，社会和谐是"中国特色社会主义的本质属性"等一系列重要论断。党的十七大提出"社会主义核心价值体系是社会主义意识形态的本质体现"的科学论断，是对社会主义意识形态建设规律的新认识，标志着我们党对社会主义本质的认识达到了一个新境界。这些论述为在社会主义价值层面提炼核心价值观，奠定了基础，指明了方向。②

---

① 罗文东. 关于社会主义核心价值观的理论思考［J］. 山东社会科学，2009（12）. 高国希. 马克思人的自由全面发展理论与社会主义核心价值观［J］. 中州学刊，2007（6）.

② 黄蓉生，白显良. 提炼社会主义核心价值观若干问题思考［J］. 思想理论教育，2011（3）.

（三）要突出中国共产党的执政理念

学者们认为，执政理念是执政主体对整个执政活动的总体看法和观点，主要是回答为谁执政和如何执政等问题。一个政党所倡导的核心价值观能被整个社会所接纳，就会具有顽强的生命力，并且强有力地影响着人们的行为，成为一种社会普遍遵循的行为准则。社会主义核心价值观越能突出中国共产党的执政理念，就越能为党内成员塑造一个价值取向，引领我们党和全体人民的前进方向。① 如有学者认为，每个国家和民族的核心价值观都是统治阶级的愿望、意志和利益的集中反映，这就是核心价值观的阶级性。价值观的阶级性要求其必须体现代表统治阶级利益的执政党的执政理念。我们社会主义核心价值观内涵越是具有中国共产党执政理念的本质意义，越能为我们党内成员塑造一个价值取向，引领我们党和全体人民的前进方向。所以社会主义核心价值观一定要充分反映中国共产党最先进的文化和执政理念，如"三个代表"重要思想、科学发展观等。②

（四）要反映我国优秀的文化传统和人类文明的进步成果

学者们认为，中国特色社会主义核心价值观，既是中国特色的，又是社会主义的。作为中国特色的，它的概括和提炼离不开对中国优秀传统文化的借鉴和吸收；作为社会主义的，它的概括和提炼离不开对人类文明成果的借鉴和吸收。立足于这样的前提，概括、提炼社会主义核心价值观，才会既有深厚的民族文化根基，有利于展示中华民族的美好向往，又体现人类文明发展进步的共同追求，展示中国特色社会主义的勃勃生机与活力。③

有学者认为，构建社会主义核心价值观必须积极发掘中华民族几千

---

① 凝练核心价值观是时代重大课题——专访教育部社科中心副主任张剑 [N]. 光明日报，2011－02－25（7）.

② 陈静，周丽. 社会主义核心价值观基本内涵探要 [J]. 马克思主义研究，2007（6）.

③ 杨兴林. 关于社会主义核心价值观的研究现状与思考 [J]. 理论探索，2010（1）. 黄蓉生，白显良. 提炼社会主义核心价值观若干问题思考 [J]. 思想理论教育，2011（3）.

年传承下来的价值观遗产。当然，我们必须以科学的态度，寻找民族传统价值观中最优秀的成分，结合现代文明，予以发掘、归纳和整理，力求使其焕发出更加灿烂的光辉。同时，积极借鉴外来价值观的积极因素。外来价值观具有其特有的积极成分，如其强化核心价值观的方式。美国拥有世界上实力最为雄厚的大众传播体系和多样的传播手段，将价值观建设融入大众传播机制的办法坚持和强化了其核心价值观，成为锻造和维系"美国精神"的有力纽带，用大众乐于接受的传播手法编织了一条有张有弛的"价值防线"，牢牢占据主导核心价值观的阵地。这些都是我们在构建社会主义核心价值观过程中必须学习和借鉴的有益成分。①

有学者认为，中国特色社会主义核心价值观是一个开放的体系，应是对科学社会主义价值观、中国传统文化价值观、中国当代价值观和人类优秀价值观的继承和发展，应具有很强的包容性和整合力，这是我们凝聚和统一社会各阶层、各利益群体思想的有力武器。②

有学者认为，社会主义作为人类共同价值理想的一种历史实现方式，其价值源自于或传承着人类共同价值理想。凡属真正是人类一般价值的东西，都可以被吸收、容纳到社会主义价值中来。因为一般人类价值的东西，是在人类历史的长河中，经由人类世代的实践所积累、沉淀下来的有益于它自身发展的物质和精神财富。因而，作为人类共同价值理想的历史实现形式，社会主义价值观和资本主义价值观不可避免地具有某些重合之处，如自由、平等、互助、竞争、效率、博爱、人权、民主、富裕等价值理念。为了实现社会主义价值目标，为了赢得社会主义与资本主义相比较的优势，社会主义应大胆吸收和借鉴当今世界各国包括资本主义发达国家的一切好的、合理的东西。③

有学者认为，社会主义核心价值观是社会主义意识形态的本质体现，理应是时代的精华，人类文明的结晶，提炼社会主义核心价值观应当借鉴外国价值观和我国传统文化的优秀成果。第一，坚持洋为中用，

---

① 陈静，周丽. 社会主义核心价值观基本内涵探要 [J]. 马克思主义研究，2007（6）.

② 张俊，冯有明，龙兴跃. 论构建中国特色社会主义核心价值观的基本原则 [J]. 学校党建与思想教育，2010（11）.

③ 方爱东. 社会主义核心价值观论纲 [J]. 马克思主义研究，2010（12）.

汲取外国价值观中的有益成分，使社会主义价值观更加全面。第二，坚持古为今用，继承中国传统文化的核心精华。在几千年的发展中，中华民族创造了博大精深的传统文化，我们提炼社会主义核心价值观也应该继承弘扬传统文化中的科学成分。①

（五）要最大限度地反映社会共识

社会主义核心价值观的提炼，最为根本的是要积极回应广大人民的利益期待，切实把广大人民的利益诉求作为考虑问题的出发点和归宿，所以，必须最大限度地得到广大人民的认同。只有这样，社会主义核心价值观才具有生命力，才能真正指导人们的价值实践。②

有学者认为，社会主义核心价值观的培育既是一个从上至下，由执政党和政府来提倡的过程，又是一个人民群众共同参与，不断完善，不断深化的过程。培育社会主义核心价值观，最为关键的是要获得广大人民群众的普遍认同，否则就没有实际意义。《中共中央关于构建社会主义和谐社会若干重大问题的决定》指出："坚持以社会主义核心价值体系引领社会思潮，尊重差异，包容多样，最大限度地形成社会思想共识。"假定我们培育的社会主义核心价值观在理论上无可辩驳，但不能为人民群众所感知、所认同、所接受，这个核心价值观也只能是空中楼阁，没有任何实际作用。③

有学者认为，社会主义核心价值观是社会主体对重大问题的价值共识。社会主义核心价值观把我们党倡导的价值理念系统凝练地整合在一起，体现着广大人民群众的价值追求，承载着广大人民群众的价值理想，蕴涵着广大人民群众对世界、人生、社会等一系列重大问题的价值共识，是广大人民群众社会生活实践的根本性、普遍性、广泛性和主导性意义的价值尺度。④

---

① 黄蓉生，孙楚航. 牢牢把握提炼社会主义核心价值观的基本准则 ［N］. 光明日报，2010 - 09 - 28 （9）.

② 顾相伟. 社会主义核心价值观与人的全面发展 ［J］. 求实，2009 （6）.

③ 陈静，周丽. 社会主义核心价值观基本内涵探要 ［J］. 马克思主义研究，2007 （6）.

④ 凝练核心价值观是时代重大课题——专访教育部社科中心副主任张剑 ［N］. 光明日报，2011 - 02 - 25 （7）.

有学者认为，社会主义核心价值观只有被广大人民群众理解和掌握，才能变为强大的物质力量，在实践中发挥应有的作用。社会主义核心价值观的表达，只有具有广泛的适用性和鲜明的生动性，才能为大众认可和接受。因此，社会主义核心价值观的提炼和表达，最为关键的是要获得广大人民群众的普遍认同，否则就没有实际意义。① 有的学者则认为，现行的社会主义核心价值体系的内涵是科学的，是马克思主义的，得到了广大党员和群众的拥护和响应。对社会主义核心价值观和核心价值理念的进一步提炼，应在既有成果的基础上锦上添花、精益求精，使不完善、不全面的地方得到改进、丰富和发展，使之逐渐完善、达到它应有的全面性，而不应该另起炉灶、推倒重来。另起炉灶、推倒重来，意味着另择方向、使用另外的话语系统。②

（六）要便于传播和记忆

社会主义核心价值观是对社会主义核心价值体系的高度抽象与高度概括，是对社会主义本质的反映，其语言表述应力求简明扼要，便于传播和记忆。③

有学者认为，从传播学的视角看，只有高度精练的语言，才易记易背，才容易得到快速而广泛的传播；从教育的实效性看，社会主义核心价值观越是精练，越能赋予自己极大的张力、包容性和阐释力，越是通俗易懂，越具亲和力和感召力，越能为广大民众接受和践行。所以，社会主义核心价值观必须响亮醒目、精练易记，力戒啰唆冗长、深奥晦涩。④

有学者认为，社会主义核心价值观是全社会的普遍价值观，而不是某部分人的价值观，一种价值观要能为人民大众普遍接受，则必然要求

---

① 黄蓉生，白显良. 提炼社会主义核心价值观若干问题思考［J］. 思想理论教育，2011（3）.

② 梅荣政. 深化社会主义核心价值体系研究的几点思考［J］. 贵州师范大学学报（社会科学版），2010（5）.

③ 王娟. 社会主义核心价值观研究综述［J］. 理论前沿，2008（8）.

④ 张俊，冯有明，龙兴跃. 论构建中国特色社会主义核心价值观的基本原则［J］. 学校党建与思想教育，2010（11）.

能为人民大众理解，这就要求社会主义核心价值观在表达上要顾及大众化和对象性，就是要将提炼出的社会主义核心价值观体现从抽象到具体、由深奥到通俗、由少数人理解掌握到被广大群众理解掌握，也就是说要在表达的准确性、简洁性、难易度，甚至辞藻与字数等方面下工夫，赋予社会主义核心价值观通俗易懂的表现形式和入耳入脑的传播效果，使其内化为广大人民群众的价值追求，外化为广大人民群众的行为自觉，推动中国特色社会主义事业的发展。邓小平曾讲，学马列要精，要管用，老百姓不可能读大部头，大部头的东西是搞专业的人读的，老百姓需要的是通俗易懂、简单明了的东西。提炼社会主义核心价值观也是这样，不可能要求老百姓去普遍把握需要深刻的理论阐释才能明白的内容，而是应该给老百姓通俗化的东西。①

五、社会主义核心价值观的基本要素

提炼社会主义核心价值观，虽是最近两年才在学术界形成热点，但回顾历史人们不难发现，这并不是一个全新的课题。

有学者认为，中国共产党历来重视核心价值观的建设。新中国成立后，以毛泽东同志为核心的党的第一代中央领导集体，在全社会大力倡导"全心全意为人民服务"、"大公无私"、"毫不利己，专门利人"等价值观念，它与新中国成立之前中国共产党领导人民革命的伟大实践所创造的价值观一起，构成了我们今天建设社会主义核心价值观必须遵循的重要要素。②

有的学者对改革开放以来我国社会主义核心价值观念的形成发展过程进行了简要梳理，他们认为，以邓小平为核心的党的第二代中央领导集体，在重大历史关头排除"左"和右的各种干扰，坚持中国特色社会主义的基本价值立场，为改革开放指明了价值方向。邓小平提出的

---

① 黄蓉生，白显良. 提炼社会主义核心价值观若干问题思考［J］. 思想理论教育，2011（3）.

② 罗文东. 关于社会主义核心价值观的理论思考［J］. 山东社会科学，2009（12）.

"解放生产力，发展生产力，消灭剥削，消除两极分化，最终达到共同富裕"重要思想，蕴涵着共富、公正、发展等社会主义的基本价值观。为了在全党全社会确立这一基本价值观，邓小平又提出了"两手抓，两手都要硬"的思想，推动全国范围内的"五讲"、"四美"、"三热爱"活动，强调培养"有理想、有道德、有文化、有纪律"的"四有新人"，并坚持抵制精神污染，反对资产阶级自由化。所有这些，为我们今天建设社会主义核心价值观奠定了重要基础。

以江泽民为核心的党的第三代领导集体基于社会主义市场经济条件下人们思想意识的新变化，一方面提出要用发展来解决前进过程中出现的各种问题，另一方面又强调要有针对性地解决思想观念领域存在的问题。江泽民要求围绕树立建设有中国特色社会主义的共同理想和正确的世界观、人生观、价值观，把继承优良传统与弘扬时代精神相结合，努力形成与经济和社会发展相适应的健康和谐、积极向上的思想道德规范。为了践行这些基本的价值规范，他又推动在全党领导干部范围内开展"讲学习，讲政治，讲正气"的"三讲"活动，在全社会开展"公民道德建设"等活动，对全社会核心价值观念的整合起到了积极的推动作用。

以胡锦涛同志为总书记的党中央，着眼于党和人民事业发展的全局，顺应国内外形势发展变化，提出了以人为本，全面、协调、可持续的科学发展观，强调建设民主法治、公平正义、诚信友爱、充满活力、安定有序、人与自然和谐相处的社会主义和谐社会。在这一理论框架中，社会主义核心价值观已经呼之欲出了。通过在全党范围内开展"保持共产党员先进性"学习教育活动、学习实践科学发展观活动，在全国开展"八荣八耻"宣传教育活动，提出要深入回答"六个为什么"、自觉划清"四个重大界限"等，进一步巩固了全党、全国各族人民团结奋斗的共同思想基础。党的十六届六中全会明确提出要建设社会主义核心价值体系，表明党对于建立社会主义核心价值观的重要性有了更加自觉的意识。①

---

① 吴新文. 社会主义核心价值观［M］. 重庆：重庆出版社，2009：32－43.

中国共产党建设社会主义核心价值观的实践表明，社会主义核心价值观否定和超越了以个人主义、利己主义、功利主义为主要内容的资产阶级核心价值观，实现了人类价值观念的根本变革。在新的历史起点上，提炼体现中国共产党价值追求的社会主义核心价值观，就成了摆在理论界、学术界面前的历史任务。

当前，学术界关于社会主义核心价值观的具体表述可谓仁者见仁、智者见智。据相关统计，关于社会主义核心价值观，学者们共提出了60 种看法与表述，涉及 90 多个具体范畴（或判断）。① 但总体来看，在相关表述中，理论界提及最多的基本要素有以下几种。

（一）以人为本

"以人为本"是马克思主义中国化最新理论成果的重要内容，也是马克思主义经典作家关于实现"人的自由全面发展"思想的具体化。很多学者认为，"以人为本"理应成为社会主义核心价值观的基本要素之一。

有学者认为，以人为本，继承了《共产党宣言》、《资本论》等著作有关社会主义终极价值追求和基本价值追求的重要思想，也汲取了苏联和我国社会主义建设的经验教训以及中国古代有关民本思想和当代世界发展理论的精华。坚持以人为本，就是要求经济、政治、文化、社会建设必须紧紧围绕广大人民群众的现实需要与长远需要而展开，党和政府及其各级领导者必须坚持权为民所用，利为民所谋，情为民所系，坚持发展为了人民，发展依靠人民，发展成果由人民共享。在现阶段，坚持以人为本，就是要进一步深化改革，不断解放和发展社会生产力，增强综合国力，提高人民的物质文化生活水平，特别是要着力解决社会生产与广大人民群众物质文化需要新变化不相适应的矛盾，使中国特色社会主义事业的发展进程与人的全面发展进程相一致，实现社会主义终极价值追求与现阶段基本价值追求的有机统一。以人为本，在社会主义核

---

① 杨兴林. 关于社会主义核心价值观的研究现状与思考［J］. 理论探索，2010（1）.

心价值观的有机整体中具有最大的概括性，居于最高统领地位。①

有学者认为，按照马克思主义理论，人在价值观中的地位应该是目的性和工具性的统一。但是人作为目的性的价值地位在不同的社会条件下是有局限性的。只有在社会主义条件下，由于实现了经济地位的平等，因而人真正作为目的而存在。在构建社会主义和谐社会进程中，"以人为本"的提出强调了人的目的性，还原了人在价值关系中应有的地位。②

有学者认为，"以人为本"既有中华文明的深厚根基，又体现了时代发展的进步精神；既肯定了人民群众的主体地位，又实现了价值主体的广泛性；既体现了党的根本宗旨和执政追求，又体现了"人的自由全面发展"的终极价值理想，理应成为社会主义的核心价值。③

还有学者认为，以人为本思想是对以"神"为本和以"物"为本理念的颠覆与超越，是社会主义价值体系的核心。马克思主义的核心价值观就是摆脱人的异化畸形发展而实现人的自由、全面发展，这是马克思主义作出的对未来理想社会的最高价值承诺。中国共产党遵循马克思主义唯物史观，以民众利益为准则，切实为民众谋福利，党的十六届六中全会通过的《中共中央关于构建社会主义和谐社会若干重大问题的决定》更明确指出构建社会主义和谐社会应遵循的第一大原则就是以人为本，科学发展观的核心也是以人为本。由此可见，"人本"是我们党的根本宗旨和最高价值目标，也是社会主义最基本的精神和价值理念。④

（二）共同富裕

学者们认为，邓小平在马克思主义发展史上首次提出"社会主义本质"的思想，一方面体现了社会主义的本质就是发展生产力、为实现个体的全面自由发展提供物质基础；另一方面用"共同富裕"划清了社

---

① 杨兴林. 关于社会主义核心价值观的研究现状与思考 [J]. 理论探索，2010（1）.
② 陈静，周丽. 社会主义核心价值观基本内涵探要 [J]. 马克思主义研究，2007（6）.
③ 田海舰，戴沐. 社会主义核心价值观初探 [J]. 道德与文明，2007（1）.
④ 张俊，冯有明，龙兴跃. 论构建中国特色社会主义核心价值观的基本原则 [J]. 学校党建与思想教育，2010（11）.

会主义与资本主义的根本界限。贫穷不是社会主义，社会主义在经济方面的优越性集中体现在它比资本主义更能解放和发展生产力。同时，社会主义还强调要消灭阶级，消灭剥削，逐步实现共同富裕。在社会主义制度下，"富裕"只能是共同富裕，人民创造的财富要属于人民，要为人民所共享，而不是少数人的富裕。"共同富裕"是社会主义的本质和目的，"富裕"明确地提出了发展生产力的根本任务，"共同"则鲜明地体现了社会主义的优越性。"共同富裕"表明社会主义从根本上结束了"牺牲一些人的利益来满足另一些人的需要的状况"，体现了社会主义共同建设、共同享有的根本价值追求。①

有的学者认为，共同富裕是社会主义的本质和目的，是社会主义优越性的表现，也是社会主义同资本主义的根本区别所在。"富裕"明确地提出了发展生产力、提高效率的根本任务，"共同"则鲜明地体现了团结互助、公平公正、平等和谐的价值目标和根本原则。社会主义追求的富裕，是公平正义基础上的富裕，是全体人民的共同富裕；既包括人们物质生活方面的富裕，也包括人们精神、政治生活方面的积极、充实。共同富裕把社会主义的发展目标和价值追求统一起来，体现了发达的社会主义生产力与先进的社会主义生产关系的高度统一，体现了效率与公平的高度统一，其实质是要在生产力高度发展的基础上建立公平、公正、和谐的社会关系。资本主义是不可能包容这种价值观的。②

（三）公平正义

不少学者认为，维护和实现社会的公平正义是人类千百年以来的共同追求，但"公平正义"是具体的、历史的，不同的时代有着不同的含义，社会主义比以往任何社会都更加关注公平正义。

有学者认为，社会主义消灭了剥削阶级，实现了经济地位的平等，为社会实现真正的公平正义创造了制度条件。随着中国特色社会主义市场经济逐步发展和完善，急需建立与之相适应的以公平正义为核心的社

---

① 曹建文. 凝练核心价值观是时代重大课题——专访教育部社科中心副主任张剑 [N].
光明日报，2011－02－25（7）.

② 田海舰，戴沐. 社会主义核心价值观初探 [J]. 道德与文明，2007（1）.

会主义核心价值观。①

有学者认为，公平正义是社会主义社会的根本原则，是中国共产党坚持立党为公、执政为民的必然要求，贯穿于社会主义经济、政治、文化、社会等各个方面。因此，它能够有效地保障以人为本的社会主义核心价值追求在社会各方面得到切实有效的贯彻和实施。②

有学者认为，公正不仅是人类社会的向往与追求，更是社会主义的本质特征和最核心的价值理念，是社会主义实践的价值目标和构建社会主义和谐社会的价值准则。可以说，没有公正，就没有社会主义，公正应作为社会主义首选价值目标而被提升到社会主义核心价值观的高度，在实践中不断发展和完善。③

更有学者认为，"从一定意义上讲，公平正义是社会主义的代名词。没有对公平正义的价值追求就没有社会主义。正是由于资本主义的不公平，激发了人们对公平正义的未来社会——社会主义、共产主义社会的向往，使社会主义成为劳动人民推翻资本主义的强大精神动力。作为对资本主义不公平的反动，公平正义是社会主义最核心的价值追求"。"我们之所以为社会主义而奋斗，不但是因为社会主义有条件比资本主义更快地发展生产力，而且因为只有社会主义才能消除资本主义和其他剥削制度所必然产生的种种贪婪、腐败和不公正现象。社会主义与资本主义的区别，主要不是表现在生产力上，而是表现在社会结构和利益性结构上。进一步地讲，即主要不是表现在经营管理体制上，而是表现在占有分配方式上。社会主义社会比任何社会都更加要求公平正义"。④

（四）民主法治

有学者认为，民主作为一种国家形式和民主概念源自古希腊城邦雅典，原意为"人民统治"。法治，指依法治理国家和社会，在近现代政

① 陈静，周丽. 社会主义核心价值观基本内涵探要 [J]. 马克思主义研究，2007 (6).

② 杨兴林. 关于社会主义核心价值观的研究现状与思考 [J]. 理论探索，2010 (1).

③ 张俊，冯有明，龙兴跃. 论构建中国特色社会主义核心价值观的基本原则 [J]. 学校党建与思想教育，2010 (11).

④ 何建华. 公平正义：社会主义的核心价值观 [J]. 中央社会主义学院学报，2007 (6).

治学中"法治"是一个和"人治"相对应的政治概念。虽然民主法治观念的提出已有数千年的历史，但在不同时代、不同国家，立足于不同生产力水平和生产关系基础之上的民主法治，却有着不同的阶级性质和主体。学者们认为，人民民主是社会主义的生命，没有民主就没有社会主义，就没有社会主义的现代化。发展社会主义的民主法治是我们党始终不渝的奋斗目标，它体现了人民当家作主、以人民群众为主体的执政理念，解决了共产党执政目标的定位问题即"为什么人"的问题。民主法治理应成为社会主义的核心价值观。①

有学者认为，"民主彰显着马克思主义政党的核心价值观，是执政实践最为根本的伦理要求。从当代中国而言，中国共产党作为执政的马克思主义政党，其执政伦理建设应始终坚持民主的旗帜和民主的追求，民主作为崇高的价值理想应是执政伦理建设的根本价值取向。中国共产党提出的执政为民的执政理念，科学解决了自身执政目标的定位问题，即'为什么人'的问题，也就是谁是价值主体和评价主体，以谁的意志、愿望、利益和要求为价值观确定的根据和评判的标准问题。这是个根本价值立场、根本价值观点问题。'执政为民'，体现了人民群众为主体的主客体价值关系的执政伦理价值观，即人民是执政行为的价值主体，执政党则是人民当家作主的政治工具，而不是人民作为政党的工具"。"因此，从政治哲学的视域而言，'执政为民'作为执政目标的根本要求，就是对民主价值和现代政治文明的执政追求。中国共产党致力于以民主为核心目标的执政伦理建设，就保障了其执政理国的正确方向，保证了马克思主义政党的民主本质"。②

有学者认为，"社会主义民主是以生产资料公有制的基本经济制度为前提、以平等为前提的民主，是真正代表最广大人民根本利益的民主，真正克服了资本主义民主的虚伪性、欺骗性和反动性，实现了真正的自由、民主和平等这一全世界劳动者世世代代梦寐以求的愿望，满足了无产阶级和广大人民群众的根本需要，实现了对资本主义民主政治的

---

① 王娟. 社会主义核心价值观研究综述 ［J］. 理论前沿, 2008 (8).
② 王仕国. 论执政伦理建设的民主本质 ［J］. 求实, 2007 (6).

历史性超越"。同时，"以民主为目标建构社会主义政治的核心价值观，最根本的是要把坚持党的领导、人民当家作主和依法治国有机地统一起来。依法治国，建设社会主义法治国家，是实现人民当家作主的基本保证。人民取得的民主权利，如果不上升为法律，就不具有权威性和稳定性。法治以公平正义为价值尺度，通过立法、司法和执法等活动，调整社会关系，平衡社会利益，整合社会资源，是社会主义国家的必然选择"。①

有学者认为，社会主义法治既以社会主义民主为前提，又以社会主义民主为坚实保障。二者相辅相成，不可分割。今天，进一步发展社会主义民主和法治是我国构建社会主义和谐社会的首要价值追求，也是中国共产党科学执政、民主执政、依法执政的基本要求。事实证明，社会主义越发展，民主法治的地位以及它们对社会发展和人民民主权利的保障作用也越突出，相应地它们作为社会主义国家治理的根本原则以及社会主义根本价值追求的地位也越突出。②

（五）文明和谐

学者们认为，在马克思主义经典作家看来，未来理想社会是社会生产力高度发达和人的精神生活高度发展的社会，是每个人自由而全面发展的社会，是人与人和谐相处、人与自然和谐共生的社会。这就是说，文明和谐是科学社会主义的应有之义，也是我们党不懈奋斗的目标。文明和谐，既反映了马克思主义者最高理想的基本价值追求，也反映了我们今天建设富强、民主、文明、和谐的社会主义现代化国家的内在要求；既与我国传统社会关于"大同社会"的美好愿景有契合之处，也体现了当前全党、全国各族人民的共同愿望，理应成为社会主义的核心价值。③

有学者认为，"在当前价值观念多元多变的条件下，先进文化对社

---

① 田海舰，戴沐. 社会主义核心价值观初探 [J]. 道德与文明，2007（1）.

② 杨兴林. 关于社会主义核心价值观的研究现状与思考 [J]. 理论探索，2010（1）.

③ 薄洁萍. 如何凝练社会主义核心价值观——访北京师范大学副校长韩震 [N]. 光明日报，2011 - 02 - 14（11）.

会主义价值观的精神支撑作用更为突出。我们所要建构的社会主义文化价值观，就是一种以马克思主义为指导，以文明先进为目标，既与优秀的传统文化相承接，又与时代要求相吻合的文化价值观念体系。为此，我们必须坚持'二为'方向和'双百'方针，积极吸取人类所创造的一切优秀文化成果，做到古为今用、洋为中用、推陈出新，建设中国特色社会主义先进文化，建设高度的社会主义精神文明"。①

也有学者认为，"人类社会发展进步的过程就是一个不断走向文明的过程。社会主义不仅建立在人类文明的基础之上，而且还要在不断汲取人类一切优秀文明成果的基础上，创造出更加辉煌的文明造福人民群众，造福人类社会"。同时，"实现社会和谐，建设美好社会，始终是人类孜孜以求的一个社会理想，也是包括中国共产党在内的马克思主义政党不懈追求的一个社会理想。构建社会主义和谐社会，实现人与人之间、人与社会之间、人与自然之间的和谐，是中国共产党在社会主义社会建设理论方面的新进展。它既是对党执政经验的总结，也是对国外一些执政党执政经验教训的借鉴；既是对我国社会主义建设规律认识的深化，也是对共产党执政规律、社会主义建设规律、人类社会发展规律认识的深化；既是对中国特色社会主义理论的丰富和发展，也是对马克思主义关于社会主义社会建设理论的丰富和发展"。②

（六）人的自由全面发展

有学者认为，在科学社会主义的意义上，社会主义核心价值观应当是马克思竭其毕生精力完成的对人类发展规律的揭示中所展示的"人的自由全面发展"的终极价值目标，只有"人的自由全面发展"才符合社会主义核心价值观的本质要求。而"以人为本、共同富裕、公平正义"这些价值观念，则是"人的自由全面发展"这个"一般"在我国社会主义初级阶段所表现出来的"具体"，既是社会主义初级阶段现实的要求，又是社会主义核心价值观"一般"的现实展开和最终实现

---

① 田海舰，戴沐. 社会主义核心价值观初探［J］. 道德与文明，2007（1）.

② 杨兴林. 关于社会主义核心价值观的研究现状与思考［J］. 理论探索，2010（1）.

手段，三者是相互联系、辩证统一的，是同一个问题在不同角度的体现。①

有学者回顾了马克思主义关于人的全面发展理论，认为人的全面发展在马克思主义中占据着核心地位，是马克思主义理论追求的根本价值目标。"每个人的全面而自由的发展"是人的发展的最高形态，它超越了"物的依赖性"，从而使"人的独立性"提升为"人的全面发展"。这当然是一个长期的过程，但毕竟是人类社会发展的方向，而社会主义正是以此为发展方向的伟大实践，因而人的全面发展的实现也就成了社会主义社会发展的题中应有之义和本质要求。马克思关于人的全面而自由发展的理论科学地指明了，只有在消除物役、人役的基础上，在每个人都能够享有真正的自由、能体验到全面而丰富的真正公正的社会中，每个人的全面而自由的发展才能得到充分的实现。建立一个以人的全面自由发展为目标的繁荣而公正的社会，就是社会主义的魅力所在，也是社会主义核心价值所在，也正是我们建设社会主义核心价值体系的精髓。②

六、简要评析

社会主义核心价值体系在当代中国整体社会价值体系中居于核心地位，发挥着主导作用，决定着整个价值体系的基本特征和基本方向。社会主义核心价值体系是社会主义制度的内在精神和生命之魂，它决定着社会主义的发展模式、制度体制和目标任务，在所有社会主义价值目标中处于统摄和支配地位。建设社会主义核心价值体系，是我们党在思想文化建设上的重大理论创新和重大战略任务，是一项基础工程、灵魂工程。

社会主义核心价值观是社会主义核心价值体系的内核，是社会主义价值体系中最基础、最核心的部分。随着学术界对"社会主义核心价值

---

① 方爱东. 社会主义核心价值观论纲 [J]. 马克思主义研究，2010 (12).
② 顾相伟. 社会主义核心价值观与人的全面发展 [J]. 求实，2009 (6).

体系"研究的深入开展，如何用更加简洁、凝练的语言表述社会主义核心价值观，渐渐进入人们的理论视野，越来越多地引起了人们的高度关注。

五年来，学术界对这一问题进行了深入研究，学者们从不同角度提出了很多思考和看法，取得了不少颇具价值的研究成果。一是充分阐述了社会主义核心价值观的基本内涵。学者们比较一致地认为，社会主义核心价值观是社会主义核心价值体系的基本内核和最高抽象，在社会主义所有价值体系中处于核心地位，体现了社会主义最为一般、最为基本的价值追求。二是充分论证了当今中国提炼社会主义核心价值观的重要意义。学者们从一般意义上的社会核心价值观谈起，认为社会核心价值观是社会向心力和凝聚力的精神纽带，也是一个国家和民族赖以生存和发展的精神支柱，任何社会都会出于自己的需要而提出自己的核心价值观。同样，社会主义核心价值观作为社会主义意识形态的本质体现，有利于确保我国社会发展模式、制度体制和目标任务的正确方向，巩固全党全国人民团结奋斗的共同思想基础。三是明确提出了提炼社会主义核心价值观所必须遵循的原则。学者们紧紧围绕"社会主义本质"、"马克思主义价值观"等问题，从理论与实践等不同角度出发，提出了提炼社会主义核心价值观必须遵循的若干原则，回答了"以什么标准来提炼"的问题，使得社会主义核心价值观的提炼更具可操作性。四是初步探讨了社会主义核心价值观的基本构成要素。在前期研究成果基础上，不少学者对此问题作了探讨，提出了不少有益的见解。如有学者从马克思主义经典作家关于社会主义的概括谈起，认为社会主义核心价值观应该是"人的自由全面发展"；有学者从我国对社会主义现代化强国的奋斗目标谈起，认为社会主义核心价值观应表述为"民主、富强、文明、和谐"等。这些认识虽然各有侧重，探索性特征较为明显，因而显得不够完善与成熟，但无疑又都具有某种程度的合理性。这些理论上的积极成果，为推动相关领域研究进一步深化打下了良好的基础。

正如社会主义理论与实践是一个正在进行的历史过程，因而创新总是永无止境一样，自"社会主义核心价值体系"的科学命题提出五年以来，学术界对社会主义核心价值观的探讨，也在随着中国特色社会主义实践的发展，不断走向深化。当前，要形成被全社会最大限度认同的社会主义核心价值观，从理论与实践两方面来看，可做的工作还有很多。从学术界的研究现状来看，以下几个理论问题尚需进一步研究和思考。

（一）在关于社会主义核心价值观的基本构成要素上，学者们见仁见智，意见难以统一。据统计，目前学术界共提出了 60 种有关社会主义核心价值观的看法与表述，涉及 90 多个具体范畴（或判断）。其中，1 个范畴的表述 7 种，分别是：公平正义，以人为本，共同富裕，正义或社会正义，人的自由全面发展，和谐或和谐社会；2 个范畴的表述 2 种，分别是：人道共赢、互惠互利，以人为本、和谐富强；3 个范畴的表述 5 种，分别是：为公为民、团结互助、和平和谐，以人为本、平等互助、实现人和社会的全面发展，以人为本、共同富裕、公平正义，共同富裕、公正民主、人本和谐，以人为本、和谐、幸福。4 个及 4 个以上范畴的表述 46 种。[①] 由此可见，学者们在这个问题上各执一端，尚未形成统一的认识。而分析上述这些提法，或从马克思主义基本原理出发，或从党的执政理念出发，或从社会主义的建设目标出发，或从社会主义条件下人与社会的协调关系出发，正是由于理论出发点的不同，才造成了研究结果的千差万别。因此，要想对社会主义核心价值观作出最为简洁凝练的概括，首先要在理论上明确以什么样的标准和原则来进行概括。理论前提的统一，才可能为相关研究的深入开展与取得更高水平的成果提供扎实的平台。

（二）在关于社会主义核心价值观和其他社会形态的核心价值观的区别上研究得还不够深入。学者们认为，社会主义核心价值观作为社会主义所特有的，必然体现社会主义的本质和共产党人的执政理念，以区别于封建社会、资本主义社会的核心价值观。但在具体谈到社会主义核心价值观的构成要素时，有不少学者不加分析地直接采用自由、民主、人权、公平、正义等词来表述。按照马克思主义的观点，任何理论概念都不是抽象的、一成不变的，在不同的社会形态下具有不同的内涵，从

---

① 杨兴林. 关于社会主义核心价值观的研究现状与思考 [J]. 理论探索，2010（1）.

来不存在超越历史条件的"普世价值"。在社会主义条件下，上述概念
的内涵与其在资本主义条件下的内涵是完全不同的。因此，不论是在对
社会主义核心价值观的具体表述上，还是在对它进行深入分析阐述时，
都应该在汲取人类创造的一切优秀文明成果的基础上，注意把它与包括
资本主义在内的其他社会形态的核心价值观区别开来，用中国特色的理
论概念概括、归纳、表述社会主义核心价值观，突出我们的核心价值观
既是中国的，又是社会主义的。从这个意义上说，社会主义核心价值观
的科学表述，与马克思主义中国化的伟大历史进程，有着密不可分的内
在关联。

（三）在关于社会主义核心价值观和社会主义核心价值体系的关系
上论述得不够充分。党的十七大报告指出，社会主义核心价值体系是社
会主义意识形态的本质体现。要巩固马克思主义的指导地位，坚持不懈
地用马克思主义中国化最新成果武装全党、教育人民，用中国特色社会
主义共同理想凝聚力量，用以爱国主义为核心的民族精神和以改革创新
为核心的时代精神鼓舞斗志，用社会主义荣辱观引领风尚，巩固全党、
全国各族人民团结奋斗的共同思想基础。作为社会主义核心价值体系的
基本内核，社会主义核心价值观不仅要起到精神旗帜的作用，还要承担
起凝聚力量、鼓舞斗志、引领风尚的使命，在突出体现社会主义本质之
外，还要有鲜明的实践特色、民族特色、时代特色。从目前学术界关于
社会主义核心价值观基本要素的研究成果来看，全面体现这些要求的论
述并不多见。如何正确处理社会主义核心价值观和社会主义核心价值体
系的关系，让核心价值观的提炼更充分、准确地体现核心价值体系的要
求，是需要我们继续深入挖掘的课题。

第七章　关于学习实践社会主义核心价值体系的研究

学习实践社会主义核心价值体系主要包括两方面：一是建设社会主义核心价值体系应该坚持什么原则，二是如何践行社会主义核心价值体系。能否正确把握基本的建设原则和有效方法途径，关系到社会主义核心价值体系建设的成败。本章就近几年来学术界研究学习实践社会主义核心价值体系的原则和方法途径进行述评。

一、建设社会主义核心价值体系的原则

社会核心价值是对一个社会发挥根本性指导作用，影响社会成员行为取向的最根本的价值理念或价值目标。作为社会意识形态，核心价值体系具有政治和社会的双重属性。这种双重属性的特征决定了在复杂的国内外环境下，建设社会主义核心价值体系是一项十分复杂的任务。社会主义核心价值体系建设，除了应符合中国国情、文化传统和时代特征外，还应以市场经济发展的基本规律及其要求为参考坐标，更应以社会主义的本质规定及其所衍生的价值原则为基本遵循。

近年来，学者们对建设社会主义核心价值体系的原则进行了广泛的探讨。总体上看，有以下几种概括。

1. "两原则说"。有学者认为，构建社会主义核心价值体系机制的

原则是：一是要坚持马克思主义的指导地位；二是要体现以人为本。①

2. "三原则说"。有学者认为，在构建社会主义核心价值体系伟大历程中，从思想、理论和实践三个层面上必须遵循科学性、人本性和实践性三项原则。② 还有学者认为，加强社会主义核心价值体系建设必须坚持引领整合原则、教育合力原则和交融互补原则。③

3. "四原则说"。有学者认为，社会主义核心价值体系建设应遵循以下四个原则：一是开放性原则，要求思想政治工作者形成全方位、多层次、多渠道的开放性思维。二是主体性原则，即承认、重视并坚持主体在认识和实践活动中的地位和作用，突出并发挥主体人的能动性、自主性和创造性。三是生活性原则，用贴近人们生活的教育方式，恰当地把握社会主义核心价值体系的内容和要求，发现并解决人们思想中存在的问题，提升思想境界。要注重情境性，要注重手段的创新性，要注重实践性。四是大众化原则，社会主义核心价值体系不仅需要先进阶级及其执政党的思想升华、理论概括、精神提炼、体系建构，也需要广大人民群众的心理认同、自觉意识。应注意语言的大众化，讲究传授的直观性，重视宣传的艺术性。④ 也有学者认为，创新性原则、主导性原则、包容性原则、应用性原则是建设社会主义核心价值体系的方法论原则。⑤ 学者们认为建构社会主义核心价值体系必须坚持的四原则主要有：一是必须体现社会主义的本质特征和要求；二是必须体现我国中国特色社会主义建设的伟大实践；三是必须体现中国特色社会主义先进文化的基本精神；四是必须体现核心价值体系形成和发展的客观规律。⑥ 实现社会主义核心价值体系必须坚持马克思主义的指导地位、贯彻"以

---

① 刘艳华. 构建社会主义核心价值体系机制的规律和原则 ［J］. 赤峰学院学报（汉文哲学社会科学版），2009（5）.

② 顾铭心. 论社会主义核心价值体系构建原则的三维视野 ［J］. 兰州学刊，2007（8）.

③ 董朝霞. 论社会主义核心价值体系建设的原则与方法 ［J］. 思想理论研究，2009（23）.

④ 姜正国，刘超良. 建设社会主义核心价值体系的四大原则 ［J］. 群言，2010（7）.

⑤ 荣开明. 论建设社会主义核心价值体系的指导思想和方法原则 ［J］. 湖北教育学院学报，2007（10）.

⑥ 谢松明. 论社会主义核心价值体系建构的原则 ［J］. 内蒙古农业大学学报（社会科学版），2007（6）.

人为本"的理念、坚持主导地位的同时包容多元价值体系以及注意实施中的层次性和针对性。① 建设社会主义核心价值体系的基本原则包括：一是坚持社会主义核心价值体系的指导地位与尊重差异，包容多样的有机统一；二是坚持追求理想与从现实出发的有机统一；三是坚持共同价值目标与个体价值目标的有机统一；四是坚持继承与发展、借鉴与创新的有机统一。②

4. "五原则说"。有学者认为，我们在实践中构建社会主义核心价值体系，一是要坚持系统多层次性原则，构建层次多样、内涵丰富的社会主义核心价值体系；二是要坚持系统开放性原则，不断总结新的实践经验和吸取国外优秀文化成果；三是要坚持系统主体性原则，加强以社会主义核心价值体系为主体的社会文化建设；四是要坚持系统环境适应性原则，吸取我国民族优秀文化成果，不断赋予社会主义核心价值体系民族风格；五是坚持系统整体统一性原则，把社会主义核心价值体系内容有机融为一体。③ 也有学者认为，建设社会主义核心价值体系要遵循五个原则：一是道德原则与利益原则相结合。道德原则与利益原则的相结合首先体现在社会主义的道德原则承认正当利益获得的正当性与合理性，还体现在利益的获得必须遵循道德原则。二是一元道德与多元道德相结合，针对社会主义社会转型期道德观念、价值取向多元化的现实，力图实现核心价值体系与多元化道德观念并存的形态。三是规范道德与理想道德相结合。社会主义核心价值体系建设中要实现道德的规范性与理想性的统一，这是社会主义核心价值体系建设中尤为重要的一个问题，它体现了价值体系建设的层次性。四是效率和公平原则相结合。具体地说，就是确立讲求实效的社会主义功利价值观和实现社会公正。一方面要确立讲求效率的社会主义功利价值观，另一方面确立社会主义公正原则。五是道德继承与道德借鉴相结合。一方面要充分利用、挖掘传统道德的资源。另一方面要吸收、借鉴外来道德的精华，借鉴人类有益

---

① 曾耀凤，杨斌. 社会主义核心价值体系的实现原则 [J]. 西安文理学院学报（社会科学版），2010 (3).

② 杨汭. 意义、原则与路径——关于社会主义核心价值体系建设的思考 [J]. 山西大学学报（哲学社会科学版），2007 (5).

③ 刘卫平. 构建社会主义核心价值体系应坚持系统性原则 [N]. 光明日报，2010－02－02.

文明成果。① 还有学者提出社会主义核心价值体系建设的五原则是：坚持社会主义核心价值体系的主导性与多样性相结合；坚持"三贴近"和以人为本；坚持共同价值目标与个体价值目标的有机统一；坚持继承与发展、借鉴与创新的有机统一；坚持追求理想与从现实出发相统一，以增强社会主义核心价值体系的吸引力。②

5. "六原则说"。有学者总结了社会主义核心价值体系教育的六个基本原则。一是坚持科学性、先进性、思想性相统一的原则，增强教育的说服力。二是坚持生活化原则，创设现实教育情境。三是坚持主体性原则，营造积极活跃的教育氛围。四是坚持实践性原则，切实增强教育体验。五是坚持多样化原则，不断丰富教育手段。六是坚持系统性原则，整合多种教育资源。③

6. "十原则说"。有学者认为，社会主义核心价值体系教育必须坚持以下基本原则：以四项基本原则为根本内容，坚持用发展着的马克思主义进行社会主义核心价值体系教育；从革命、建设和改革的根本需要出发，坚持理论联系实际的根本教育原则；坚持方向性、思想性与科学性相统一的原则；坚持正面教育为主与社会思潮批判相结合的原则；坚持党作为教育者与群众作为教育对象之间相长的基本原则；坚持先进性要求与广泛性要求相结合的原则；坚持以人为本，尊重人、理解人、关心人；将提高全民族的思想道德素质、培育"四有"公民作为进行社会主义核心价值体系教育最根本的目标要求；坚持以实践标准作为检验社会主义核心价值体系教育效果的根本标准；坚持和加强党的领导则是进行社会主义核心价值体系教育最重要的实现机制和根本保证。④

可以说，学者们对建设社会主义核心价值体系的原则进行了广泛的

---

① 闾彬. 论当前社会主义核心价值体系建设的几个原则 [J]. 湖北社会科学，2007 (6).

② 王建新，陈晨. 论社会主义核心价值体系建设的原则与路径 [J]. 经济与社会发展，2010 (1).

③ 曲士英. 试论社会主义核心价值体系教育原则 [J]. 学校党建与思想教育，2009 (14).

④ 石云霞. 社会主义核心价值体系教育的基本原则 [J]. 思想理论教育导刊，2007 (3).

探讨，但重点主要集中在以下几个方面。

（一）必须坚持以人为本原则，充分体现人文关怀

党的十六届三中全会公报正式提出"以人为本"，党的十七大报告中重申以人为本是科学发展观的核心。以人为本不仅是科学发展观的核心，也是建设社会主义核心价值体系的重要原则。马克思批判了抽象人本主义，在唯物史观的基础上确立了科学的以人为本的价值观。以人为本集中体现了马克思主义科学的历史观、世界观和价值观的统一，体现了科学性与价值性、合规律性与合目的性的统一。把以人为本作为构建社会主义核心价值体系的根本原则，充分体现了马克思主义关于社会主义发展的思想真谛和科学发展观的核心内容，是构建社会主义核心价值体系的本质要求和思想保证，是贯穿社会主义核心价值体系所有基本特征的灵魂。

以人为本是社会主义核心价值体系的核心。马克思主义所讲的"以人为本"就是以每个人的自由全面的发展为根本。有学者分析了建设社会主义核心价值体系必须坚持以人为本原则的客观必要性：第一，从逻辑的角度看，以人为本是马克思主义的核心价值观，是社会主义核心价值体系的本质要求。第二，从历史角度看，以人为本具有深厚的历史继承性，是社会主义核心价值体系的思想理论基础。第三，从现实角度看，以人为本是贯穿社会主义核心价值体系的主线，是社会主义核心价值体系的内在要求。为此，学者指出，以人为本坚持了马克思主义的指导地位，集中体现了社会主义核心价值体系的灵魂。以人为本是中国特色社会主义共同理想的价值内核，凸显了社会主义核心价值体系的主题。以人为本是对民族精神和时代精神的价值升华，反映了社会主义核心价值体系的精髓。以人为本是社会主义荣辱观建设的客观要求，规范了社会主义核心价值体系的道德基础。①

中国共产党人从来都坚持以人为本的价值取向，从来都将以人为本

---

① 于建均. 以人为本建设社会主义核心价值体系 [J]. 中央社会主义学院学报，2008 (6).

作为各项工作的最终着眼点。以人为本是社会主义核心价值体系的基点，社会主义核心价值体系是以人为本基本价值观的具体体现。二者相辅相成、相互促进，共同构成中国化马克思主义价值观体系的主体内容。一些学者考察了中国共产党人对以人为本认识的逐渐深化过程。毛泽东在《为人民服务》一文里指出："我们这个队伍完全是为着解放人民的，是彻底地为人民的利益工作的。"他强调，"为人民利益而死，就比泰山还重；替法西斯卖力，替剥削人民和压迫人民的人去死，就比鸿毛还轻"①。邓小平说："中国的事情能不能办好，社会主义和改革开放能不能坚持，经济能不能快一点发展起来，国家能不能长治久安，从一定意义上说，关键在人。"② 他还提出了判断我们一切工作是非得失的"三个有利于"标准，一切工作要看"人民拥护不拥护"、"人民赞成不赞成"、"人民高兴不高兴"、"人民答应不答应"。江泽民提出了"三个代表"重要思想，强调共产党要始终代表最广大人民的根本利益。胡锦涛提出科学发展观的核心是以人为本，发展了以人为本的价值观。胡锦涛说："坚持以人为本，就是要以实现人的全面发展为目标，从人民群众的根本利益出发谋发展、促发展，不断满足人民群众日益增长的物质文化需要，切实保障人民群众的经济、政治和文化权益，让发展的成果惠及全体人民。"③ 有学者认为，通过几代共产党人的努力，以人为本的价值观已经在中国确立起来。在中国化马克思主义的价值观体系中，以人为本价值观处于基础地位，是中国化马克思主义的基本价值观。④

有学者认为，社会主义核心价值体系能否成为人们普遍的价值选择和实践追求，关键是要看它是否坚持"以人为本"，是否代表广大人民群众的根本利益。因此，我们要牢记党的根本宗旨，始终做到权为民用、情为民系、利为民谋，始终把最广大人民的根本利益作为我们一切

① 毛泽东. 毛泽东选集：第 3 卷 ［M］. 北京：人民出版社，1991：1004.
② 邓小平. 邓小平文选：第 3 卷 ［M］. 北京：人民出版社，1993：380.
③ 胡锦涛. 在中央人口资源环境工作座谈会上的讲话 ［N］. 人民日报，2004 - 03 - 11 (1).
④ 陈枢卉. 以人为本：社会主义核心价值体系的基点 ［J］. 石家庄学院学报，2008 (5).

工作的最高准则，把引领社会思想意识同解决人民群众最关心、最直接、最现实的利益结合起来，使人们切实感到社会主义核心价值体系能给人民带来看得见的实际利益。只有这样才能让广大人民群众内心深处自觉认同从而引起共鸣，进而转化为日常生活中一种自觉行为和自觉价值追求。① 有学者们认为，社会主义核心价值体系是建立在人民群众高尚思想道德追求的基础上，反过来又成为激励广大群众提升思想道德境界的理论。这就要求它必须贴近实际、贴近群众、贴近生活。我们要把人民的根本利益放在高于一切的位置，解决好人民群众最关心、最直接、最现实的利益问题，把实现好、维护好、发展好最广大人民的根本利益作为最根本的价值导向。② 唯有如此，社会主义核心价值才能成为人民群众自觉追求的价值取向。

以人为本是社会主义核心价值体系建设的宗旨。有学者剖析了我们应该如何按照以人为本的要求，坚持不懈地加强社会主义核心价值体系的建设：第一，建设社会主义核心价值体系，必须认真学习马克思主义和马克思主义中国化的最新成果，尊重人民群众的历史主体地位，牢固树立以人为本的至高理念，切实增强全社会的创造活力。第二，建设社会主义核心价值体系，必须加快建设富强民主文明和谐的社会主义强国，始终把实现好、维护好、发展好最广大人民群众的根本利益作为我们全部工作的出发点和立足点，进一步强化为人民服务的宗旨。第三，建设社会主义核心价值体系，必须积极发扬民族精神和时代精神，提升爱国主义情操，提高改革创新能力，将自身的全面发展同民族和国家的发展结合起来。第四，建设社会主义核心价值体系，必须努力提高人的思想道德素质，自觉践行荣辱观，促进人的全面发展。③

---

① 周秀华. 浅析社会主义核心价值体系的实践途径 [J]. 赤峰学院学报（汉文哲学社会科学版），2010（6）.

② 王建新，陈晨. 论社会主义核心价值体系建设的原则与路径 [J]. 经济与社会发展，2010（1）.

③ 王律均. 以人为本建设社会主义核心价值体系 [J]. 中央社会主义学院学报，2008（6）.

（二）　必须坚持重在建设原则，着力铸就人们的精神支柱

提出建设社会主义核心价值体系，不等于这个重大战略任务的完成，也不等于社会主义核心价值体系马上被全体人民认可和接受，更不等于它会自然而然地融入人民的言行举止中。一些学者认为，核心价值体系的建构是一个理论与实践相统一的过程，建设社会主义核心价值体系必须坚持以立为本、重在建设的原则，发挥社会的舆论引导、思想教育、政策调控、法律约束以及个人的认知接受、道德制约、利益调整等机制的积极作用，促使核心价值体系由理论变为行动主体内在的信念和价值取向，形成全民族奋发向上的精神力量和团结和睦的精神纽带。①有学者提出，建设社会主义核心价值体系的主要路径是：一是将社会主义核心价值体系融入各种思想教育活动之中，增强全社会践行的自觉性和科学性。二是将社会主义核心价值体系融入各种舆论宣传之中，形成正确的社会导向。三是将社会主义核心价值体系融入文化活动和文化产品消费的过程之中，形成潜移默化的文化环境。四是将社会主义核心价值体系融入群众性精神文明创建活动之中，给人民以广泛参与的机会。五是将社会主义核心价值体系建设融入党的执政能力和先进性建设之中，使各级领导干部成为实践的"领头羊"。②还有学者认为，我们讲社会主义核心价值体系重在建设包括两层含义：首先，社会主义核心价值体系要在现实中发挥作用，就必须以建设为前提，只有这样才能真正内化为人们的价值观念、外化为人们的自觉行动。其次，要丰富和完善这一科学体系，也必须以建设为基础。只有这样，才能把我们对社会主义核心价值体系的认识不断推向前进。③

"重"在内涵建设。有学者认为，社会主义核心价值体系必须注重内涵建设，广泛形成思想共识，增强全社会的凝聚力。首先，要引导广

---

① 谢松明．论社会主义核心价值体系建构的原则［J］．内蒙古农业大学学报（社会科学版），2007（6）．

② 杨汭．意义、原则与路径——关于社会主义核心价值体系建设的思考［J］．山西大学学报（哲学社会科学版），2007（5）．

③ 田耿文．社会主义核心价值体系研究［D］．重庆：西南大学，2008．

大干部群众自觉学习党的基本理论、基本路线、基本纲领、基本经验，了解中国近现代中特别是中国共产党领导全国各族人民争取民族独立、人民解放、国家富强和人民幸福的革命史、奋斗创业史、改革开放史，把握我国社会主义初级阶段的基本国情和发展的阶段性特征，增强抓住机遇、加快发展的紧迫感。其次，要自觉地把个人理想融入中国特色社会主义共同理想之中，把个人奋斗融入实现社会主义现代化的共同奋斗之中，在实现国家富强、民族振兴、人民幸福、社会和谐的过程中，实现自己的人生理想。最后，要树立正确的世界观、人生观、价值观，正确处理国家、集体、个人三者关系，做到局部利益服从整体利益、个人利益服从国家利益。[①] 有学者同样认为，只有注重内涵建设，才能形成思想共识。必须立足于现阶段人们的思想实际，针对实践提出历史性的课题，不断丰富社会主义核心价值体系的时代内涵，使先进性要求与广泛性要求相结合，既鼓励先进又照顾多数，既弘扬主流又包容差异，以简洁通俗的话语作为行动标杆，规范引导不同阶层的人们，牢牢掌控建设核心价值体系的战略主动权，从价值观的深层次上建构社会思想共识，增加全社会的凝聚力和向心力。[②]

努力推动社会主义核心价值体系的大众化。学者们分析了社会主义核心价值体系大众化的重点任务与实践路径：一是内容与形式要件，以理论创新推进社会主义核心价值体系大众化。二是重点对象，党员和党员领导干部应为社会主义核心价值体系大众化作表率。三是方式方法，将社会主义核心价值体系融入国民教育和精神文明建设全过程。四是舆论引导，借助大众传媒营造社会主义核心价值体系大众化的良好氛围。五是外部保障，体制机制创新为社会主义核心价值体系大众化保驾护航。[③]

"重"在实效。有学者认为，建设社会主义核心价值体系，是一个

---

① 梁振国. 社会主义核心价值体系的功能解读及实践路径 [J]. 理论学刊，2011 (2).

② 孙学玉. 社会主义核心价值体系建设的现实基础与实践路径 [J]. 思想政治工作研究，2009 (3).

③ 汪俊昌，唐晓燕. 社会主义核心价值体系大众化的理论内涵与实践路径 [J]. 浙江社会科学，2010 (8).

从实践到理论、从理论到实践的双向转化过程，是在建设中转化、在转化中建设的过程。从根本上说，一个社会的核心价值体系，只有真正成为整个社会的普遍价值准则，成为广大社会成员的价值实践，才能达到核心价值体系建设的目的，收到实效。第一，从理论向心理转化；第二，从评价向行为转化；第三，从规范向示范转化。① 只有坚持重在建设原则，才能将社会主义核心价值体系落到实处。

有学者认为，在进行社会主义核心价值体系建设的过程中，我们要注意和把握好以下几个问题：第一，从当代中国的基本国情出发，坚持以人为本。第二，必须坚持正确导向，充分发挥社会舆论的引导作用和先进文化的熏陶作用，营造浓厚的舆论氛围。第三，正确处理好社会主义核心价值体系建设与合理吸收中国传统文化资源、积极吸收和借鉴世界文明的一切优秀成果的关系。第四，继续加强对社会主义核心价值体系重大意义的认识和对社会主义核心价值体系丰富内容的研究和探讨。第五，把长期规划和近期安排结合起来，锲而不舍，常抓不懈。② 有学者不无感慨道，社会主义核心价值体系，重在建设，难在建设，是一项浩繁复杂的系统工程，更是长期的任务，不是短期内就能奏效的。所以，在完成建设社会主义核心价值体系这项战略任务的漫长过程中，必须坚持重在建设原则，着力铸就人们的精神支柱。

（三）必须坚持尊重差异、包容多样原则，有效引领社会思潮

党的十六届六中全会通过的《中共中央关于构建社会主义和谐社会若干重大问题的决定》明确提出："必须坚持以社会主义核心价值体系引领社会思潮"，还要求必须"尊重差异，包容多样，最大限度地形成共识"。建设社会主义核心价值体系要注重尊重差异、包容多样原则。有学者认为，所谓"尊重差异，包容多样"，就是指以社会主义核心价值体系引领整合多样化的社会思潮和思想，要注意依靠多数和照顾全局。这里的"差异"和"多样"是指丰富多彩的民族优秀文化传统和

① 国防大学邓小平理论和"三个代表"重要思想研究中心. 促进社会主义核心价值体系的实践转化 [J]. 党建，2007（6）.
② 田耿文. 社会主义核心价值体系研究 [D]. 重庆：西南大学，2008.

人类文明成果中的不同科学学派、不同文艺风格、不同思想文化形式等。遵循引领整合原则进行社会主义核心价值体系建设，其目标是要实现社会主义核心价值体系在意识形态领域的主导地位。① 坚持尊重差别、包容多样原则的同时，要增强社会主义核心价值体系功能方面的有效性、内容方面的针对性、手段方面的综合性。

尊重差别、包容多样原则是社会主义核心价值体系建设之必需。有学者以马克思主义哲学的视角论证了"尊重差异、包容多样"的现实必要性。辩证唯物主义的"两点论"和"重点论"统一的原理要求我们在贯彻实施社会主义核心价值体系的过程中，不能否认、排斥多元价值体系，而是要在坚持社会主义核心价值体系的主导地位的前提下，在对各种错误腐朽思潮进行有力抵制、防止其动摇我们的主流意识形态的过程中，对多元价值体系采取一种尊重差异、包容多样的态度：承认、允许多元价值体系的存在，并从多元价值体系中吸取其精华，借鉴有益的、合理的价值因素，这样既可以促进社会主义核心价值体系自身的不断完善和发展，也符合和谐社会和而不同、求同存异的客观要求。②

坚持尊重差别、包容多样原则，有利于社会主义核心价值体系建设本身。还有学者从我党历史上对待各种思想意识的做法所取得的正反两方面经验教训的角度，阐明"尊重差别、包容多样"原则的切实可行性。她指出，我们过去用革命的思维对待社会存在的各种思想意识，既限制了社会思想文化的活跃，也使自己的思想意识陷于僵化，表面上看实现了思想统一，实际上理论上的主导思想意识影响很弱。和谐社会需要和谐文化，和谐文化的形成不是靠统制，而是靠引领整合。坚持尊重差别、包容多样原则，要保持核心价值体系的开放性。这种开放性既是社会主义核心价值体系的活力所在，也决定了它能够尊重、包容其他社会思潮。坚持尊重差别、包容多样原则，要清楚地认识各种社会思潮产

---

① 董朝霞. 论社会主义核心价值体系建设的原则与方法 [J]. 思想理论研究，2009 (23).

② 曾耀凤，杨斌. 社会主义核心价值体系的实现原则 [J]. 西安文理学院学报（社会科学版），2010 (3).

生的背景，要注意吸纳各种思潮的合理意见，要坚决反对错误思想。①
坚持尊重差别、包容多样原则，能更好地促进社会主义核心价值体系
建设。

社会主义核心价值体系建设是一个开放的、包容的过程。有学者认
为，坚持社会主义核心价值体系的主导性的同时，要尊重差异，坚持与
多样性相结合，增强社会主义核心价值体系的说服力。要坚持用马克思
主义指导思想引领和整合多元社会意识，形成马克思主义一元指导下多
元社会思想求同存异、相互包容、共同发展的生动格局。每个人和每个
阶层都有自己独特的价值观念和价值追求，而作为社会群体和个人，应
当在进行个体价值追求的同时，接受本民族、本国家的核心价值体系的
约束和规范。社会主义核心价值体系是开放的体系，是不断吸收各种思
想营养来发展自己的体系，随着社会的发展不断更新着自己的内涵。建
设社会主义核心价值体系，就必须坚持全面的、发展的和相互联系的立
场、观点和方法。②

我们要坚持尊重差别、包容多样原则，但更要有效引领社会思潮。
有学者提出，用社会主义核心价值体系引领社会思潮，一是要用发展成
就以及在发展中解决现实问题的成效增强社会主义核心价值体系的吸引
力和说服力；二是要在改革开放进程中以开放心态吸收和借鉴社会思潮
的合理部分，以其鲜明的时代性和创新性引领社会思潮；三是要在新形
势下坚决批判和抵制错误思潮，在批判中彰显社会主义核心价值体系的
科学性和真理性。③

积极探索用社会主义核心价值体系引领社会思潮的有效途径，既是
当代中国社会主义文化建设的一项极其重要的使命和任务，也是社会主
义核心价值体系建设的一项重大的理论与实践工程。学者们认为，必须
从思想、理论和实践三重路径对其进行全方位的深入展开。（1）用社

---

①　王晓娟. 用社会主义核心价值体系引领社会思潮的原则与途径［J］. 理论研究，2007
（6）.

②　王建新，陈晨. 论社会主义核心价值体系建设的原则与路径［J］. 经济与社会发展，
2010（1）.

③　葛亚坤. 论社会主义核心价值体系引领社会思潮的着力点［J］. 扬州大学学报（人文
社会科学版），2009（4）.

会主义核心价值体系引领社会思潮的思想路径。一是要明确思想目标，这就是"最大限度地形成社会思想共识"；二是要完善思想体系；三是要抓好思想教育。（2）用社会主义核心价值体系引领社会思潮的理论路径。一是历史研究路径；二是比较研究路径；三是现实研究路径。（3）用社会主义核心价值体系引领社会思潮的实践路径。一方面，通过制度安排的方式，推进社会主义核心价值体系对各种社会思潮的引领；另一方面，通过大众话语的形成，实现社会主义核心价值体系对各种社会思潮的引领。①

（四） 必须坚持引领整合原则，在不断积累中壮大主流意识形态

建设社会主义核心价值体系，必须坚持引领整合原则，在不断积累中壮大主流意识形态，这是党领导人民构建和谐文化、和谐社会的重要任务。当前，人们的文化价值取向呈现多元化发展态势，使原有的价值评判标准面临新考验和新挑战。人们的价值取向尤其是青少年的价值取向存在着急功近利、个人中心主义、缺乏理想信念等消极倾向，这暴露出一个很关键的问题——核心价值观念的缺失。面对多元化的文化价值观，只有以社会主义核心价值体系作为科学指导，才能从根本上统领纷繁复杂的价值观念。价值观念可以呈现多元化，但核心价值应该是一元的、共同的。作为新时期共同的思想指导和价值基础，居于主导地位的社会主义核心价值体系，既是社会价值观的内在依据，又是引领和谐社会文化建设和思想建设的根本，对社会文化和思想观念起着重要统领作用。只有从这个高度认识到了问题的重要性和紧迫性，才能进一步增强将社会主义核心价值体系的主流意识形态融入社会生活全过程的自觉性。有学者认为，我们正处于一个思想活跃、观念碰撞、文化交融的时代，先进文化、有益文化、落后文化和腐朽文化同时并存，正确思想和错误思想、主流意识和非主流意识相互交织。人类社会发展的历史表明，任何社会要实现稳定发展都需要有适应时代要求的主流价值观，主

---

① 张军，王清明 用社会主义核心价值体系引领社会思潮的三重路径 [J]. 理论前沿，2008（8）.

流价值观对广大社会成员具有普遍的影响力，发挥着指导和评判人们具体行为的作用。同时，与主流价值观相对的非主流价值观也长期存在，并对主流价值观形成补充或挑战。一旦主流价值观的影响下降，社会思想观念冲突激化，社会矛盾就会随之加剧，最终造成社会动荡局面。①

"一元主导"是坚持引领整合原则，在不断积累中壮大主流意识形态的生动写照。有学者认为，社会主义核心价值体系建设应该遵循引领整合原则。具体地说，就是在坚持社会主义核心价值体系一元主导的原则下，尊重差异，包容多样，用社会主义核心价值体系引领整合多样化思想观念。所谓"一元主导"，就是指在处理社会主义核心价值体系与多样化思想的关系中，以社会主义核心价值体系主动引导和统摄多样化的社会思潮和价值观念，建立起社会主义核心价值体系与其他价值体系之间主导与被主导、引领与被引领、整合与被整合的良性互动的协调关系。②

还有学者探讨了如何坚持引领整合原则，在不断积累中壮大主流意识形态的路径和方法：一是认知统一法。社会主义核心价值观从结构上看，包含精神文化、物态文化、行为文化、制度文化等四个层面。精神文化是文化的最高形式，它决定着物态文化、行为文化和制度文化的性质和发展方向，因此，要坚持用马克思主义中国化最新成果武装全党、教育人民，坚持以社会主义核心价值体系引领社会思潮。二是物态教育法。物态文化是以艺术语言、动作、图像、网络等手段反映社会生活的文化现象和文化产品，对人们起着潜移默化的作用。建设社会主义和谐文化，就必须把社会主义核心价值体系融入各种文学艺术形式当中，坚持正确导向，唱响有利于国家富强、民族振兴、人民幸福的主旋律。三是引导行为法。建设社会主义核心价值体系，就必须认真落实社会主义荣辱观的教育，倡导爱国、敬业、诚心、友善等道德规范，在全社会形成知荣耻、讲正气、促和谐的风尚，形成男女平等、尊老爱幼、扶贫济

---

① 王晓娟. 用社会主义核心价值体系引领社会思潮的原则与途径［J］. 理论研究，2007（6）.

② 董朝霞. 论社会主义核心价值体系建设的原则与方法［J］. 思想理论研究，2009（23）.

困、礼让宽容的人际关系。四是制度保障法，是指建设社会主义核心价值体系在制度层面的保证。①

推进社会主义核心价值体系的实践转化是长期的战略任务和系统工程，必须长期抓、反复抓。有学者认为，核心价值体系本身包含多重辩证统一关系，主要包括一元性与多元性的辩证统一、阶级性与普世性的辩证统一、批判性与整合性的辩证统一、时代性与历史性的辩证统一，这些也构成了建设核心价值体系的基本原则。依据这些原则推出构建社会主义核心价值体系应当选择以下路径：以一元性统领多元性、以阶级性统领普世性、以批判性统领整合性、以时代性统领历史性。② 社会主义核心价值体系建设必须坚持马克思主义在意识形态的指导地位，坚持指导思想的一元化。同时，我们要看到，在经济全球化和政治多极化发展的时代背景下，我们要正视思想文化多元、多变、多样的特点，用一元指导思想整合和引领多样的思想文化。文化建设不能搞"一刀切"，必须承认文化的差异性，要通过文化整合，以促进文化的不断交融和不断升华，具体方法包括价值整合、规范整合、结构整合等。③ 巩固社会主义核心价值体系的主导地位，使其成为引领社会思潮的旗帜。以社会主义核心价值体系引领社会思潮，实质上就是要实现社会主义核心价值体系对社会思潮的"领导权"问题。要得到人民的普遍认可和拥护，就要加强社会主义核心价值体系自身建设，巩固其赖以存在的理论基础、制度基础和群众基础。④

---

①③　张国献. 建设社会主义核心价值体系的指导思想和基本原则［N］. 郑州日报，2007 - 08 - 31.

②　刘亚静. 构建社会主义核心价值体系的原则和路径［J］. 辽宁工程技术大学学报（社会科学版），2010（5）

④　梁振国. 社会主义核心价值体系的功能解读及实践路径［J］. 理论学刊，2011（2）.

二、践行社会主义核心价值体系

努力践行社会主义核心价值体系是构建社会主义核心价值体系的关键。学者们认为，社会主义核心价值体系本质上属于以实践—精神方式把握世界的实践理性。与注重客体本然状态的真理性认识不同，实践理性的实践—精神把握方式从主体的需要同满足需要之客体对象的关系出发，在实践中建立人与现实世界的价值联系。① 只有通过合目的性的实践才能变社会主义核心价值体系的"应当"为"现实"。

（一）要把社会主义核心价值体系融入国民教育全过程

国民教育是构建社会主义核心价值体系的重要阵地。有学者认为，国民教育的重点对象是未成年人和青年大学生。要积极配合教育部门抓好未成年人思想道德教育和大学生思想政治工作。此外，国民教育必须适应时代的变化和社会发展的要求，自觉地成为构建社会主义核心价值体系的一个重要路径和力量。② 有学者对如何有效地把社会主义核心价值体系融入国民教育全过程进行了具体分析，认为加强广大受教育者的"三生教育"是把社会主义核心价值体系融入国民教育和精神文明建设的重要途径，生命教育、生存教育、生活教育构成了"三生教育"，推进"三生教育"对于践行社会主义核心价值体系有着十分重要的现实意义。③ 还有学者认为，把社会主义核心价值体系融入国民教育的全过程中应坚持教育合力原则。所谓教育合力原则，就是把社会主义核心价值体系渗透到全社会，使全方位、各领域、多层次协同配合而形成教育合力。社会主义核心价值体系建设需要渗透于社会教育（形成社会公

① 张晓东. 社会主义核心价值体系的理论内涵与实践特质 [J]. 马克思主义研究，2008（3）.
② 顾铭心. 论社会主义核心价值体系构建原则的三维视野 [J]. 兰州学刊，2007（8）.
③ 周秀华. 浅析社会主义核心价值体系的实践途径 [J]. 赤峰学院学报（汉文哲学社会科学版），2010（6）.

德）、职业教育（形成职业道德）、家庭教育（形成家庭美德）等各领域。① 社会主义核心价值体系建设是一个群众化、大众化的社会系统工程，只有遵循教育合力原则，才能增强社会主义核心价值体系建设的实效。

青少年是祖国的未来、民族的希望。面对国内国际环境的新变化、经济社会发展的新要求、人民群众的新期待，我们必须牢牢掌握主动权，切实把社会主义核心价值体系置于未成年人思想道德建设之中，使其深深融入未成年人的思想意识和精神世界。对此，有学者认为，如何提高未成年人社会主义核心价值体系教育的实际效果，这是摆在教育界面前的一个重要课题。有效地对未成年人进行社会主义核心价值体系教育，必须树立以人为本的教育理念，把社会主义核心价值体系教育纳入促进学生全面发展的总体目标之中；着力研究未成年人的价值认知特点和接受机制，充分发挥国民教育各学科的价值观教育作用；正确认识教育教学活动中的价值冲突，注重解决学生价值认知领域与现实生活中的实际问题；批判地吸收西方价值观教育的方法和模式中的合理因素，创新未成年人价值观教育的方法，提高未成年人社会主义核心价值体系教育的实效性。② 还有研究人员认为，要从加强社会主义理想信念教育入手，培养基本的道德品质和德育素质，树立正确的世界观、人生观、价值观、道德观，帮助他们分清是非、美丑、善恶，引导学生用马克思主义的立场、观点、方法来认识事物，分析社会中的复杂现象，使其能看清本质，明确方向，坚定为社会主义共同理想努力奋斗的信念。要以爱国主义教育为主，利用传统节假日、纪念日、爱国主义教育基地以及现实中的民族精神和时代精神为载体，采取形象、生动的教育手段，培育和弘扬民族精神与时代精神，建设社会主义精神文明，使学生在丰富多彩的活动中增强团结意识、集体意识、自强意识、科学意识、法制意识、创新意识、民主意识等现代思想观念，让民族精神和时代精神成为

---

① 董朝霞. 论社会主义核心价值体系建设的原则与方法 [J]. 思想理论研究，2009（23）.

② 关丽兰，李斌雄. 提高未成年人社会主义核心价值体系教育实效的理论思考 [J]. 思想政治教育研究，2007（6）.

他们成长中人们团结和谐、共同奋斗的精神纽带。要倡导社会主义荣辱观，这不仅是未成年人践行社会主义核心价值体系的重要内容，也是践行社会主义核心价值体系所必需的思想道德修养和素质要求；它既反映了中华民族的传统美德，又体现了爱国主义、集体主义、社会主义思想及社会主义基本道德规范的要求。在加强未成年人思想道德教育中，建设社会主义核心价值体系应当成为引领社会文明风尚形成和发展的一面旗帜。要为未成年人营造健康的成长空间。当前影响未成年人成长的主要因素分别是：父母、教师、学校、网络，而这四者中影响最大的要数网络。父母是孩子的第一位老师，正确的思想和规范的行为是孩子成长的榜样，对孩子成长有着不可替代的积极作用；学校是育人的场所，建设先进的校园文化已成为首要任务，应从良好师德的塑造、丰富的德育实践等多个角度，不同方面强化管理和培养；公安、工商、文化、宣传等单位应重视对互联网络的管理，坚决取缔黑网吧，打击非法传播不利于未成年人成长的不良信息，共同为未成年人的健康成长创造一个和谐、健康的成长空间，多为祖国和社会培养优秀的创新型人才。①

大学生是践行社会主义核心价值体系的重要群体。有学者指出，对大学生进行社会主义核心价值体系教育是当前高校的重要任务，要确保大学生社会主义核心价值体系教育取得实效，必须坚持一些教育原则，即育人为本、以学生为主体原则，正面教育、以立为主原则，尊重规律、有机渗透原则，重在实践、知行统一原则，与时俱进、不断创新原则。② 还有学者认为，社会主义核心价值体系是大学生思想政治教育的重要内容。应该加强社会主义核心价值体系的理论研究，增强社会主义意识形态的说服力；加强社会主义核心价值体系的宣传教育和引导，使其内化为大学生社会群体意识；加强社会主义核心价值的实践转化，需要坚持自律与他律相统一，在自律的基础上要充分发挥他律的作用，尤其是要强化机制保障。充分利用"两课"的主阵地，强化共产主义、中国特色社会主义信仰教育；充分关注现实社会高职大学生的现实利

①　李朝辉. 加强未成年人思想道德教育 ［N］. 陕西日报，2007 - 11 - 07.
②　黎开谊. 论大学生社会主义核心价值体系教育的基本原则 ［J］. 学校党建与思想教育，2010（7）.

益，培养具有创新精神和时代风貌的大学生。① 应该把社会主义核心价值体系教育作为思想道德建设的重要内容，贯穿于大学生思想政治教育的全过程。

有学者提出，社会主义核心价值体系贯穿大学生思想政治教育实践全过程的基本要求包括：一是大学生思想政治教育实践必须坚持社会主义核心价值体系作为思想政治教育内容的中心线索和灵魂。二是大学生思想政治教育实践必须创新思想政治隐性教育方式。三是大学生思想政治教育实践必须构建社会主义核心价值体系融入大学生思想政治教育各个方面和全部过程的"融入机制"。② 有学者剖析了高校加强社会主义核心价值体系教育的主要途径和应该注意的问题，认为高校加强社会主义核心价值体系教育的主要途径有：一是充分发挥思想政治理论课的主渠道作用。二是将社会主义核心价值体系贯穿学生教育管理始终。三是以社会实践活动为载体，加强大学生对社会主义核心价值体系的认识。四是努力提高教师的思想理论素质，充分发挥教师的作用。五是大力加强校园文化环境建设。③

此外，有学者探讨了将社会主义核心价值体系融入大学生思想教育的实践路径：一要将社会主义核心价值体系教育贯穿于课堂教学中，增强针对性。二要将社会主义核心价值体系教育融入和谐校园文化建设中，注重参与性。三要将社会主义核心价值体系教育渗透于社会实践中，提高实效性。④ 有学者认为，促进大学生对社会主义核心价值体系认同的路径有：一要加强理论教育，促进大学生对社会主义核心价值体系的认知认同。二要尊重差异，包容多样，促进大学生对社会主义核心价值体系的情感认同。三要注重实践，促进大学生对社会主义核心价值

---

① 尹刚. 论高等职业院校社会主义核心价值体系教育［J］. 沈阳农业大学学报（社会科学版），2009（3）.

② 刘峥. 社会主义核心价值体系在大学生思想政治教育实践中具体化探索［J］. 人力资源管理，2010（2）.

③ 张信杰. 浅谈加强大学生社会主义核心价值体系教育的主要途径［J］. 思想理论教育导刊，2009（12）.

④ 陈思坤. 社会主义核心价值体系对大学生思想教育的理论价值与实践意义［J］. 山西高等学校社会科学学报，2008（6）.

体系的行为认同。① 应该用社会主义核心价值体系构筑当代青年的精神支柱，促进大学生思想政治素质、科学文化素质、身体心理素质的健康、和谐、全面发展。

（二）要把社会主义核心价值体系融入精神文明建设全过程

有研究认为，社会主义精神文明和社会主义核心价值体系都属于社会主义意识形态领域范畴，它们从不同的角度反映社会精神文化生活，代表我国最广大人民的根本利益，表达人民群众价值追求方面的共同愿望，都是为了满足人民群众日益增长的文化需求，为了提高广大人民群众的思想道德素质和科学文化素质，为建设中国特色社会主义打牢思想基础。二者本质上的一致性，决定了把社会主义核心价值体系融入社会主义精神文明建设的必然性。②

对于如何把社会主义核心价值体系融入精神文明建设全过程，有研究认为，要做到"五个结合"，即结合创建文明城市，加强社会主义核心价值体系建设；结合开展公民思想道德教育，加强社会主义核心价值体系建设；结合农村精神文明创建活动，加强社会主义核心价值体系建设；结合搞好未成年人思想道德建设工作，加强社会主义核心价值体系建设；结合开展社会志愿服务活动，加强社会主义核心价值体系建设。③ 有研究认为，要把加强对广大干部群众的学习教育作为精神文明建设的一项基础工程抓；要创新活动载体，把社会主义核心价值体系融入到各类创建活动中；要不断完善和改进文明单位考核办法，促使社会主义核心价值贯穿到文明单位创建过程中。④ 还有研究认为，建立社会主义核心价值体系，要立足基层、着眼实践、注重养成，引导人们从自

① 羊许益.价值认同与大学生社会主义核心价值体系教育的路径探析［J］.教育探索，2010（4）.

② 杨毅波，徐俊.把社会主义核心价值体系融入精神文明建设全过程［N］.西安日报，2008－01－28.

③ 李景利.把社会主义核心价值体系建设融入精神文明建设全过程［EB］.［2011－07－26］.http：//unn.people.com.cn/GB/22220/142927/15253409.html.

④ 魏赫男.把社会主义核心价值体系建设融入精神文明建设全过程［N］.十堰日报，2009－10－13.

己做起，从身边事情做起，从一点一滴做起。积极倡导爱国、敬业、诚信、友善等道德规范，培育社会公德、职业道德、家庭美德、个人品德，形成尊老爱幼、扶贫济困、礼让宽容的人际关系，塑造自尊自信、理性平和、积极向上的社会心态等。①

（三）要把社会主义核心价值体系融入党的建设全过程

胡锦涛总书记在庆祝中国共产党成立 90 周年大会上的讲话中提出要"把社会主义核心价值体系建设融入党的建设全过程"这一新命题，开辟了社会主义核心价值体系建设和党的建设理论研究与实践发展的新境界，对于实现二者的协同推进具有重要意义。有研究认为，从融入国民教育和精神文明建设全过程，到融入党的建设全过程，这不仅仅是社会主义核心价值体系建设领域的拓展，而且是对社会主义核心价值体系建设与党的建设二者内在一致性和互动性的确认，即社会主义核心价值体系建设与党的建设在本质上是紧密相关的，与党的思想建设在内容上具有高度的吻合性，与党的建设在实践进程中是相互联系的。②

对于核心价值体系建设融入党建全过程的基本要求，有研究认为，首先，对加强和改进党的思想建设，提高党的意识形态工作科学化水平，提出了新要求。其次，对保持和发展党的先进性和执政能力提出了新要求。最后，对把社会主义核心价值体系建设的要求贯穿到党的组织、制度、作风、反腐倡廉建设中去，实现二者有机结合和相互交融提出了新要求。③

而对于把核心价值体系建设融入党建全过程的实现途径，有研究认为，首先要把社会主义核心价值体系建设融入党建全过程，必须把握其本质要求和内在规律，在融入理念、创新融入路径、创新融入方式方法等方面着力创新探索，真正实现入心进脑见行动，使党员和各级党组织成为传播和实践社会主义核心价值体系的先锋模范和坚强堡垒。其次要

---

① 杨毅波，徐俊. 把社会主义核心价值体系融入精神文明建设全过程 ［N］. 西安日报，2008－01－28.

②③ 社会主义核心价值体系研究中心. 把社会主义核心价值体系建设融入党的建设全过程 ［N］. 光明日报，2011－10－18.

把巩固和加强党的意识形态领导权放在执政党建设的首要位置。再次要
针对新时期党员和干部的思想需求和行为特征，积极探索融入的有效方
法。最后要以改革创新精神构建和完善融入的体制机制。创新融入理
念，树立科学的核心价值体系建设理念和科学的党建理念，防止简单化
植入，探索形成有机融入和有效融入的体制机制，促进社会主义核心价
值体系在党建理念、党建体制、党的形象建设中生根开花结果。①

（四）要把社会主义核心价值体系贯穿于经济、政治、文化、社会建设各个领域

价值体系作为一种意识形态，它是社会文明一个组成部分，其基本
特征和发展进程由一定的历史阶段的生产方式的基本特征和发展进程所
决定。马克思指出，"每一历史时代的经济生产以及必然由此产生的社
会结构，是该时代政治和精神的历史基础"②。有学者认为，要在共同
建设、共同享有的和谐社会中，打牢社会主义核心价值体系的制度基
础；在贯彻社会主义和谐社会的总要求中，丰富核心价值体系的时代内
涵；在加强社会事业建设中，培育核心价值体系的社会条件；在化解社
会矛盾中，促进核心价值体系的心理认同。③ 社会主义核心价值体系是
以社会主义生产方式为历史基础构建的，必须体现中国特色社会主义的
经济、政治、文化等基本特征，体现广大工人阶级和人民群众的根本
利益。

有学者分析了把社会主义核心价值体系贯穿于经济、政治、文化、
社会建设各个领域的切实必要性，并指出，社会主义核心价值体系根源
于和服务于社会主义建设实践。人民群众只有直接和真正地从社会主义
制度中获得了实实在在的实惠、利益和幸福，才有助于他们真切地拥护
社会主义制度，认同社会主义核心价值观念。构建社会主义核心价值体

---

① 社会主义核心价值体系研究中心. 把社会主义核心价值体系建设融入党的建设全过程
[N]. 光明日报，2011－10－18.

② 马克思，恩格斯. 马克思恩格斯选集：第1卷 [M]. 北京：人民出版社，1995：232.

③ 颜晓峰. 在构建和谐社会的实践中建设社会主义核心价值体系 [J]. 大连干部学刊，
2007（7）.

系更为根本的、更为基础的前提，就是要在大力发展社会生产力和坚持社会主义基本经济制度的基础上，不断推进经济建设、政治建设、文化建设和社会建设的协调发展和全面进步，更加注重社会公正和公平，让广大人民群众平等地分享社会主义改革和建设的成果。①

有学者认为，社会主义核心价值体系是当代中国马克思主义实践理性，是党领导人民对中国特色社会主义事业的实践—精神把握方式，它从根本上服务于中国特色社会主义建设实践。实现中国特色社会主义理想目标，必须诉诸经济社会的全面、协调、可持续发展。推动以人为本的科学发展实践，是社会主义核心价值体系理论功能和实践特质的集中展示。所以，建设社会主义核心价值体系，不只是一个理论问题，更是一个实践问题，坚持把社会主义核心价值体系贯穿于现代化建设的各个方面和全部过程，目的在于引导我国的现代化建设走上人本化、科学化的正确轨道，为科学发展实践提供价值支撑和方向指南，并在掌握群众、指导实践的过程中转化为巨大的物质力量。② 还有学者指出，由于包括社会主义核心价值体系在内的社会文化、社会意识，最终是由社会的经济、政治发展状况决定的，所以要搞好社会主义核心价值体系建设，必须着力抓好中国特色社会主义建设实践。社会主义经济、政治建设成效好，不仅可以对构建社会主义核心价值体系提供良好的物质条件和政治保证，而且还能使人们对搞好这方面工作充满必胜信心。③ 所以，要将社会主义核心价值体系建设寓于经济、政治、文化、社会建设之中。

还有学者提出了把社会主义核心价值体系贯穿于经济、政治、文化、社会建设各个领域的具体方法。一要坚持用发展的办法解决前进中的问题，大力发展社会主义社会生产力，不断满足人民群众日益增长的物质文化需求。二要适应构建社会主义和谐社会的战略要求，着力推动

①　顾铭心. 论社会主义核心价值体系构建原则的三维视野 [J]. 兰州学刊，2007（8）.

②　张晓东. 社会主义核心价值体系的理论内涵与实践特质 [J]. 马克思主义研究，2008（3）.

③　郑国玺. 简论构建社会主义核心价值体系的几个理论和实践问题 [J]. 理论与改革，2007（6）.

经济社会协调发展。要充分发动和依靠群众，从他们最关心的问题入手，使社会主义核心价值体系的实践转化给他们带来实实在在的实惠。三要坚持从严治党、从严治吏，充分发挥党员干部的引领示范作用，树立焕然一新的党风、政风、行风。四要坚持以人为本，高度关注民生，建立合理有序的收入分配格局，实施积极的就业政策，坚持教育优先发展，加强医疗卫生服务，推进住房改革，建立覆盖城乡居民的社会保障体系，同时在公共秩序、社会服务、产品质量、食品安全、旅游出行、环境保护、网络文明等方面取得实质性的进展和改善，让人们切身感受到社会主义核心价值体系实践转化的推动作用。[①]

（五）要充分发挥人民群众在践行社会主义核心价值体系中的主体作用

建设社会主义核心价值体系是一项涉及面广、意义深远的伟大工程，广大人民群众要积极参与到社会主义核心价值体系的伟大实践当中。有文章提出了人民群众践行社会主义核心价值体系的具体要求：广大人民群众人人都要亲身体验，努力实行。具言之，就是人人都要坚持信仰马克思主义，不断增强对中国共产党的领导、社会主义制度、改革开放事业、全面建设小康社会的信念和信心；人人都要弘扬民族精神和时代精神，艰苦奋斗、开拓创新；人人都要树立社会主义荣辱观，分清是非荣辱，明辨善恶美丑，尊老爱幼、扶贫济困、礼让宽容；人人都要努力工作、辛勤劳动，为实现中国特色社会主义共同理想而不懈努力……做到如此，就是对社会主义核心价值体系的实践。[②]

人民群众践行社会主义核心价值体系的过程是一个"转识成质"的过程。有学者指出，"转识成质"是社会主义核心价值内化为人民自觉追求的路径。"转识成质"就是经过若干途径和环节由认识（知识）到素质的质变过程，是知识的内化过程，是向"人的自由而全面的发展"目标无限接近的过程。"理论一经掌握群众，也会变成物质力量。

---

① 陈其耐. 社会主义核心价值体系的实践转化 [J]. 人民论坛，2010（14）.
② 蒙小脉. 认识与实践的统一是建设社会主义核心价值体系的最佳路径 [C] //"深入学习十七大精神，贯彻落实科学发展观"理论研讨会论文集，广西，2008：6.

理论只要说服人，就能掌握群众；而理论只要彻底，就能说服人"。①
理论只要具有科学性、实践性、现实性、人民性，就能获得人民群众的
认同。因此社会主义核心价值体系的目的，是获得人民群众的认同，被
广大人民群众所理解和把握，化为行动，变成物质力量，更好地改造世
界。要实现这一目的，就必须"转识成质"，将社会主义核心价值内化
为人民的自觉追求。② 价值观念的合理性不在于自己论证自己，最根本
的在于符合社会生活的要求，社会生活才是价值观念合理性的真正
源泉。

那么如何充分调动人民群众践行社会主义核心价值体系呢？

1. 解决人民群众最关心、最直接、最现实的利益问题是建设社会
主义核心价值体系的关键。

从解决人民群众最关心、最直接、最现实的利益问题入手，是赢取
广大人民群众认识和理解社会主义核心价值体系的根本所在，是建设社
会主义核心价值体系的关键所在。因此有学者指出，推动社会主义核心
价值体系的实践转化，最关键的是要使广大人民群众在充分感知、认同
的基础上，自觉地付诸实践，而实践转化的过程必须是广大人民群众在
党的领导下为自身谋利益的过程，使广大人民群众既是转化过程的实践
者，又是转化成果的受益者。唯有如此社会主义核心价值体系的实践转
化才会有广泛的群众基础，实践转化活动才能深入持久。③

2. 开展群众性精神文明创建活动，是新形势下加强社会主义核心
价值体系建设的重要途径。

有学者指出，人民群众的亲身实践是最好的学习教育。各种形式的
群众性创建活动，群众性的道德实践活动和城乡社会志愿者服务活动，
赢得了广泛赞誉，产生着越来越大的感召力，在社会生活中倡导着相互
关爱、服务社会的思想观念。各项群众性实践活动都应突出思想教育内

---

① 马克思，恩格斯. 马克思恩格斯选集：第1卷［M］. 北京：人民出版社，1995：9.
② 李梅敬. 实践社会主义核心价值体系的必由路径："转识成质"［J］. 湖南社会科学，2008（4）.
③ 陈其耐. 社会主义核心价值体系的实践转化［J］. 人民论坛，2010（14）.

涵，贯注社会主义价值理念，打牢社会主义核心价值体系的群众基础。① 还有学者认为，在人民群众中树立和实践社会主义核心价值体系，既承载了中华传统文化的精髓，也顺应了时代发展的需要，应当让社会主义核心价值体系成为人民群众价值观的基石。② 我们要充分发挥人民群众的首创精神，尊重人民群众在和谐文化建设中的主体地位，着力开展群众性精神文明创建活动，吸引群众广泛参与，会聚起促进社会和谐的强大力量。

发挥人民群众的主体作用，要根据对象不同的价值观状况，区别对待、量体裁衣、分层次进行贯彻实施的原则。有学者指出，正确认识社会主义核心价值体系建设的多样主体性是确保社会主义核心价值体系建设实效性的前提，满足主体最根本的利益需求是实现建设社会主义核心价值体系实效性的根本，主体性的运用是实现社会主义核心价值体系建设实效性的基础。③ 有学者指出，社会主义核心价值体系的层次原则，是指贯彻实施社会主义核心价值体系的过程中要从对象的特点出发，根据对象不同的价值观状况，区别对待、量体裁衣、分层次进行贯彻实施的原则。首先，在对象上，应对社会上的先进分子和普通社会成员进行区分，对领导干部、共产党员和高级知识分子等提出先进性要求。其次，在内容上，对社会主义核心价值体系内容的教育引导要由浅入深、由基本要求到崇高理想、由广泛性要求到先进性要求。④ 还有文章认为，社会主义核心价值体系的践行对不同的群体有着不同的要求。例如，对党员干部要求他们能够在深刻理解社会主义核心价值体系的基础上积极带头践行；对外来务工者要进一步提升他们的文明素养；对未成

---

① 顾铭心. 论社会主义核心价值体系构建原则的三维视野 ［J］. 兰州学刊，2007（8）.

② 胡春燕. 让青少年成为社会主义核心价值体系的传承者和实践者 ［J］. 中共青岛市委党校青岛行政学院学报，2006（6）.

③ 万生更. 建设社会主义核心价值体系实效纬度的主体性原则 ［J］. 毛泽东思想研究，2009（1）.

④ 曾耀凤，杨斌. 社会主义核心价值体系的实现原则 ［J］. 西安文理学院学报（社会科学版），2010（3）.

年人则侧重于国情教育。① 也有文章指出，践行社会主义核心价值体系需要突出重点主体，实施分层教育，努力推进核心价值体系大众化。关键是抓住党员干部、教师、宣传工作者等社会特殊群体。与此同时，社会主义核心价值体系的教育要体现出层次性，无论是教育内容、形式和要求，都要根据不同的对象特点来加以实施。对党员领导干部，我们要注重加强马克思主义尤其是马克思主义中国化最新理论成果的学习教育，使之成为优秀道德行为的示范者；对广大知识阶层、社会精英和新的社会阶层，要积极推进中国特色社会主义共同理想教育，以激发他们建设社会主义现代化的热情；对普通群众，主要是进行爱国主义和社会主义荣辱观等教育，培育其良好的社会公德和职业道德、家庭美德；对青少年学生，重在价值观的养成教育，帮助他们树立正确的世界观、人生观与价值观。②

有的学者指出，推动社会主义核心价值体系向实践转化要分不同的主体，对不同的主体应有不同的要求：一要重点加强对广大群众的学习教育，使他们成为有理想、有道德、有文化、有纪律的"四有"新人，在中国特色社会主义事业中充分发挥主体作用；二要重点加强对广大知识分子的学习教育，使他们成为先进思想文化的传播者、先进生产力的开拓者、美好精神产品的重要创作者；三要重点加强对广大青少年的学习教育，使他们成为理想远大、信念坚定、品德高尚、意志顽强、视野开阔、知识丰富、开拓进取、艰苦创业的新一代；四要重点加强对人民军队的学习教育，使他们成为听党指挥、服务人民、英勇善战的威武之师、文明之师、和平之师；五要重点加强其他社会群体的学习教育，使他们成为拥护党的领导、积极支持和参与中国特色社会主义事业的坚定力量。③ 还有学者特别强调要加强对领导干部的学习教育，认为领导干部作为社会的管理者，处在党和国家各级重要岗位上，加强对他们的教育，对于推进社会主义核心价值体系的建设具有重要的意义。

---

① 中共徐汇区委宣传部. 社会主义核心价值体系的基层普及与践行 [J]. 毛泽东邓小平理论研究，2008（11）

② 梁振国. 社会主义核心价值体系的功能解读及实践路径 [J]. 理论学刊，2011（2）.

③ 陈其耐. 社会主义核心价值体系的实践转化 [J]. 人民论坛，2010（14）.

（六）　充分发挥先进典型的示范榜样作用

践行社会主义核心价值体系需要充分发挥先进典型的示范榜样作用。有学者认为，榜样的力量是不可低估的。中华民族是一个崇尚道德榜样的民族。中国封建社会曾经把"二十四孝"作为榜样，对于社会家庭的稳定和谐起过积极的作用；在新中国成立后的社会主义建设中，涌现出的一批又一批英雄模范人物，如雷锋、焦裕禄、孔繁森、任长霞等，对于中国社会的发展和人民精神的塑造产生了很大的积极影响和作用。在构建社会主义核心价值体系过程中，要进一步发挥先进典型的带头作用和示范作用，要大力宣传在我国改革开放和社会主义现代化建设中涌现出来的先进人物事迹，在全社会倡导见义勇为、无私奉献、一心为公、奋发向上、为国争光的高尚情操和优秀品德，使人们学有榜样、赶有目标，以高尚的精神塑造人。[①] 有学者指出，先进典型是典型中的先进部分，是时代的先锋、社会的典范、群众的楷模。其作用主要表现在：一是先进典型高度的政治觉悟诠释了马克思主义的科学理性。二是先进典型坚定的理想信念诠释了中国特色社会主义共同理想的本质要求。三是先进典型崇高的精神境界诠释了民族精神和时代精神的本质要求。四是先进典型良好的道德修养诠释了社会主义荣辱观的本质要求。[②] 依靠榜样的力量引导人们价值观念的形成或改变，是古今中外的普遍做法，我们党也有善于发现先进并善于发挥其积极作用的传统。所以有学者提出了加强和改进先进典型的宣传和学习工作的三项要求：一是选择和确定先进典型要抓住精神实质；二是确保先进典型事迹的客观真实；三是不断改进先进典型宣传的方式方法。[③]

要更好地发挥先进典型的教育激励和示范引导作用，必须加强对先进典型的学习宣传。有学者认为，学习宣传先进典型，是推动社会主义核心价值体系建设的有力抓手。为此他提出，在新形势下，做好先进典

---

① 顾铭心. 论社会主义核心价值体系构建原则的三维视野 [J]. 兰州学刊，2007 (8).

② 左凌，孙岩. 论先进典型与社会主义核心价值体系的辩证关系 [J]. 东南大学学报
(哲学社会科学版)，2009 (S1).

③ 宋静. 社会主义核心价值体系建设研究 [D]. 重庆：西南政法大学，2009：21－22.

型的学习宣传工作要求：一要把社会主义核心价值体系作为选择和确定先进典型的重要标准；二要确保先进典型事迹的客观真实；三要坚持面向基层面向群众；四要注意把握好典型宣传的时机和节奏；五要不断改进典型宣传的方式方法；六要完善工作程序和运作机制。①

（七）要充分发挥党员干部的模范带头作用

党员干部要在实践社会主义核心价值体系中发挥模范带头作用。有学者认为，建设社会主义核心价值体系，就是要用社会主义核心价值体系统领全党、全国人民的思想，把这些要求融入构建社会主义和谐社会的全过程。中国的事情关键在党，建设社会主义核心价值体系的关键也在党。老百姓深有感触地说，"村看村，户看户，群众看干部"，"榜样的力量是无穷的，领导的行动是无声的命令"。领导干部带头树立社会主义核心价值观，并自觉用以规范自己的言行，做到身先士卒、率先垂范，要群众做的自己带头先做，要群众不做的自己首先不做，这样群众就会看在眼里，敬佩在心中，自觉加以效法，从而收到身教重于言教的效果。② 党员干部的行为及其体现出来的理论素养、理论信念、精神面貌、思想境界和道德情操对社会主义核心价值体系的建设起到十分重要的示范和导向作用。有学者指出，每个党员干部必须坚持以社会主义核心价值体系的四个基本内容作为自己的理想信念和行为准则。具言之，必须坚持马克思主义，必须坚持用马克思主义中国化的最新成果武装自己、指导工作和教育人民；必须弘扬民族精神和时代精神，并以之调动广大人民群众践行中国特色社会主义现代化事业的积极性与创造性；必须带头奉行以"八荣八耻"为主要内容的社会主义荣辱观，并以之规范、指引和约束全体社会成员的行为；必须以中国特色社会主义共同理想凝聚人心，并积极带领各族人民为实现这一共同理想而冲锋在前、奋勇当先。广大党员干部只有用自己的模范行为、人格魅力和精神力量为

---

① 欧阳坚. 加强改进先进典型学习宣传工作推动社会主义核心价值体系建设 [J]. 求是，2007（17）.

② 郑国玺. 简论构建社会主义核心价值体系的几个理论和实践问题 [J]. 理论与改革，2007（6）.

群众作出榜样，才能更好地引领广大人民群众践行好社会主义核心价值
体系。①

（八）要充分发挥新闻媒体的重要作用

新闻媒体是践行社会主义核心价值体系的重要载体。新闻媒体要努
力把社会主义核心价值体系的要求，贯穿到日常宣传报道中。必须充分
利用信息产业高速发展的有利条件，利用互联网和手机等媒体形成有利
于社会主义核心价值体系建设的强势舆论。有学者指出，要通过各种传
播途径和手段，使社会主义核心价值体系的内涵和要求家喻户晓，深入
人心。首先，引导媒体做社会主义核心价值体系的建设者、促进者和推
动者，善于运用正面舆论引领社会思潮，形成舆论主流。其次，各级各
类新闻传媒要奏响弘扬社会主义核心价值体系的大合唱，形成"舆论全
覆盖、媒体全联动"，提高其对社会公众的引导力、影响面。最后，高
度重视文化熏陶，促进社会主义核心价值体系的情感认同和心理认
同。② 我们要以正面宣传为主，按照贴近生活、贴近实际、贴近群众的
原则，把宣传和实践社会主义核心价值体系融入到国民教育和精神文明
建设的过程中。

（九）要把社会主义核心价值体系体现到制度设计、政策法规制定
和社会管理之中

制度问题更带有根本性、全局性、稳定性和长期性。有学者认为，
社会主义核心价值体系建设必须抓好建章立制，形成有效的法律支持、
政策保证和制度保障。核心价值体系规定着政策、法规的性质和方向，
具体政策、法规又直接影响着人们对核心价值体系的认同，二者相互促
进，互为统一。要积极促进社会主义核心价值体系的要求转化为法律规
定，用法律的权威来推动核心价值体系建设。要通过建立完备的信仰机

---

① 蒙小脉. 认识与实践的统一是建设社会主义核心价值体系的最佳路径 ［C］//"深入
学习十七大精神，贯彻落实科学发展观"理论研讨会论文集. 广西，2008：6.
② 孙学玉. 我国社会主义核心价值体系建设的现实基础与实践路径 ［J］. 江海学刊，
2009 (5).

制、奖惩机制等，使尊奉社会主义核心价值体系的行为得到褒扬和鼓励，违背社会主义核心价值体系的行为受到贬抑和惩戒。① 要建立健全考核与评价机制，对推动社会主义核心价值体系大众化的实践活动及其理论成果给予扶持。

如何进行制度建设，学者们提出了看法。有学者提出社会主义核心价值体系制度建设的三点构想：一要通过制度政策的设计和架构，通过各类奖惩制度的建立和完善，融社会主义核心价值体系于制度规范、政策规定之中，发挥其激励约束作用，使体现这一体系要求的行为得到鼓励，违反这一体系要求的行为受到抵制。二要把社会主义核心价值体系的要求转化成可操作的行为细则，进一步修订完善市民公约、乡规民约、职业规范、学生守则等具体行为规则，使人们的日常行为有所依从，培养良好的社会习俗和"制度化的头脑"，抵制和消除社会陋习，提高改善社会风气的能力。三要通过政府的和非政府的组织机构，以及社区、家庭、单位、学校等多种途径，以一以贯之的价值导向和灵活多样的活动方式，为核心价值体系的传播、推广搭建多重平台，拓展广阔空间，形成有效的工作推进机制和社会选择机制。② 还有学者认为，社会主义核心价值体系制度建设要抓好以下五个方面重要工作：一是建立和完善学习教育机制；二是建立和完善激励机制；三是建立德行代价补偿机制；四是健全规章制度，建立完善监督机制；五是构建共同参与的工作机制。③ 还有学者认为，一要建立健全领导体制，充分发挥各级党委、政府的领导作用，这是关键。二要大众舆论媒体建立相关制度，加大宣传力度，弘扬社会正气，宣传反映在社会主义核心价值体系建设中的模范典型。三要建立健全监督机制。健全的监督机制可以防止各部门、各级领导搞政绩工程，把建设社会主义核心价值体系落到实处。④ 此外，还有学者认为，任何主流价值观念要得到广泛认同并保持

① 梁振国. 社会主义核心价值体系的功能解读及实践路径 [J]. 理论学刊，2011 (2).

② 孙学玉. 我国社会主义核心价值体系建设的现实基础与实践路径 [J]. 江海学刊，2009 (5).

③ 王建新，陈晨. 论社会主义核心价值体系建设的原则与路径 [J]. 经济与社会发展，2010 (1).

④ 宋静. 社会主义核心价值体系建设研究 [D]. 重庆：西南政法大学，2009：20.

稳定性、持续性，都必须通过国家法律法规、方针政策和行政管理行为对其基本精神加以规约和体现。只有国家的法律法规和方针政策的制定以及司法行政行为等能很好地体现核心价值体系的要求，才能使其主流价值理念得到广泛认同并保持稳定性、持续性。核心价值体系规定着政策、法规的性质和方向以及具体政策、法规又直接影响着人们对核心价值体系的认同。①

此外，还有学者认为，践行社会主义核心价值体系制度建设必须重视信息化技术。社会主义核心价值体系制度建设必须加强对网络信息实行思想政治引导的跟踪管理与监督制度建设。比如采取批准登记制度、审读（审听、审看）制度、禁载制度、重大事件监控制度、信息保密制度、媒体从业人员思想政治教育制度和传媒负责人的任命制度等。②

三、简要评析

综观既有的研究成果，学者们围绕社会主义核心价值体系建设的基本原则与路径选择等问题进行了比较全面深入的探索和研究，形成并进一步拓展了学习实践社会主义核心价值体系的基本研究框架。但既有的研究成果也存在着诸多问题，比如，学习实践社会主义核心价值体系与其他领域之间相互关系的研究还不够深入。学习实践社会主义核心价值体系与构建社会主义和谐社会是什么关系？学习实践社会主义核心价值体系与推动社会主义文化大发展大繁荣是什么关系？学习实践社会主义核心价值体系与加强党的执政能力建设是什么关系？学习实践社会主义核心价值体系与提高国家竞争力是什么关系？这些方面的研究都需要加强。再比如，建设社会主义核心价值体系的伟大实践，应该加强对国外核心价值体系建设经验的研究和借鉴。而我们对其他国家如何学习实践核心价值体系的研究还很滞后。以往的研究成果至少存在三大薄弱环

---

① 陈其耐. 社会主义核心价值体系的实践转化 [J]. 人民论坛，2010 (14).
② 董朝霞. 论社会主义核心价值体系建设的原则与方法 [J]. 思想理论研究，2009 (23).

节：一是关于学习实践社会主义核心价值体系的新方法的研究乏善可陈；二是关于学习实践社会主义核心价值体系的个案研究相对较少；三是关于新社会阶层和民主党派应该如何学习实践社会主义核心价值体系的研究相对冷清。对此，建议在以下三个方面予以加强。

（一）加强关于学习实践社会主义核心价值体系新途径的研究。社会主义核心价值体系建设问题是一项非常复杂的系统工程，最终落脚点是全体社会成员以自己的实际行动践行社会主义核心价值体系。随着社会主义核心价值体系建设的不断推进，更多切实有效的途径和方法应该应用到践行核心价值体系中。胡锦涛指出，思想政治工作要创新教育方法，改进引导方式，切实做到因势利导、潜移默化、春风化雨、注重实效。社会主义核心价值体系建设，需要在正确的原则前提下采取有效而可行的方法，才能更有效地把社会主义核心价值体系融入国民教育和精神文明建设全过程。社会主义核心价值体系建设可以尝试通过开展创建文明城市、文明村镇、文明行业等形式，通过建立和规范一些礼仪制度，如升国旗仪式、成人仪式、入党仪式、入团入队仪式等，充分利用重大纪念日、传统民族节日等契机，通过乡规民约、厂矿企业的条例规章以及学生守则等实现文化价值观渗透。要充分发挥各级党校、行政学院、干部学校、普通院校、中小学教育和各种学习研讨活动的作用，加强社会主义核心价值体系理论知识的教育和灌输，注重宣传手段的创新。要把社会主义核心价值体系融入思想教育活动之中，融入舆论宣传之中，融入文化活动和文化产品消费过程之中，融入群众性精神文明创建活动之中，融入党的执政能力和先进性建设之中。

开拓学习实践社会主义核心价值体系的新途径，就要高度重视新兴媒体的舆论引导能力，认真研究管理办法，最大限度地发挥正面舆论的引导作用。充分运用好报刊、广播、电视等传统新闻媒体，同时运用互联网、手机短信、IP电视、移动电视等新渠道，强化宣传舆论的引导。社会主义核心价值体系要实现功能方面的有效性，强化内容方面的针对性，体现手段方面的综合性。网络传播的发展为社会主义核心价值体系建设提供了新的载体。胡锦涛就加强网络文化建设和管理提出的五项要求中强调，"加强网上思想舆论阵地建设，掌握网上舆论主导权，提高网上引导水平，讲求引导艺术，积极运用新技术，加大正面宣传力度，形成积极向上的主流舆论"。我们要利用网络传播双向互动的特点，变以往单纯"灌输式"教育为寓教于乐的"渗透式"、潜移默化的"无意识"教育，营造积极健康的思想舆论氛围。尊重受教育者的主体地位，通过网络平台对重大事件、社会的热点问题进行全民大讨论，充分发挥网络传播下社会主义核心价值体系的创造力、说服力和感召力。

（二）加强学习实践社会主义核心价值体系典型案例研究。在现实生活中存在着许多学习实践社会主义核心价值体系的典型事例，值得我们大力研究。比如关于我们在抗震救灾斗争中是如何贯彻落实社会主义核心价值体系的研究。2008 年的抗震救灾斗争，不仅是一次人同自然界作殊死搏斗的生动历程，而且也是一次推进社会主义核心价值体系建设的伟大实践，诞生了"万众一心、众志成城、不畏艰险、百折不挠、以人为本、尊重科学"的伟大抗震救灾精神。中国人民在地震灾害面前显现出的惊天地、泣鬼神的大无畏英雄气概和民族精神是社会主义核心价值体系的时代彰显，是中国文化软实力的充分展示。有人将这些认识成果精辟地归结为"五好"：共产党好、社会主义好、人民军队好、改革开放好、人民群众好。这种认识成果内在地包含了马克思主义指导思想、中国特色社会主义共同理想、以爱国主义为核心的民族精神和以改革创新为核心的时代精神和社会主义荣辱观。汶川抗震救灾就是一次社会主义核心价值体系的伟大实践。社会主义核心价值体系在抗震救灾中，通过人民的践行，转化为伟大的抗震救灾精神，从中我们可以考察社会主义核心价值体系社会认同的实践途径。"抗震救灾"对我们研究社会主义核心价值体系的社会认同具有重要的启示作用。

重庆"唱读讲传"活动是学习实践社会主义核心价值体系的又一典型代表。2008 年 6 月以来，围绕社会主义核心价值体系这一重要主题，在重庆市委主要领导亲自策划和市委统一部署下，重庆市相继开展的"唱红歌、读经典、讲故事、传箴言"四大活动，正是这座共和国最年轻直辖市探索新形势下用社会主义核心价值体系引领社会思潮的有效途径，主动做好意识形态工作的积极实践。认真解析重庆"唱读讲传"活动，对于从实践维度把握社会主义核心价值体系的建设载体，推进社会主义核心价值体系的深入人心，进而在理论维度完善和创新社会主义核心价值体系的建设途径都有着显著的价值。蔡斐对"唱读讲传"活动进行了系统研究。他认为，"唱读讲传"活动是重庆推进社会主义核心价值体系建设的重要之举。在实践维度上，是对社会主义核心价值体系的承载与具象、是对社会主义核心价值体系的推介与深化、是对社会主义核心价值体系的丰富与发展，是一个从理论到实践、再从实践到理论的上升递进过程。① 重庆"唱读讲传"活动不仅为全国其他地域开展社会主义核心价值体系建设提供了可借鉴的模式和范本，而且有力推动了社会主义核心价值体系建设途径的基本理论研究。类似"抗震救灾"和"唱读讲传"之类的典型还很多，这都需要后来者加强研究。

（三）加强新社会阶层和民主党派践行社会主义核心价值体系的研究。新社会阶层和民主党派也应该自觉践行社会主义核心价值体系，但是我们对此的研究还不是很深入。"改革开放以来，我国的社会阶层构成发生了新的变化，出现了民营科技企业的创业人员和科技人员、受聘于外资企业的管理技术人员、个体户、私营企业主、中介组织的从业人员、自由职业者等社会阶层"，这些新社会阶层"也是有中国特色社会主义事业的建设者"②，据中共中央统战部副部长陈喜庆估算，目前的新社会阶层人数大约有 5000 万，但加上相关行业的所有从业人员，总人数约为 1.5 亿，约占总人口的 11.5%，他们掌握或管理着 10 万亿元左右的资本，使用着全国半数以上的技术专利，并直接或间接地贡献着全国近 1/3 的税收，每年吸纳半数以上新增就业人员。③ 就积极参与构建社会主义核心价值体系而言，新社会阶层也是一支重要的新生力量。

新社会阶层人士作为中国特色社会主义事业的建设者，作为人民群众的重要组成部分，应当自觉遵循和积极践行社会主义核心价值体系。以社会主义核心价值体系为指导，认真做好新社会阶层人士的统战工

---

① 蔡斐. 社会主义核心价值体系的实践维度：重庆"唱读讲传"活动解析 [J]. 重庆社会主义学院学报，2011（1）.

② 江泽民. 在庆祝中国共产党成立八十周年大会上的讲话 [M] 北京：人民出版社，2001：31.

③ 叶晓楠，纪雅林. 新社会阶层身影日渐清晰 [N]. 人民日报，2007 – 06 – 11.

作，引导其健康成长，对于巩固新世纪新阶段统一战线、构建社会主义
和谐社会都具有重大意义。① 尽管有学者分析了新社会阶层参与构建社
会主义核心价值体系的现实路径：一是从主动参政议政的外部层面取得
实质性的突破，寻求体制内的路径依赖；二是从积极加强自身内部建设
做起，强调内练素质、外树形象，夯实立足之本。② 但关于新社会阶层
如何学习实践社会主义核心价值体系的研究成果凤毛麟角，远远满足不
了服务于现实的需要。

各民主党派是致力于中国特色社会主义事业的参政党，用社会主义
核心价值体系搞好对民主党派的政治引导，是提高民主党派思想政治素
质，指引民主党派在新的历史条件下不断前进、不断进步的客观要求，
是巩固民主党派同中国共产党团结奋斗的共同思想政治基础，是推进我
国多党合作事业稳步发展的现实需要。③《团结报》评论员在探讨民主
党派应该如何践行社会主义核心价值体系的问题时指出，民主党派树立
和践行社会主义核心价值体系，是中国特色社会主义主题学习教育活动
的深化和延伸，是一项长期的战略任务，需要把"自觉、自主、自为"
原则贯穿始终。④ 关于民主党派应该如何践行社会主义核心价值体系的
研究还需要大大加强。

---

① 吉秀华. 以社会主义核心价值体系引导新社会阶层人士健康成长［J］. 广西社会主义
学院学报，2010（2）.
② 王四炯，王长红. 新社会阶层参与社会主义核心价值体系构建的现实路径［J］. 信阳
师范学院学报（哲学社会科学版），2009（4）.
③ 佟一. 用社会主义核心价值体系搞好对民主党派的政治引导［J］. 中央社会主义学院
学报，2010（1）.
④ 本报评论员. 遵循原则——四论树立和践行社会主义核心价值体系［N］. 团结报，
2010－03－27（1）.

主要参考文献

著作

1. 马克思恩格斯选集：第 1 卷［M］. 北京：人民出版社，1995.

2. 毛泽东选集：第 2 卷［M］. 北京：人民出版社，1991.

3. 毛泽东选集：第 3 卷［M］. 北京：人民出版社，1991.

4. 邓小平文选：第 3 卷［M］. 北京：人民出版社，1993.

5. 十二大以来重要文献选编（下）［M］. 北京：人民出版社，1988.

6. 十六大以来重要文献选编（中）［M］. 北京：中央文献出版社，2006.

7. 江泽民. 论党的建设［M］. 北京：中央文献出版社，2001.

8. 江泽民. 在庆祝中国共产党成立八十周年大会上的讲话［M］. 北京：人民出版社，2001.

9. 胡锦涛. 高举中国特色社会主义伟大旗帜　为夺取全面建设小康社会新胜利而奋斗（单行本）［M］. 北京：人民出版社，2007.

10. 中共中央宣传部. 社会主义核心价值体系学习读本［M］. 北京：学习出版社，2009.

11. 顾海良. 马克思主义发展史［M］. 北京：中国人民大学出版社，2009.

12. 陈先达，等. 马克思主义基础理论若干重大问题研究［M］. 北京：经济科学出版社，2009.

13. 吴新文. 社会主义核心价值观［M］. 重庆：重庆出版社，2009.

14. 梅荣政. 用马克思主义引领社会思潮［M］. 武汉：武汉大学出版社，2008.

15.《社会主义核心价值体系学习读本》编写组. 社会主义核心价值体系学习读本［M］. 北京：人民日报出版社，2007.

16. 韩震. 社会主义核心价值体系研究［M］. 北京：人民出版社，2007.

期刊

1. 高放. 中国社会主义核心价值体系的提出与内涵［J］. 中共宁波市委党校学

报，2011（1）.

2. 王琴. 社会主义核心价值体系建设要牢铸马克思主义的灵魂作用 [J]. 兰州学刊，2011（1）.

3. 陈秀鸿. 民族精神和时代精神构建中若干关系的把握 [J]. 重庆文理学院学报，2011（1）.

4. 蔡斐. 社会主义核心价值体系的实践维度 [J]. 重庆社会主义学院学报，2011（1）.

5. 高红艳. 社会主义核心价值体系的功能探析 [J]. 学校党建与思想教育，2011（1）.

6. 何霜梅. 民主党派树立和践行中国特色社会主义共同理想的三个着力点 [J]. 上海市社会主义学院学报，2011（1）.

7. 田心铭. 略论马克思主义观的研究 [J]. 马克思主义研究，2011（2）.

8. 黄蓉生，白显良. 提炼社会主义核心价值观若干问题思考 [J]. 思想理论教育，2011（2）.

9. 梁振国. 社会主义核心价值体系的功能解读及实践路径 [J]. 理论学刊，2011（2）.

10. 戴木才. 论社会主义核心价值观与核心价值体系的辩证关系——中国特色社会主义核心价值观探索之一 [J]. 南昌航空大学学报，2011（2）.

11. 顾友仁，方爱东. 中国特色社会主义的价值向度——近五年社会主义核心价值观研究述要 [J]. 伦理学研究，2011（2）.

12. 张进蒙. 践行社会主义核心价值体系与推进公民道德建设 [J]. 陕西社会主义学院学报，2011（3）.

13. 潘俊英. 民族精神和时代精神：大学生社会实践的精神动力 [J]. 广西社会科学，2011（4）.

14. 熊艳，杨越，郭平. 论新时期社会主义核心价值观的科学提炼——兼论社会主义核心价值观的提炼原则 [J]. 前沿，2011（12）.

15. 周凯. 大学生荣辱观教育的价值分析及其实施途径 [J]. 教育探索，2010（1）.

16. 杨兴林. 关于社会主义核心价值观的研究现状与思考 [J]. 理论探索，2010（1）.

17. 王建新，陈晨. 论社会主义核心价值体系建设的原则与路径 [J]. 经济与社会发展，2010（1）.

18. 佟一. 用社会主义核心价值体系搞好对民主党派的政治引导 [J]. 中央社

会主义学院学报，2010（1）.

19. 吉秀华. 以社会主义核心价值体系引导新社会阶层人士健康成长 ［J］. 广西社会主义学院学报，2010（2）.

20. 刘峥. 社会主义核心价值体系在大学生思想政治教育实践中具体化探索 ［J］. 人力资源管理，2010（2）.

21. 詹世友. 荣辱感的两个层次与行政人格的塑造 ［J］. 南昌大学学报（人文社会科学版），2010（3）.

22. 曾耀凤，杨斌. 社会主义核心价值体系的实现原则 ［J］. 西安文理学院学报（社会科学版），2010（3）.

23. 羊许益. 价值认同与大学生社会主义核心价值体系教育的路径探析 ［J］. 教育探索，2010（4）.

24. 梅荣政. 深化社会主义核心价值体系研究的几点思考 ［J］. 贵州师范大学学报（社会科学版），2010（4）.

25. 李士坤. 论建设社会主义核心价值体系的重要意义 ［J］. 中共福建省委党校学报，2010（4）.

26. 刘亚静. 构建社会主义核心价值体系的原则和路径 ［J］. 辽宁工程技术大学学报（社会科学版），2010（5）.

27. 罗湘衡. 社会主义核心价值体系的源起及内涵 ［J］. 中国石油大学学报（社会科学版），2010（5）.

28. 李道湘. 论社会主义荣辱观在社会主义核心价值体系中的基础地位 ［J］. 中央社会主义学院学报，2010（6）.

29. 周秀华. 浅析社会主义核心价值体系的实践途径 ［J］. 赤峰学院学报（汉文哲学社会科学版），2010（6）.

30. 黎开谊. 论大学生社会主义核心价值体系教育的基本原则 ［J］. 学校党建与思想教育，2010（7）.

31. 汪俊昌，唐晓燕. 社会主义核心价值体系大众化的理论内涵与实践路径 ［J］. 浙江社会科学，2010（8）.

32. 杨俊岭，任凤彩. 加强大学生耻感教育的依据及其途径探析 ［J］. 思想理论教育导刊，2010（10）.

33. 段美，欢佩君. 论民族精神和时代精神的价值选择作用 ［J］. 前沿，2010（11）.

34. 张俊，冯有明，龙兴跃. 论构建中国特色社会主义核心价值观的基本原则 ［J］. 学校党建与思想教育，2010（11）.

35. 方爱东．社会主义核心价值观论纲［J］．马克思主义研究，2010（12）．

36. 陈其耐．社会主义核心价值体系的实践转化［J］．人民论坛，2010（14）．

37. 余维法．民族精神和时代精神与社会主义核心价值体系建设［J］．科学社会主义，2009（1）．

38. 欧江．论大学生民族精神和时代精神的健康发展［J］．南昌高专学报，2009（1）．

39. 万生更．建设社会主义核心价值体系实效纬度的主体性原则［J］．毛泽东思想研究，2009（1）．

40. 郭红军．先进文化建设中民族精神和时代精神构建［J］．重庆科技学院学报（社会科学版），2009（3）．

41. 孙学玉．社会主义核心价值体系建设的现实基础与实践路径［J］．思想政治工作研究，2009（3）．

42. 尹刚．论高等职业院校社会主义核心价值体系教育［J］．沈阳农业大学学报（社会科学版），2009（3）．

43. 葛亚坤．论社会主义核心价值体系引领社会思潮的着力点［J］．扬州大学学报（人文社会科学版），2009（4）．

44. 王四炯，王长红．新社会阶层参与社会主义核心价值体系构建的现实路径［J］．信阳师范学院学报（哲学社会科学版），2009（4）．

45. 孙学玉．我国社会主义核心价值体系建设的现实基础与实践路径［J］．江海学刊，2009（5）．

46. 李培湘．构建中国特色社会主义核心价值观的探索［J］．科学社会主义，2009（5）．

47. 李延明．论马克思主义学说的体系性［J］．中国社会科学院研究生院学报，2009（5）．

48. 刘淑萍．全球化与社会主义核心价值观的确立［J］．江苏行政学院学报，2009（5）．

49. 顾相伟．社会主义核心价值观与人的全面发展［J］．求实，2009（6）．

50. 臧诗成．荣辱观的道德性与非道德性［J］．乌蒙论坛，2009（6）．

51. 涂可国．论社会主义荣辱观在核心价值体系中的地位与作用［J］．理论学刊，2009（7）．

52. 邱仁富．发挥社会主义核心价值观的引领作用［J］．党政论坛，2009（7）．

53. 张晨郁．发挥主渠道作用，引导大学生树立中国特色社会主义共同理想［J］．世纪桥，2009（9）．

54. 秋石. 坚定不移地坚持社会主义核心价值体系 [J]. 求是, 2009 (11).

55. 王红艳. 中国特色社会主义共同理想的传统文化渊源 [J]. 山西高等学校社会科学学报, 2009 (11).

56. 罗文东. 关于社会主义核心价值观的理论思考 [J]. 山东社会科学, 2009 (12).

57. 钟明华, 黄荟. 社会主义核心价值观内涵解析 [J]. 山东社会科学, 2009 (12).

58. 张信杰. 浅谈加强大学生社会主义核心价值体系教育的主要途径 [J]. 思想理论教育导刊, 2009 (12).

59. 曲士英. 试论社会主义核心价值体系教育原则 [J]. 学校党建与思想教育, 2009 (14).

60. 袁贵仁. 建设社会主义核心价值体系 [J]. 中国社会科学, 2008 (1).

61. 吴潜涛, 杨峻岭. 社会公德建设与公民耻感涵育 [J]. 道德与文明, 2008 (1).

62. 徐国民. 社会主义核心价值观与社会主义社会核心价值观辨微 [J]. 兰州学刊, 2008 (1).

63. 朱剑昌. 对社会主义核心价值观的探析 [J]. 湖湘论坛, 2008 (1).

64. 蔡秀敏. 当代大学生对中国特色社会主义共同理想认同的现状调查及思考 [J]. 湖北省社会主义学院学报, 2008 (1).

65. 王向明. 弘扬时代精神的重大意义 [J]. 党建研究, 2008 (1).

66. 高金平, 谭鹏. 建设和谐文化与坚持中国特色社会主义共同理想 [J]. 宁夏党校学报, 2008 (1).

67. 李少莉. 弘扬以改革创新为核心的时代精神 [J]. 思想政治工作研究, 2008 (2).

68. 张晓东. 社会主义核心价值体系的理论内涵与实践特质 [J]. 马克思主义研究, 2008 (3).

69. 王岩. 建设社会主义核心价值体系必须高扬民族精神和时代精神的旗帜 [J]. 马克思主义与现实, 2008 (3).

70. 孙章陆. 论弘扬民族精神和时代精神在实现复兴理想中的重要意义 [J]. 中国电力教育, 2008 (3).

71. 郭惠玲. 弘扬以改革创新为核心的时代精神 [J]. 理论与当代, 2008 (3).

72. 方爱东. 关于"以社会主义核心价值体系引领社会思潮"的两点思考 [J]. 思想政治教育研究, 2008 (4).

73. 王海平．以改革创新为核心的时代精神是中国现代化的文化动力 [J]．前线，2008（4）．

74. 韩震．从体系建构到观念的凝练——社会主义核心价值观念初论 [J]．学习时报，2008（5）．

75. 陈枢卉．以人为本：社会主义核心价值体系的基点 [J]．石家庄学院学报，2008（5）．

76. 吴倬．关于社会主义核心价值观问题的理论思考 [J]．教学与研究，2008（6）．

77. 王建均．以人为本建设社会主义核心价值体系 [J]．中央社会主义学院学报，2008（6）．

78. 陈思坤．社会主义核心价值体系对大学生思想教育的理论价值与实践意义 [J]．山西高等学校社会科学学报，2008（6）．

79. 王建华．突出时代主题，坚定共同理想——中国特色社会主义问题浅析 [J]．江西金融职工大学学报，2008（6）．

80. 皮坤乾．中国特色社会主义共同理想教育：问题及对策 [J]．福建论坛（社科教育版），2008（6）．

81. 聂月岩，黄存金．试论以爱国主义为核心的民族精神 [J]．绥化学院学报，2008（6）．

82. 王娟．社会主义核心价值观研究综述 [J]．理论前沿，2008（8）．

83. 张军，王清明．用社会主义核心价值体系引领社会思潮的三重路径 [J]．理论前沿，2008（8）．

84. 周中之．社会主义荣辱观在现代思想政治教育改革中的价值 [J]．思想教育研究，2008（8）．

85. 孙英．社会主义核心价值体系建设探析 [J]．科学社会主义，2008（8）．

86. 马玉稳，张冬冬．试论民族精神与时代精神的关系及其启示 [J]．法制与社会，2008（9）．

87. 韩振峰．抗震救灾精神：民族精神和时代精神的集中体现 [J]．思想政治工作研究，2008（9）．

88. 蒋德勤，吴春贵．大力弘扬以爱国主义为核心的民族精神 [J]．思想教育研究，2008（10）．

89. 陈再生．高校加强民族精神和时代精神教育的思考 [J]．思想政治教育研究，2008（11）．

90. 韩振峰．"八荣八耻"社会主义荣辱观提出原因探析 [J]．广西社会科学，

2007（1）.

91. 王长存. 全面营造有利于社会主义荣辱观形成的条件［J］. 求是，2007（1）.

92. 秦书生. 树立和践行社会主义荣辱观的基本途径［J］. 东北大学学报（社科版），2007（1）.

93. 罗维东. 论高校社会主义荣辱观教育体系的构建［J］. 思想教育研究，2007（1）.

94. 李光辉，李勇成. 关于践行社会主义荣辱观的制度安排的思考［J］. 学校党建与思想教育，2007（1）.

95. 田海舰，戴沐. 社会主义核心价值观初探［J］. 道德与文明，2007（1）.

96. 戴木才，田海舰. 论社会主义核心价值体系与核心价值观［J］. 中国党政干部论坛，2007（2）.

97. 孙超. 论构建社会主义荣辱观教育的长效机制［J］. 武汉学刊，2007（2）.

98. 李学林，谭祖雪. 毛泽东荣辱观与新中国道德信仰的转型［J］. 毛泽东思想研究，2007（2）.

99. 于伟峰，商植桐，马喜春. 试论邓小平对社会主义荣辱观构建的理论贡献［J］. 中共合肥市委党校学报，2007（2）.

100. 石云霞. 社会主义核心价值体系教育的基本原则［J］. 思想理论教育导刊，2007（3）.

101. 刘建军. 中国特色社会主义共同理想社会主义核心价值体系的主题［J］. 高校理论战线，2007（4）.

102. 赵曜. 大力推进社会主义核心价值体系建设［J］. 湖湘论坛，2007（4）.

103. 张利华. 试析中国特色社会主义核心价值体系的结构与内涵［J］. 中国特色社会主义研究，2007（4）.

104. 曾建萍，欧阳青. 论社会主义荣辱观的价值内涵及其层次结构［J］. 求实，2007（4）.

105. 马运福. 以社会主义荣辱观统领大学生思想政治教育［J］. 思想政治教育研究，2007（5）.

106. 于伟峰，马喜春. 论社会主义荣辱观的理论来源［J］. 阴山学刊，2007（5）.

107. 王泽应. 社会主义核心价值观之本质规定性及路径选择［J］. 湖南师范大学社会科学学报，2007（5）.

108. 杨泗. 意义、原则与路径——关于社会主义核心价值体系建设的思考

［J］. 山西大学学报（哲学社会科学版），2007（5）.

109. 高国希. 马克思人的自由全面发展理论与社会主义核心价值观［J］. 中州学刊，2007（6）.

110. 陈静，周丽. 社会主义核心价值观基本内涵探要［J］. 马克思主义研究，2007（6）.

111. 周新城. 关于坚持马克思主义为指导的几个认识问题［J］. 云南师范大学学报（哲学社会科学版），2007（6）.

112. 何建华. 公平正义：社会主义的核心价值观［J］. 中央社会主义学院学报，2007（6）.

113. 王仕国. 论执政伦理建设的民主本质［J］. 求实，2007（6）.

114. 郑国玺. 简论构建社会主义核心价值体系的几个理论和实践问题［J］. 理论与改革，2007（6）.

115. 葛晨虹. 社会主义荣辱观是社会主义核心价值体系的基础［J］. 高校理论战线，2007（6）.

116. 国防大学邓小平理论和"三个代表"重要思想研究中心. 促进社会主义核心价值体系的实践转化［J］. 党建，2007（6）.

117. 谢松明. 论社会主义核心价值体系建构的原则［J］. 内蒙古农业大学学报（社会科学版），2007（6）.

118. 关丽兰，李斌雄. 提高未成年人社会主义核心价值体系教育实效的理论思考［J］. 思想政治教育研究，2007（6）.

119. 闻彬. 论当前社会主义核心价值体系建设的几个原则［J］. 湖北社会科学，2007（6）.

120. 颜晓峰. 在构建和谐社会的实践中建设社会主义核心价值体系［J］. 大连干部学刊，2007（7）.

121. 李晓东. 论社会主义核心价值观的核心性质与基本精神［J］. 山东社会科学，2007（7）.

122. 郭祖炎，田海舰. 论社会主义核心价值观及其意义［J］. 延安大学学报，2007（12）.

123. 欧阳坚. 加强改进先进典型学习宣传工作推动社会主义核心价值体系建设［J］. 求是，2007（17）.

124. 欧阳坚. 大力推进企业社会主义荣辱观教育［J］. 思想政治工作研究，2006（2）.

125. 何事忠. 把社会主义荣辱观贯穿于领导活动全过程［J］. 领导科学，2006

（2）.

126. 龚云虹．论社会主义荣辱观在防治不同利益群体矛盾中的作用［J］．昆明理工大学（社会科学版），2006（2）.

127. 肖群忠．荣辱观的道德实质与作用机制［J］．道德与文明，2006（3）.

128. 葛晨虹．荣辱观建设是道德力量的基本保证［J］．道德与文明，2006（3）.

129. 王小锡．树立社会主义荣辱观是新时期道德建设之本［J］．南京师范大学学报（社会科学版）．2006（3）.

130. 温克勤．对于学习、践行社会主义荣辱观思想内涵的一些理解［J］．道德与文明，2006（3）.

131. 吴灿新，陈业林．社会主义荣辱观与构建和谐社会［J］．岭南学刊，2006（3）.

132. 龚群．社会主义荣辱观：时代伦理精神的体现［J］．道德与文明，2006（3）.

133. 邱伟光．社会主义荣辱观的道德价值与时代意义［J］．江西师范大学学报（哲学社会科学版），2006（3）.

134. 袁振国．深刻认识社会主义荣辱观的重大意义［J］．教育研究，2006（4）.

135. 张澍军．"八荣八耻"荣辱观的根本指向在于匡正社会风气［J］．东北师大学报（哲学社会科学版），2006（4）.

136. 余学新．试析社会主义荣辱观的传统文化渊源［J］．社会主义研究，2006（4）.

137. 韩振锋．"八荣八耻"社会主义荣辱观的新体现［J］．毛泽东邓小平理论，2006（4）.

138. 符惠明，罗志勇．社会主义荣辱观与民族精神的培育［J］．毛泽东邓小平理论研究，2006（4）.

139. 赵存生，宇文利．社会主义荣辱观的思想内涵与时代要求［J］．高校理论战线，2006（4）.

140. 刘建军．先进文化建设与社会主义荣辱观深度内涵［J］．东北师大学报（哲学社会科学版），2006（4）.

141. 韩小雁．对社会主义荣辱观的哲学思考［J］．攀登，2006（4）.

142. 陈忠红．"八荣八耻"与高校思想道德建设［J］．山东理工大学学报（社会科学版），2006（4）.

143. 袁贵仁．树立社会主义荣辱观的方法论问题［J］．北京师范大学学报（社会科学版），2006（5）．

144. 李卫红．深入开展社会主义荣辱观教育，扎实做好高校德育工作［J］．思想教育研究，2006（5）．

145. 吴潜涛．社会主义荣辱观．新形势下社会主义思想道德要求的精辟概括［J］．河北学刊，2006（5）．

146. 马来平．社会主义荣辱观．核心思想与践行关键［J］．理论学习，2006（5）．

147. 邱伟光．坚持社会主义荣辱观的价值导向［J］．思想理论教育，2006（5）．

148. 温克勤．传统荣辱观述析［J］．天津师范大学学报（社科版），2006（5）．

149. 周向军．用科学的态度对待马克思主义［J］．理论学刊，2006（5）．

150. 韩振峰．"八荣八耻"社会主义新荣辱观论［J］．理论视野，2006（5）．

151. 詹万生，宁武杰．青少年荣辱观教育要从中华民族传统文化中汲取营养［J］．中国青年政治学院学报，2006（5）．

152. 王建国．当代大学生荣辱观现状分析与教育对策［J］．思想教育研究，2006（5）．

153. 张耀灿，曹清燕．"八荣八耻"荣辱观的内涵和价值探析［J］．思想理论教育，2006（5）．

154. 吴潜涛，冯秀军．弘扬和培育中华民族精神的基本途径［J］．北京大学学报（哲学社会科学版），2006（5）．

155. 徐振祥．社会主义荣辱观与大学生价值观教育［J］．思想教育研究，2006（5）．

156. 冯秀军．荣辱观教育中的情感机制［J］．河北学刊，2006（5）．

157. 刘书林．社会主义荣辱观教育的特点和规律［J］．思想教育研究，2006（6）．

158. 李雪英．论当代中国理想人格——社会主义荣辱观的深层意蕴解析［J］．理论与现代化，2006（6）．

159. 朱贻庭．树立社会主义荣辱观重在知耻、有耻——论羞耻感与荣辱观［J］．探索与争鸣，2006（6）．

160. 李建华．"八荣八耻"的社会主义荣辱观的科学定位［J］．湖南文理学院学报（社科版），2006（6）．

161. 丁剑. 社会主义核心价值体系是建设和谐文化的根本 [J]. 武汉学刊, 2006 (6).

162. 吴潜涛. 深刻理解社会主义荣辱观的内涵和意义 [J]. 政策, 2006 (6).

163. 李晓红. 试论我国社会主义核心价值体系建设 [J]. 华东交通大学学报, 2006 (6).

164. 胡春燕. 让青少年成为社会主义核心价值体系的传承者和实践者 [J]. 中共青岛市委党校青岛行政学院学报, 2006 (6).

165. 李雪英. 论当代中国理想人格——社会主义荣辱观的深层意蕴解析 [J]. 理论与现代化, 2006 (6).

166. 王联斌. 牢固树立社会主义核心价值体系 [J]. 南京政治学院学报, 2006 (6).

167. 冯刚. 以正确荣辱观为指导深化大学生思想道德建设 [J]. 中国高等教育, 2006 (7).

168. 教育部邓小平理论和 "三个代表" 重要思想研究中心. 树立和坚持社会主义荣辱观——学习胡锦涛总书记关于社会主义荣辱观的重要论述 [J]. 求是, 2006 (7).

169. 林伟健, 张宏宝. 试论开展大学生社会主义荣辱观教育的原则与途径 [J]. 学校党建与思想教育, 2006 (7).

170. 陈红英. 毛泽东荣辱观探析 [J]. 求实, 2006 (7).

171. 谢武军, 王伟中. 关于坚持和巩固马克思主义指导地位的几个问题 [J]. 探索与争鸣, 2006 (7).

172. 阮银甫. 对社会主义荣辱观基本内涵的解读 [J]. 湖北省社会主义学院学报, 2006 (8).

173. 彭富春. "八荣八耻" 新时代的公民生活准则 [J]. 发展, 2006 (8).

174. 蓝光喜. 以社会主义荣辱观统领青少年思想政治教育 [J]. 社会工作 (学术版), 2006 (9).

175. 郭杰忠. 社会主义荣辱观的价值基础和行为导向 [J]. 求实, 2006 (11).

176. 李国华. 进一步深化对建设社会主义核心价值体系的认识 [J]. 党建, 2006 (12).

177. 张立昌. 树立社会主义荣辱观重在建设 [J]. 求是, 2006 (12).

178. 袁贵仁. 社会主义荣辱观建设重在以人为本 [J]. 求是, 2006 (22).

179. 秋石. 论社会主义核心价值体系 [J]. 求是, 2006 (24).

180. 郑杭生. 关于指导思想和共同理想的几点思考——从社会学视角分析社会

主义核心价值体系 ［J］. 学术研究，2006 （12）.

报纸

1. 社会主义核心价值体系研究中心. 把社会主义核心价值体系建设融入党的建设全过程 ［N］. 光明日报，2011 - 10 - 18.

2. 程立显. 开展社会主义荣辱观教育的科学路径 ［N］. 学习时报，2011 - 03 - 18.

3. 陈秉公. 如何认识社会主义核心价值观与社会主义意识形态的关系 ［N］. 光明日报，2011 - 02 - 25.

4. 曹建文. 凝练核心价值观是时代重大课题——专访教育部社科中心副主任张剑 ［N］. 光明日报，2011 - 02 - 25.

5. 薄洁萍. 如何凝练社会主义核心价值观——访北京师范大学副校长韩震 ［N］. 光明日报，2011 - 02 - 14.

6. 崔延强，郭平. 社会主义核心价值观初探 ［N］. 光明日报，2011 - 01 - 16.

7. 黄蓉生，孙楚航. 牢牢把握提炼社会主义核心价值观的基本准则 ［N］. 光明日报，2010 - 09 - 28.

8. 中共中央党校中国特色社会主义理论体系研究中心. 关于社会主义核心价值体系建设的三个问题 ［N］. 人民日报，2010 - 05 - 17.

9. 刘卫平. 构建社会主义核心价值体系应坚持系统性原则 ［N］. 光明日报，2010 - 02 - 02.

10. 魏赫男. 把社会主义核心价值体系建设融入精神文明建设全过程 ［N］. 十堰日报，2009 - 10 - 13.

11. 杨毅波，徐俊. 把社会主义核心价值体系融入精神文明建设全过程 ［N］. 西安日报，2008 - 12 - 08.

12. 冯刚，侯衍社. 建设社会主义核心价值体系必须高扬爱国主义旗帜 ［N］. 光明日报，2008 - 09 - 23.

13. 唐凯麟. 社会主义核心价值体系是在实践中不断完善的科学体系 ［N］. 光明日报，2008 - 09 - 23.

14. 张月泉. 社会主义意识形态的本质体现 ［N］. 广西日报，2008 - 02 - 19.

15. 罗哲. 社会主义核心价值体系的基本特征 ［N］. 光明日报，2007 - 11 - 27.

16. 佘科. "中国社会科学院文史哲学部论坛"提出——深入研究社会主义核心价值体系的时代内涵 ［N］. 人民日报，2007 - 11 - 23.

17. 李朝辉. 加强未成年人思想道德教育 ［N］. 陕西日报，2007 - 11 - 07.

18. 许斗斗. 社会主义核心价值体系是形成社会思想共识的基础 [N]. 福建日报, 2007 – 10 – 09.

19. 张国献. 建设社会主义核心价值体系的指导思想和基本原则 [N]. 郑州日报, 2007 – 08 – 31.

20. 唐凯麟. 把握社会主义核心价值体系的基础——牢固树立社会主义荣辱观 [N]. 光明日报, 2007 – 08 – 14.

21. 青连斌. 社会主义核心价值观研究的新观点、新进展 [N]. 北京日报, 2007 – 08 – 13.

22. 王炳林, 阚和庆. 把握社会主义核心价值体系的精髓 [N]. 光明日报, 2007 – 07 – 10.

23. 李明灿, 刘世军. 把握社会主义核心价值体系的主题——牢固树立中国特色社会主义共同理想 [N]. 光明日报, 2007 – 06 – 26.

24. 叶晓楠, 纪雅林. 新社会阶层身影日渐清晰 [N]. 人民日报, 2007 – 06 – 11.

25. 王泽应. 社会主义核心价值观的基本特征 [N]. 光明日报, 2007 – 04 – 03.

26. 石国亮. 以社会主义核心价值体系引领意识形态建设 [N]. 中国教育报, 2007 – 03 – 27.

27. 上海市邓小平理论和"三个代表"重要思想研究中心. 建设社会主义核心价值体系的内容和意义 [N]. 光明日报, 2007 – 01 – 31.

28. 黄力之. 建设社会主义核心价值体系的意义 [N]. 光明日报, 2007 – 01 – 31.

29. 张军. 坚持以社会主义核心价值体系引领社会思潮 [N]. 人民日报, 2007 – 01 – 19.

30. 《人民日报》评论员. 突出主题, 坚定中国特色社会主义共同理想——三论全面准确理解社会主义核心价值体系 [N]. 人民日报, 2006 – 12 – 23.

31. 欧阳恩良, 孙树文. 社会主义荣辱观必须内化为公民的个体道德素质 [N]. 光明日报, 2006 – 12 – 04.

32. 胡锦涛. 在中国文联第八次全国代表大会、中国作协第七次全国代表大会上的讲话 [N]. 人民日报, 2006 – 11 – 11.

33. 汪荣友, 郭君. 荣辱观教育的原则 [N]. 光明日报, 2006 – 09 – 12.

34. 李忠杰. 正确处理荣辱观建设中几个辩证关系 [N]. 中国纪检监察报, 2006 – 07 – 06.

35. 唐凯麟. 社会主义价值导向的集中体现 学习胡锦涛同志关于社会主义荣

辱观的重要论述［N］.光明日报，2006－06－05.

36.李春秋.社会主义荣辱观的理论与现实基础［N］.光明日报，2006－05－23.

37.程天权.论"八荣八耻"与当代大学生荣辱观培养［N］.光明日报，2006－04－12.

38.王伟，鄢爱红.论社会主义荣辱观［N］.光明日报，2006－04－11.

39.陆士桢.在青少年中开展社会主义荣辱观教育方法思考［N］.光明日报，2006－04－05.

40.吴潜涛.深刻理解社会主义荣辱观的科学内涵和重大意义［N］.人民日报，2006－04－03.

41.李慎明，等.荣辱观.不可或缺的社会价值导向［N］.中国青年报，2006－04－02.

42.孙家正.社会主义荣辱观是先进文化建设的价值取向［N］.光明日报，2006－03－18.

43.梁衡.明确荣辱，凝聚民族正气［N］.光明日报，2006－03－18.

44.赵化勇.营造树立社会主义荣辱观的舆论氛围［N］.光明日报，2006－03－18.

45.李慎明.深刻认识社会主义荣辱观的科学内涵和实践价值［N］.光明日报，2006－03－18.

46.周济.把社会主义荣辱观教育贯彻学校教育的全过程［N］.光明日报，2006－03－18.

47.秦宣.西方意识形态渗透方式新变化［N］.中国社会科学报，2011（5）.

后 记

本书是 2010 年社科中心基本课研业务经费资助项目《建设社会主义核心价值体系研究述评》的研究成果。

建设社会主义核心价值体系，既要实践层面的积极探索，又要理论层面的深入研究。为进一步推进建设社会主义核心价值体系研究，教育部高等学校社会科学发展研究中心组织编写了《建设社会主义核心价值体系研究述评》，希望能够比较系统地梳理党的十六大以来建设社会主义核心价值体系研究的主要成果，并作出简要评析。

本书各章编写的具体分工是：第一章：王炳权；第二章：刘建军；第三章：秦宣；第四章：郑丽平；第五章：王易；第六章：李珍、王晓宁；第七章：储新宇。张剑、任青负责本书的统稿，冯刚同志审定了书稿。本书的出版，得到了教育科学出版社的大力支持，在此一并致谢。

在本书行将付梓之际，党的十七届六中全会胜利召开，明确提出了"社会主义核心价值体系是兴国之魂，是社会主义先进文化的精髓，决定着中国特色社会主义发展方向"等一系列重要思想、重要论断。这需要理论界深入研究、阐释、宣传。希望本书的出版能为社会主义核心价值体系建设的研究提供参考。

编　者
2011 年 9 月

出 版 人 所广一

责任编辑 李正堂 孔明丽

版式设计 孙欢欢

责任校对 曲凤玲

责任印制 曲凤玲

图书在版编目（CIP）数据

社会主义核心价值体系研究述评／教育部高
等学校社会科学发展研究中心编. —北京：教育科学出
版社，2012.1
（成果辑要·2010）
ISBN 978 – 7 – 5041 – 6226 – 7

Ⅰ.①社… Ⅱ.①教… Ⅲ.①社会主义建设模式—价
值论—研究—中国 Ⅳ.①D616

中国版本图书馆 CIP 数据核字（2011）第 266284 号

社会主义核心价值体系研究述评

SHEHUIZHUYI HEXIN JIAZHI TIXI YANJIU SHUPING

出版发行	**教育科学出版社**				
社 址	北京·朝阳区安慧北里安园甲9号		市场部电话	010 – 64989009	
邮 编	100101		编辑部电话	010 – 64989445	
传 真	010 – 64891796		网 址	http://www.esph.com.cn	
经 销	各地新华书店				
制 作	北京金奥都图文制作中心				
印 刷	北京中科印刷有限公司				
开 本	165 毫米×230 毫米 16 开		版 次	2012 年 1 月第 1 版	
印 张	16.25		印 次	2012 年 1 月第 1 次印刷	
字 数	236 千		定 价	33.00 元	

如有印装质量问题，请到所购图书销售部门联系调换。

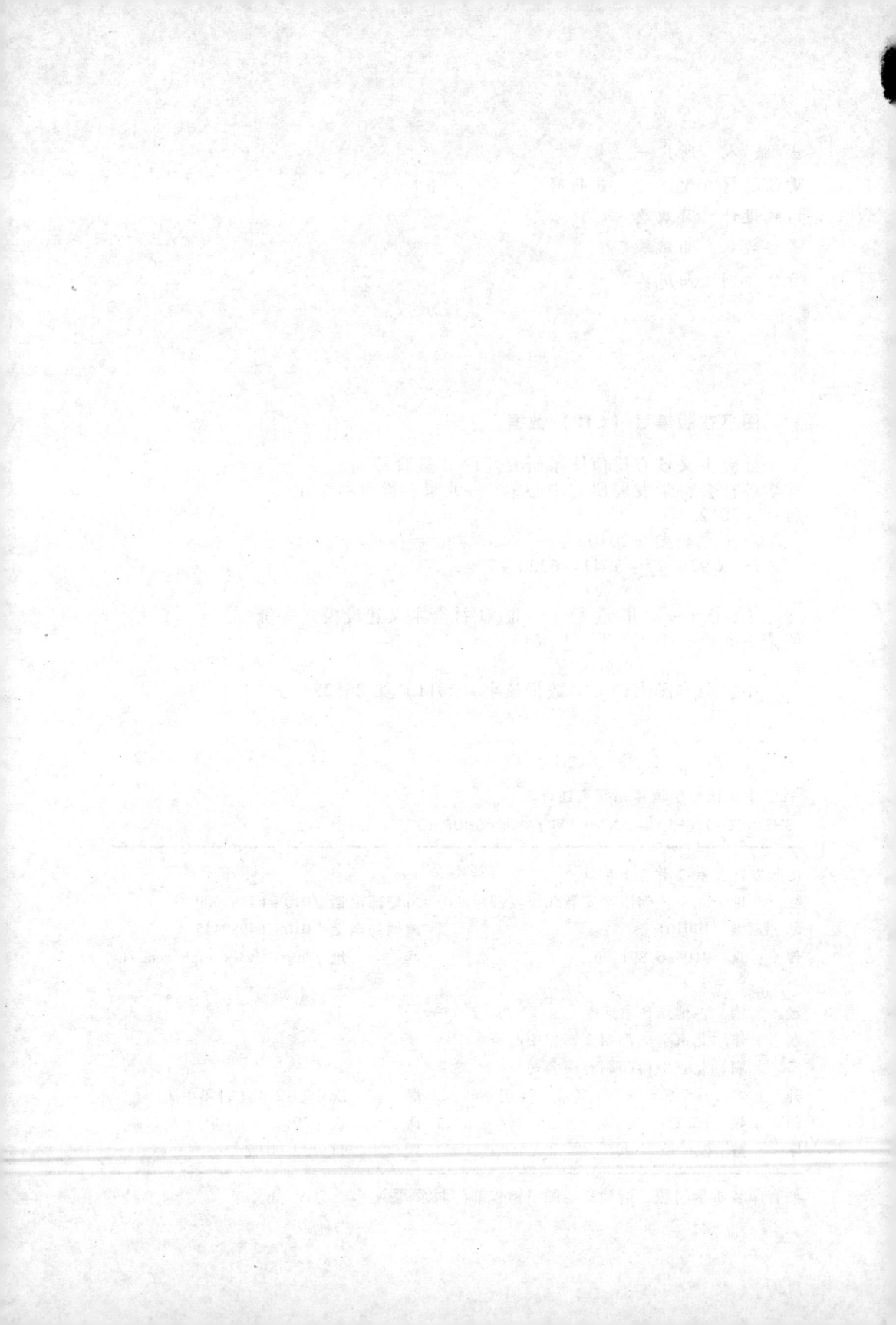